가르친다는   마법

가르친다는 마법
세계 교사상 수상자 자피라쿠의 아주 특별한 수업 이야기

초판 1쇄 발행 2023년 12월 5일

지은이 **안드리아 자피라쿠** | 옮긴이 **안진희** | 펴낸이 **임경훈** | 편집 **이현미**
펴낸곳 **롤러코스터** | 출판등록 제2019-000296호
주소 서울시 마포구 월드컵북로 400 서울경제진흥원 5층 17호
전화 070-7768-6066 | 팩스 02-6499-6067 | 이메일 book@rcoaster.com

ISBN 979-11-91311-31-0 03370

가르친다는 　마법

안드리아 자피라쿠 지음
안진희 옮김

세계 교사상 수상자
자피라쿠의
아주 특별한 수업
이야기

이 책을 제게 가장 훌륭한 선생님이셨던 할머니께 바칩니다.

'세계 교사상'
수상의 영광

다우닝가로 향하는 길은 영국으로 돌아오는 비행보다 더 길게 느껴졌다. 나는 많은 일이 정신없이 이어진 24시간을 보낸 뒤 택시 뒷좌석에 앉아 있다. M4 고속도로를 달리는 검은색 택시의 바퀴 아래로 아스팔트가 요동친다. 몇 시간 전 히스로 공항에 착륙할 때와 마찬가지다. 두 발이 마침내 견고한 땅을 디디고 있다. 어쩌면 아직 완전히는 아닐지 모르지만.

나는 두바이에서 (교육계의 노벨상이라고 불리는) '세계 교사상Global Teacher Prize'을 받고 막 영국으로 돌아왔다. 그리고 테리사 메이 총리를 만나기 위해 웨스트민스터로 가는 중이다.

고가 횡단 도로를 건너는 순간 아래를 내려다본다. 브렌트구의 앨퍼턴 공립학교에 있는 내 교실로 갈 때 이용하는 길이다. 로터리에서 왼쪽으로 돌아 친숙한 공영주택 단지와 상점들이 줄 이어 있는 도로들을 직물 짜듯 이리저리 지나면 나의 안전지대인 미술과에 도착한다. 하지만 지금은 사랑하는 학교에서 점점 멀어지며 총리가 기다리는 런던 중심부를 향해 전속력으로 달리고 있다.

전혀 현실처럼 느껴지지 않는다.

어디서부터 이 모든 일이 시작됐는지 지금도 잘 모르겠다. 어떻게 내가 3만 명이 넘는 후보 중에서 뽑혔는지 말이다. 런던에 있는 공립학교의 일개 미술 교사인 내가. 모든 장면이 흐릿하게 남아 있다. 내 이름이 호명되는 순간과 내가 한 연설, 환호성, 유명 인사들, 무대 뒤에서 환호하던 사람들, 최종 후보들과 군중 속에서 자랑스러워하던 부모님의 얼굴.

지금 나는 잠을 거의 자지 못한 상태다. 런던의 빈민 지역 공립학교 출신인 나는 비즈니스 클래스에 탑승해 있는 시간을 단 한 순간도 놓치고 싶지 않았다. 기내에서 하룻밤 자는 야간 비행편이었지만, 비즈니스 클래스를 탄 것은 평생 처음이었다.

나는 비행기 안에서 검은색 드레스와 금색 반점이 있는 재킷으로 갈아입었다. 옷에 생긴 주름을 손으로 편 뒤 구슬로 장식한 목걸이를 걸었다. 총리가 자기 액세서리에 얼마나 신경 쓰는지 잘 알기 때문이다. 깊은 인상을 줄 정도는 아니어도, 그녀가 실망하지 않게 내 역할을 다하고 싶었다. 잠이 부족해서 눈은 약간 충혈되었지만, 화장도 새로 했다.

지금 나는 오롯이 아드레날린만으로 버티고 있다. 택시 안에는 세계 교사상을 주관하는 바키 재단Varkey Foundation의 대표자 몇 명이 함께 타고 있다. 점잖게 대화를 나누고 있지만, 나는 속이 울렁거려 미칠 지경이다. 차의 방향을 바꿔 남편과 딸들이 있는 집으로 갈 수만 있다면 기꺼이 무슨 일이든 할 것이다.

우리는 아침의 러시아워를 뚫고 나간다. 여기에서 북쪽으로 몇 킬로미터 거리인 캠던구에는 내가 교육받기 시작했던 성 미카엘 초등학교가 있다. 그 당시 내게 영감을 준 선생님들을 떠올려본다. 유년기의 그 수호자들은 우리 학창 시절의 성패를 좌우했다. 그들은 노고에 대해 거의 보상받지 못했지만, 나는 조금 전 100만 달러를 상금으로 받았다. 이 숫자가 머리를 핑핑 돌게 만든다.

나는 그저 내 일을 했을 뿐이다.

곧 우리는 국회의사당 정문을 통과한다. 우리는 브렌트구의 하원 의원인 배리 가디너, 그리고 그의 보좌관들과 인사를 나누고 그들을 따라 웨스트민스터 궁전 안으로 들어가 하원 의사당 안에 있는 의회 방청석으로 향한다. 그러고는 VIP들을 위해 마련된 방청석 특별 구역에 앉는다. 잠시 후 테리사 메이 총리가 일어서서 내 이름을 언급한다.

"저와 여기 있는 의원분들 모두 세계 교사상을 받은 안드리아 자피라쿠 선생님을 축하하고 싶으리라 생각합니다. 그녀가 해낸 모든 일에 합당한 보답이라고 믿습니다. 잠시 후 그녀를 만나 직접 축하 인사를 건네겠습니다."

하원 의원들에게서 환호성이 터져 나오고, 바키 재단의 CEO 비카스 포타가 나를 바라보며 빙그레 웃는다. 노동당 대표인 제러미 코빈이 그다음으로 일어서서 한 주 전에 이미 나를 만났다고 총리에게 보고한다.

"그들이 당신을 두고 옥신각신하고 있네요." 비카스가 속삭인다.

총리가 자리를 떠날 때까지 앉아서 토론을 지켜보았다. 그리고 바로 좌석 안내원이 나를 부르러 온다. 나는 총리 집무실로 안내된다. 집무실 내부는 아름답게 장식되어 있다. 짙은 밤색 목재로 뒤덮인 벽면에 로코코 양식의 그림들이 걸려 있다. 직물 제품들은 윌리엄 모리스가 디자인한 것이다. 심지어 카펫조차 두툼하고 화려하다. 나는 우리 학교의 리놀륨으로 된 바닥과 모래, 석탄재와 시멘트를 섞어 만든 벽면을 떠올린다. 완전히 딴 세상이다.

총리는 내게 악수를 청하며 다시 한번 수상을 축하한다. 우리는 기념사진을 촬영하기 위해 자세를 취한 뒤 집무실에 있는 소파에 앉는다. 그녀의 책상에는 온갖 서류, 서명이 필요한 중요한 문서들이 흩어져 있다. 지금 앉아 있는 소파에 앉을 기회는 매우 소수의 사람에게만 허용된다는 사실이 새삼스럽다.

나는 시간을 현명하게 사용해야 한다는 사실을 잘 알고 있다. 그녀는 나에 관해 대화를 나누고 싶어 하지만, 나는 화제를 전환해 우리 학교와 우리 학생들에 관해 이야기한다. 앨퍼턴 공립학교에 다니는 우리 학생들 같은 아이들이 국회의사당 안에서 얼마나 대변되고 있는지 의문이다.

"우리 브렌트구에서는 100개 이상의 언어가 사용됩니다. 그 언어 중 80개가 우리 학교에서 사용되지요. 많은 학생에게 영어는 부수적인 언어이고, 학교에서 배워야만 하는 경우가 대부분입니다. 영어는 아이들에게 최초의 진입 장벽으로 작용하고, 교사들의 시간과 지원이 더 많이 필요하게 만듭니다." 내가 그녀에게 말한다.

나는 잠시 말을 멈추고 그녀가 이 말들을 받아들이고 있는지 살핀다. 그녀는 고개를 끄덕이며 내게 계속하라고 신호한다. 집중하느라 그녀의 이마에 잔주름이 잡혀 있다. 벽시계가 끊임없이 째깍거리고, 그녀의 비서는 근처 의자에 꼿꼿이 앉아 시간이 다 되었다고 말할 태세를 갖추고 있다.

"우리 아이들은 힘든 삶을 살고 있습니다, 총리님. 브렌트구는 런던에서 가장 빈곤한 구 중 하나입니다. 어떤 학생들은 다른 네 가구의 구성원과 집을 공유하기도 합니다. 그래서 집에서 공부할 수 있는 조용한 곳을 찾기가 거의 불가능하죠. 아이들은 높은 수준의 박탈과 빈곤을 겪고, 교사들은 매일매일 집단 폭력과 극우주의에 대해 염려합니다." 나는 문제들을 손가락으로 하나하나 꼽으며 확인한다.

"그렇지만 우리 학교는 아이들의 것입니다. 학교는 아이들이 자신이 하루에 두 끼의 괜찮은 식사를 하리라 확신할 수 있는 유일한 곳입니다. 따뜻한 곳이지요. 아이들이 미래를 바꿀 수 있는 곳이기도 합니다. 게다가 미술은 아이들의 삶에 커다란 변화를 일으킬 수 있습니다. 제 학생 중에는 미술 활동을 통해 트라우마에서 벗어난 아이, 미술실이 편안하게 느껴져 난생처음 또박또박 말을 한 아이도 있습니다……."

나는 그녀에게 더 많은 이야기를 들려주고 싶다. 어떻게 미술이 우리 학생들과 같은 아이들을 도울 수 있는지, 미술이 영어를 하지 못하거나 특별 교육이 필요하거나 장애가 있는 아이들에게 얼마나 귀중한지 말이다. 하지만 그녀의 비서가 몸을 움직이며 시간이 다 되었다는 신호를 보낸다.

내가 집무실을 떠날 때 총리는 다우닝가 10번지No. 10 Downing Street(총리 관저와 집무실_옮긴이)를 둘러보게 될 거라고 말한 다음, 교육부 장관이 내게 의향을 물어볼 특별한 용무를 가지고 있다고 말한다. 나는 지나치게 말을 많이 한 것은 아닌지 염려하며 총리의 집무실을 떠난다. 너무 격정적이지 않았을지, 너무 사납지 않았을지, 즉 너무 북런던스럽지 않았을지 걱정한다. 내가 사기꾼 같다는 느낌이 다시 든다. 나는 여기에 소속된 사람이 아니고, 이 사람들에게 내가 가치 있는 사람이라고 확신시키기 위해 요란하게 떠들고 있다. 어쩌면 나 자신을 확신시키기 위해 애쓰고 있는지도 모른다.

우리는 몰을 따라 다우닝가로 걸어가 마침내 악명 높은 검은색 현관문 앞에서 걸음을 멈춘다. 현관문이 열리자마자 나는 두 눈이 휘둥그레진다. 건물 안에는 수많은 역사가 서려 있다. 로비에 있는 윈스턴 처칠의 가죽 안락의자를 지나친 뒤 유명한 조각가 헨리 무어의 조각상이 놓인 통로를 따라 걸어간다. 건물 안으로 더 깊이 들어가자 더 많은 조각상과 마주친다. 이번에는 바버라 헵워스의 조각상과 L. S. 로리의 그림들이다. 나는 그들 중 한 작품 앞에서 잠시 멈춰 선다.

"저는 학생들에게 이 그림에 대해 가르쳐요." 나는 그 작품 속 산업 단지 풍경의 붓 터치 하나하나를 눈으로 빨아들이며 말한다.

나는 교육부 장관인 닉 기브의 뒤를 따라 그 유명한 노란색 계단을 올라간다. 영화 〈러브 액추얼리〉에서 춤을 추며 내려오던 휴 그랜트가 떠오른다. 완전히 위화감에 사로잡히게 하는 이 세계에서 땅에 발을 붙이게 해주는 유일한 존재다. 계단 옆 벽은 역대 총리들의 유명한 초상화로 뒤덮여 있다. 모두 최고의 화가들이 그린 작품이다. 심지어 천장조차 이전에 한 번도 본 적이 없는 화려한 처마돌림 띠로 장식되어 있다. 이 모든 공예품은 국립미술관 소유다. 내 학생들은 이런 유형의 공예품을 책에서나 볼 수 있을 것이다.

교육부 장관인 닉 기브, 바키 재단의 대표자들과 함께 우리는 윈스턴 처칠의 옛 침실에서 차를 마시고 비스킷을 먹는다. 현재 그곳은 여러 회의실 중 하나로 사용되고 있다. 나는 적절한 때마다 미소를 짓고 이 자리에 맞지 않는 말을 하지 않으려 주의한다. 하지만 행실에 세심한 주의를 기울이는 일은 진이 빠지게 만들어, 이내 나는 안전한 나의 교실, 물감과 파스텔이 담긴 통의 냄새, 테레빈유(붓에 묻은 물감을 씻어내는 색깔 없는 액체_옮긴이), 학교 급식이 몹시 그리워진다.

나는 닉 기브와 몇 주 전에 처음 만났다. 내가 '세계 교사상' 최종 후보자 명단 10인에 선정된 뒤였다. 마이클 고브가 교육부 장관이었을 때 비서관이었던 닉 기브는 고브와 함께 대학입학자격시험English Baccalaureate, EBacc을 시행했다. EBacc는 영어, 수학, 과학 등과 같은 핵심 과목을 강조하는 교육 과정이다. 이는 더 창의적이고 실용적인 과목들을 학교에서 포기해야 한다는 사실을 의미한다. 그와 처음 만났을 때 나는 이 제도가 우리 학교에 어떤 영향을 미쳤는지, 그리고 학생들에게서 무엇을 빼앗아갔는지 설명하려고 애썼다. 하지만 이 남성은 꿈쩍도 하지 않았다.

오늘 그는 아주 매력적이다. 우리는 나의 수상을 축하하고, 그는 이 유명한 건물의 역사와 많은 이전 거주자를 죽 읊는다. 그러다가 갑자기 약간 전전긍긍한 듯한 표정으로 파란색 정장 재킷 안주머니에서 접힌 종이 하나를 꺼낸다. 총리가 아까 언급한 그것임이 틀림없다.

"안드리아, 우리는 당신이 '신규 교사 모집 운동' 일을 맡아서 우리를 도와주기를 바랍니다."

나는 그가 쥐고 있는 종이를 빤히 쳐다본다. 교사의 포즈를 취한 모형 사진이 표면에 있다. 그들은 내가 그 교사가 되기를 바라는 것 같다. 오늘 뜻밖의 많은 일이 들이닥쳤지만, 정부로부터 일자리 제의를 받을 거라고는 상상도 하지 못했다. 영화에서나 보던 일이 내게 일어난 것처럼 느껴진다. 다우닝가에서 호출을 받는다. 와인을 마시고 만찬을 하고, 그런 다음 내가 조국을 위해 무엇을 할 수 있는지 듣는다.

내가 종이를 받자 모든 시선이 내게 향한다. 그리고 그날 처음으로, 내게는 매우 이례적으로, 머릿속이 하얘져 무슨 말을 해야 할지 아무 생각도 들지 않는다.

"고맙습니다, 조금 더 생각해보겠습니다." 승낙하는 대신 내가 말한다.

테이블 주위에서 숨을 급히 들이쉬는 소리가 들린다. 그런 다음 정적이 흐른다. 교육부 장관이 정장 안에서 몸을 약간 꿈틀거린다. 이 작은 제스처에서 그는(그리고 아마 총리도) 내가 당연히 제안을 수락할 거라고 여겼음을 짐작할 수 있다.

비카스가 가장 먼저 입을 뗀다.

"왜 조금 더 생각해보고 싶은지 이유를 말해줄 수 있나요, 안드리아?"

나는 적절한 말과 적절한 행동을 하느라 종일 힘들게 집중했다. 미소를 짓고 그들이 기대하는 사람이 되고 통제에 따르고 최대한 예의 바르게 행동하려고 온 힘을 다했다. 하지만 이런 것들은 평상시 내가 일을 처리하는 방식이 아니다. 사실 내게 상을 받게 해준 것도 이런 것들이 아니다.

하지만 이 사람들이 이 사실을 분명하게 알고 있을까? 만약 내가 명령에 복종하고, 미소를 띠며 적절한 때 승낙과 거절을 하고, 항상 행실을 바르게 하고, 학생들을 위해 학교에서 더 밀어붙이거나 직무 밖의 일을 하지 않았다면, 과연 지금 여기에 있을까? 규칙을 깼기 때문에 나는 여기에 올 수 있었다. 이 테이블에서는 내가 가르치는 일에 전문가인지, 그들이 나를 그렇다고 생각하는지 확신이 들지 않는다. 잠시 나는 비카스의 질문에 뭐라고 대답해야 할지 몰라 머뭇거린다.

하지만 바로 그때 내 학교와 거기 다니는 모든 학생의

모습이 머릿속에 갑자기 떠오른다. 즉시 나는 가르치는 일이 (그리고 내 학생들의 삶이) 내가 전문으로 하는 유일한 일이라는 사실을 깨닫는다. 또한 지금 내게 그들을 위해서 일하라고 구애하는 바로 이 정부가 내 학생들이 성공하도록 돕기 위해 아무 일도 하지 않았다는 사실을 깨닫는다. 실제로 그들은 자신들이 준 것보다 훨씬 더 많은 것을 앗아갔다.

다우닝가 10번가에서 일하는 사람들은 우리 같은 교사들에게 신이나 마찬가지다. 그들은 의사 결정자다. 하지만 그들의 결정이 낳은 결과들과 더불어 현실에서 직접 살아가야 하는 사람들은 다름 아닌 우리다. 하지만 미술품, 장식품, 그림, 조각을 이렇게 강조하고 중요시하는 건물에서, 주변을 온갖 아름다운 예술품들로 둘러싸고 싶어 하는 곳에서, 미술이 어린 학생들에게 얼마나 중요한지 그들에게 상기시켜야 한다는 사실이 정말 역설적이지 않은가. 내 학생들이 아니었다면 나는 여기에 있지도 않을 것이다. 그리고 지금은 그들을 대변할 유일한 기회다. 나는 정확히 무슨 말이 튀어나올지 모른 채 숨을 깊이 들이마신다.

"저는 이 정부가 미술 과목을 충분히 지원하지 않았다고 생각합니다." 내가 말한다.

회의실에 적막이 흐른다. 나는 교육부 장관을 향해 몸을 돌린다. "예를 들어, 장관님은 EBacc를 도입했죠. 하지만 이 교육 과정은 직물 과목을 없애버렸어요. 영국의 패션 산업은 세계 최고 디자이너들을 보유하고 있죠. 하지만 당신은 아이들을 위한 직물 커리큘럼을 말살해버렸어요. 바로 제가 담당하는 커리큘럼이죠. 이런 상황에서 미래의 디자이너들이 어떻게 양성될 수 있을까요?"

테이블에 둘러앉은 모두가 약간 곤란한 듯한 표정을 짓는다. 하지만 나는 개의치 않는다.

"제 세계에서는 영어가 제2언어인 아이들을 가르칩니다. 그리고 미술은 수학과 더불어 아이들에게 동등한 경쟁 조건을 부여하는 몇 안 되는 과목 중 하나죠. 왜 이런 사실이 정부에는 중요하지 않은 걸까요?"

"음, 입증된 바에 따르면……." 닉 기브가 말을 꺼낸다.

하지만 나는 그에게 대답할 기회를 주지 않는다. 이 일은 입증 작업 그리고 서류 작업과 아무 관계가 없다. 이 일은 내가 매일 가르치는 학생들과 관계있다. 딱 이런 회의실에서 이루어진 어떤 결정 때문에 좋은 기회를 놓치고 있는 학생들 말이다.

"특수교육이 필요하거나 장애가 있는 아이들은 어떤가요? 하나의 작업을 마치는 데 추가적인 시간을 써야 하는 아이들, 그렇게 하지 않으면 존재 자체가 지워져버리는 아이들은요? 미술 과목은 이런 아이들에게 발전할 수 있는 시간을 줍니다. 자신감을 심어주고요. 다른 모든 아이와 마찬가지로 자신에게도 기술과 잠재력이 있다는 사실을 알려줍니다. 이런 사실이 왜 정부에는 중요하지 않은 거죠?" 내가 말한다.

교육부 장관이 테이블 주위를 둘러본다. EBacc 교육 과정이 한 거라고는 이미 악전고투하고 있는 아이들에게 산더미 같은 압박을 가한 것뿐이라는 사실을 깨달은 것일까? 허우적거리며 겨우 수면 밖으로 머리를 내밀고 있는 교사들에게 업무량을 배가시키기만 했을 뿐이라는 사실 또한 깨달은 걸까?

"음, 입증된 바에 따르면 이런 과목들을 공부하는 아이들은 더 빠르게 발전하고 더 좋은 직업을 갖게 된다고 합니다……." 그가 다시 시도한다.

그가 팩트와 숫자들을 인용하기 시작했으나 내게는 아무 말도 들리지 않는다. 그것은 내가 교실에서 경험한 것이 아니고 내가 학교생활에 대해 알고 있는 것이 아니기 때문이다. 이런 사람들(의사 결정자들)은 교사로 살아가는 현실에 대해 티끌만큼도 모르는데, 어떻게 나는 온종일 나 자신이 사기꾼 같다고 느꼈을까?

다시 말을 시작하자, 나는 더 열정적이고, 더 맹렬하고, 더 의식이 높아진다. 다우닝가보다 북런던에 더 가까워진다. 나는 내가 가르치는 아이들을 위해 말하고 있다. 교육은 정부

통계에 관한 것이 아니다. 교육은 목표를 달성하는 학교들, 평가와 순위표에 관한 것이 아니다. 교육기준청Ofsted과 대학입학자격시험, 혹은 신규 교사 채용에 관한 것도 아니다(나는 떨리는 손에 아직 들려 있는 종이를 힐끗 본다). 교육은 학생들에 관한 것이다. 교육은 살아 있는 진짜 사람들에 관한 것이고, 우리 교사들은 이런 아이들을 돕기 위해 이미 최선을 다하고 있다. 우리에게는 우리가 얻을 수 있는 모든 도움이 필요하다. 그러므로 나는 많은 교사를 대변하고 있는 것이기도 하다. 즉, 스트레스로 탈진한 내 모든 동료를 대변하고 있다. 이런 말들은 교육부 장관이 듣고 싶은 말이 아닐지도 모른다. 하지만 이것이 진실이다.

"교사들의 정신 건강은 어떤가요? 이 문제와 관련해 정부에서는 무슨 일을 하고 있나요? 교사들의 업무량은 점점 증가하고 있습니다. 속도에 맞추기 위해 휴일에도 일하고요." 내가 말한다.

나는 처음으로 말을 멈추고 모든 얼굴이 나를 빤히 쳐다보는 모습을 본다. 그제야 지금이 적절한 시간이나 장소가 아님을 깨닫는다. 나는 이기지 못할 것이다. 이런 행사, 여기 안에서는 말이다. 내가 꾹꾹 눌러 숨겨온, 단지 오늘만이 아니라 지난 14년 교직 생활 동안 숨겨온 모든 것이 이 테이블 위에 방금 발가벗겨졌다. 나는 그제야 '세계 교사상'이 내 경력의 정점을 대표하는 것이 아니라는 사실을 깨닫는다. 이 상은 전환점의 시작일 뿐이다.

나는 상금에 대해 생각한다. 만약 정부가 이런 아이들을 돕기 위해 어떠한 일도 하지 않는다면, 내가 그 일을 할 것이다. 매일 학교 안으로 걸어 들어갈 때마다, 중요한 것은 내가 (혹은 더 정확히는 우리가) 학생들에게 무엇을 가르치고 있느냐가 아니라 학생들이 우리에게 무엇을 가르치고 있느냐이다. 상금을 현명하게 사용하는 것은 이런 학생들에 대한 의무다.

브렌트구에 도착할 때쯤에는 하늘이 이미 까맣다. 우리 집 창문에서 나오는 은은한 불빛이 나를 환영한다. 현관문을 두드리자 남편이 문을 활짝 열어준다. 그의 미소 띤 얼굴을 보자마자 나는 울음을 터뜨린다.

"무슨 일이야?" 그가 묻는다.

"MI5(영국 정보국)에서 나를 암살할 것 같아!" 나는 이렇게 말하며 그의 품에 무너지듯 안긴다.

남편은 소리 내어 웃으며 정확히 내가 듣고 싶은 말을 해준다. "와인 한 잔 따라줄게."

오늘 저녁은 가족들과 함께 수상을 마음껏 축하할 것이다. 그런 다음 내일이면 다시 힘든 업무로 돌아갈 것이다. 나는 잠자코 분부에 따르는 그런 사람이 아니고 앞으로도 그럴 것이다. 정부 정책이 뭐라고 지시하든 중요하지 않다. 브렌트 구에서 일하는 이 미술 교사는 아이들을 위해 미술을 지켜내기로 굳게 다짐했다. 왜냐하면 아이들의 삶에 미술이 정확히 어떤 변화를 일으킬 수 있는지 경험으로 직접 배웠기 때문이다. 이제부터 여러분에게 그 이야기를 들려주고자 한다.

1장

알바로, 침묵의 세계로
돌아가지 마

교사들은 아이들이 매일,
그리고 매년 교실에 왔다가 떠나는 것을
보면서 인간이 원하는 것이 무엇이고
인간에게 필요한 것이 무엇인지 알게
된다.

2007년 11월, 검은색 곱슬머리에 껑충하고 깡마른 한 남자아이가 교실로 걸어 들어왔다. 내가 교사로 일한 지 2년밖에 안 되었을 때다. 내가 이 장면으로 이 책을 시작하는 이유는 이 열네 살 남자아이가 내게 교직 경력을 통틀어 가장 귀중한 교훈을 가르쳐주었기 때문이다. 비록 전문가는 나였지만 말이다.

  알바로는 다른 학생들에 비해 매우 말쑥해 보였다. 학생 중 몇몇은 알바로가 교실에 걸어 들어오자 하던 작업에서 고개를 들고 그를 쳐다봤다. 알바로가 그렇게 말쑥해 보인 이유는 앨퍼턴 공립학교 로고가 새겨진 빳빳한 새 교복 상의를 입고 있었기 때문이다. 중등 1학년(7학년)에 진학하는 모든 학생은 학교에서 주는 교복 상의를 받는다. 학생이 교복을 입어야 하는지에 대해서는 오랫동안 많은 논의가 있었지만, 우리 학교에서 교복은 모든 학생을 평등하게 하는 필수적 요소다. 이 어린 학생들에게 교복은 우리가 줄 수 있는 매우 중요한 선물 중 하나다. 배경이 어떻든 상관없이 옆 사람과 동등한 기회를 가질 자격이 있다는 사실을 상징하기 때문이다.

알바로의 교복은 소매 끝이 팔목에 깔끔하게 딱 맞았다. 하지만 다른 일부 아이들의 교복은 그렇지 않았다. 이 아이들은 열한 살에 받은 교복을 그대로 입고 있었다. 우리와 함께 지낼 중등학교(중학교와 고등학교 통합 과정으로, 기간은 5년이다_옮긴이) 5년 내내 부모가 또 다른 교복을 마련할 여력이 없기 때문이다. 경험으로 나는 이 학생들이 중등 1학년 때 받은 교복을 졸업하는 중등 5학년 때까지 입을 거라는 사실을 알았다. 해가 지나면서 신체가 성장하면 교복이 작아지는 터라 소매 끝동이 팔목 한참 위까지 올라가 팔뚝이 볼품없이 드러났다. 그래서 우리는 항상 중등 1학년 학생들이 자기 몸집보다 두 치수 큰 교복을 입고 있는 모습을 봐야 했다. 그런데 (중등 3학년으로 전학을 온) 알바로는 교복이 몸에 완벽하게 딱 맞았다.

알바로는 런던의 브렌트 지역에 있는 다른 학교에서 우리 학교로 전학왔다. 이전 학교는 장애가 있고 특수교육이 필요한 아이들을 위해 특별히 설립된 학교였다. 지역 교육청과 협의해 우리 학교 교장 선생님은 이 지역 특수교육 공립학교에서 앨퍼턴 공립학교로 10명의 학생을 추가로 받기로 했다. 인정할 수밖에 없지만, 나는 그 당시 정확한 이유를 알지 못했다. 결국 이 아이들은 GCSE(영국에서 중등학교를 졸업하면서 치르는 졸업 시험_옮긴이)를 치르지 못할 터였다. 이들은 GCSE를 치를 능력을 갖추지 않았고 중등학교 입학 인증서와 GCSE보다 낮은 단계 시험 성적표만 가지고 졸업할 것이다. 공공 서비스 영역은 많은 다른 영역과 마찬가지로 결과에 근거해 지위를 획득한다.

이 10명의 학생은 공립학교 실적 명세표에서 우리 학교가 차지하는 위치에 불리하게 작용할 것이 뻔했다. 그렇지만 교장 선생님은 다른 요건들을 채우는 것보다 사회적 포용을 더 우선으로 생각했다. 다시 말해, 그녀는 우리가 이 10명의 학생이 주류 학교에서 성공하도록 돕기를 원했다. 그녀는 이 10명의 아이에게 다른 모두와 똑같은 기회를 주기를 원했다. 이걸 가지고 누가 뭐라고 할 수 있겠는가.

나는 알바로가 교실에 걸어 들어오기 전까지 그에 관해 아는 바가 거의 없었다. 알바로의 학교 기록을 읽어보긴 했지만, 유일하게 눈길을 끈 것은 알바로에게 선택적 함묵증이 있다는 사실뿐이었다. 선택적 함묵증은 아이가 거의 모든 사회적 상황에서 말하는 것을 거부하는 증상으로, 불안과 연관될 때가 많다. 나는 영어를 할 줄 모르는 아이들과 대화를 나누는 일에 익숙했지만, 이것은 전혀 다른 문제였다. 이런 상태의 아이에게 대처해본 경험도 없고, 어떠한 특수교육 훈련도 받지 못했다. 그래서 이날 아침 나는 앞으로 무엇을 기대해야 할지 잘 알지 못했다. 사실은 전혀 몰랐다는 게 맞는 표현일 것이다. 이 10명의 아이, 그리고 이 아이들이 무엇을 성취할 수 있을지, 나는 기대가 낮았다.

알바로는 보조 교사와 함께 수업에 늦게 들어왔다. 나는 보조 교사에게 알바로를 벽 쪽의 빈 책상에 앉히라고 지시했다. 알바로가 자리에 앉자 보조 교사는 바로 교실을 떠났고, 나는 알바로에게 학습 계획표를 갖다주기 위해 책상들 사이 낡은 통로를 걸어갔다. 미소를 지으며 환영한다고 말하고는 학습 계획표와 A3 종이 몇 장을 알바로 앞에 놓았다.

알바로는 고개를 들지 않았다. 그 대신 정면을 똑바로 응시했다. 알바로의 눈은 무표정했고 나와 눈이 마주치기를 거부하는 것 같았다. 알바로는 내게 익숙한 소란스러운 남자 아이들과 전혀 달랐다. 몇몇 아이가 알바로의 책상을 힐끔힐끔 봤다. 온통 자신이 모르는 사람들로 가득 찬 새로운 교실에 걸어 들어오는 일이 알바로에게 얼마나 겁났을지 이해되었다. 그래서 호들갑을 떨거나 대대적인 환영 인사를 하는 대신 몇 개의 유리병과 항아리를 알바로 책상 위에 놓은 뒤 우리가 정물화를 그리고 있었다고 말했다.

"한번 그려보렴." 나는 이렇게 말하고 나서 교실 반대편에서 손을 든 학생을 돕기 위해 걸어갔다.

계속 유심히 지켜봤지만, 알바로는 꿈쩍도 하지 않고 그저 계속 정면만 똑바로 응시했다. 이 조용한 남자아이가 내 교육 방식을 영원히 바꿔놓을 줄 어찌 알았겠는가?

나는 내 교실에서 아이들의 창조성을 고취하고 싶었다. 우리는 교실에 키스FM이나 클래식FM을 틀어놓았고, 아이들은 낮은 목소리로 음악을 흥얼거렸다. 내게는 한 가지 규칙이 있었다. 수다 소리가 너무 커지면 음악이 들리지 않기 때문에 라디오를 끌 수밖에 없다. 이것은 아이들에게 규칙을 지키게 하는 좋은 방법이었다. 내 책상에는 아름다운 천이 씌워져 있고, 벽에는 고전 미술 작품들 옆에 학생들이 자신만의 걸작을 만들려고 시도한 작품들이 걸려 있었다. 형형색색의 다채로운 교실이었다. 하지만 처음부터 이렇지는 않았다.

교육대학을 막 졸업하고 면접을 보러 이 학교에 왔을 때, 나는 겁나고 무서웠다. 솔직히 말하면, 당장 뒤돌아서 떠나고 싶었다. 그 당시 학교는 빛깔이 바랜 낡은 갈색 벽돌의 빅토리아식 건물이었다. 각 교실에 있는 커다란 사각형 창문들은 회반죽으로 접합한 부위가 틀어진 지 오래되어 아예 열리지도 않았다. 유일하게 공기가 드나드는 곳이라고는 유리

창이 깨진 부분들뿐이었다. 그래서(나중에야 알게 됐지만) 앨퍼턴 공립학교에는 두 개의 계절밖에 없었다. 여름에는 교실이 온실처럼 후끈후끈했고, 겨울에는 영하의 바람이 거세게 불어와 학생들은 코트를 입고서도 벌벌 떨어야 했다. 게다가 창문에 다른 기능이 있기는 했나? 너무 더러워서 밖을 내다볼 수가 없었다. 밖을 보고 싶어 하는 사람이 있기는 했고?

우리 학교는 초목이 우거진 아름다운 초록색 언덕들에 둘러싸여 있지 않다. 사방이 온통 도시 풍경이다. 앨퍼턴 지하철역 뒷부분, 자동차들, 기차들, 콘크리트, 소음 공해와 공기 오염, 그리고 최근에는 불법 투기 쓰레기 더미까지 더해졌다. 교실 안 벽들은 거무칙칙한 녹색으로 칠해지고 리놀륨 바닥은 곳곳이 찢어져 있었다. 벽에 걸려 있는 학생들의 작품은 햇빛에 색이 바래고 먼지와 거미줄이 잔뜩 끼어 있었다. 게다가 교실에서는 퀴퀴하고 축축한 냄새가 났다. 교실 구석에 세라믹 싱크대를 받치고 있는 나무 부위가 썩은 냄새 같았다.

더는 머물고 싶지 않았다. 내가 교생 실습을 한 학교는 모든 교실에 장비가 잘 갖춰져 있고 최신 기술 설비가 되어 있었다. 그곳에서는 일이 매우 수월했지만, 한편으로 내 능력 밖이라는 느낌을 받았다. 나는 어릴 적 도시 한가운데 빈민 지역에 있는 초등학교에 다녔다. 런던의 캠던 타운에 있는 성 미카엘 초등학교였다. 그 당시 캠던 타운은 지금처럼 인기 많은 관광 명승지가 아니었다. 1980년대에는 어둡고 지저분한 싸구려 술집이 즐비했다. 우리 가족은 1970년대 초 지중해 동부의 키프로스에서 영국으로 이민을 왔다. 조부모님은 칼리지 플레이스에 있는 조지 왕조풍 커다란 주택을 5000파운드에 구매했다. 조부모님(그리고 많은 다른 키프로스 사람)이 캠던 타운에 정착한 이유는 단 하나였다. 캠던 타운이 런던에 하나밖에 없는 그리스 정교회 성당과 가까웠기 때문이다. 나중에 아버지는 그곳에서 성직자로 일했다.

런던에서 태어나긴 했지만, 이주 대가족의 일원이었던 나는 항상 외부인 같은 느낌을 받았다. 하지만 나쁘지만은 않았다. 그 당시 캠던 타운은 위험한 곳이었다. 우리는 해가 지면 절대 집 밖으로 나가지 않았다. 길거리는 스프레이로 그라피티가 잔뜩 그려져 있고, 사람들은 교회에서 물건을 훔치곤 했다. 아침에 잠에서 깨면 의회 쓰레기통에서 또 다른 시체가 발견됐다는 뉴스를 듣곤 했다. 하지만 그곳에는 진정한 공동체 의식이 있었다. 서로의 차이를 포용하되 두려워하지 않는 일종의 수용감이 있었다. 우리는 서로를 존중했다.

학교에서 나는 영국 아이를 만나리라는 상상조차 할 수 없었다. 우리 학교에는 방글라데시 아이, 아일랜드 아이, 중국 아이, 소말리아 아이, 파키스탄 아이, 그리스 아이 등이 섞여 있었다. 우리 학교 선생님들은 교사 경력 내내 거기에서 아이들을 가르쳤다. 그들은 우리의 형제자매, 우리의 사촌, 그 전에는 우리의 부모를 가르쳤다. 학교생활의 하루하루 안에는 우리 가족의 다채로운 역사가 새겨져 있고, 선생님들은 우리가 어디 출신인지 상기시키곤 했다. 나는 "넌 네 사촌만큼 만만치 않은 수다쟁이구나"라는 말을 자주 들었다. 담임 선생님이 내 가족에 대해 매우 잘 알고 있다는 사실과, 그녀가 내가 어디 출신인지 알고 있다는 사실은 나를 안심시키는 한편 안전하다고 느끼게 했다.

그 당시 교사들은 요즘처럼 학교를 옮겨 다니지 않았다. 그래서 교실은 그들에게 제2의 집이나 마찬가지였다. 그들은 교실을 자기만의 독특한 스타일로 꾸몄다. 내가 좋아하는 선생님 중 한 명인 마타 선생님은 아프리카 스타일 무늬의 옷감으로 만든 가운을 입고, 걸을 때마다 쨍그랑거리는 무거운 구슬 목걸이를 하고 다녔다. 손가락에는 엄청나게 큰 반지들이 반짝거렸다. 그녀 교실은 야생의 대담한 색깔로 만든 아름답고 긴 직물들로 장식되어 있고, 독서 공간은 다채로운 흙빛의 천이 씌워진 쿠션들로 아늑하게 꾸며져 있었다.

옆 교실의 캘더 선생님은 식물 화분을 사랑해 교실 안 모든 창턱에 선홍색 제라늄 화분을 두었다. 나는 제라늄 꽃잎에 코를 대고 숨을 들이마시다가 그토록 아름다운 존재가 향기를 내뿜지 않는다는 사실에 실망하곤 했다. 하지만 그곳은 무언가 배우기에 완벽한 장소였다. 호화롭고 다채롭고 눈부신 학습 환경이었다. 많은 아이가 자신만의 문제를 가지고 있었지만, 모든 아이가 동등하게 대우받았다. 우리의 다양성은 환영받았고, 우리의 다양한 신념은 격려받았다. 집에 돌아가면 나는 그리스인 엄마에게 친구들이 운동장에서 불렀던 디왈리(힌두교의 주요 축제_옮긴이) 노래를 가르쳐주곤 했다.

이런 학교를 다녔는데, 학생 대부분이 중산층 출신인 학교에서 교생 실습을 하려니 마치 내가 학교생활의 활력을 떨어뜨리는 것 같았다. 그뿐만 아니라 겁이 났다. 마치 나와 공통점이 거의 없는 아이들을 가르칠 자격이 없는 것처럼 느껴졌다. 학부모들과 면담하는 일은 차치하고서 말이다. 그런 면에서 앨퍼턴 공립학교에 오니 집에 돌아온 것과 비슷한 느낌이 들었다. 한 바퀴 빙 돌아 내가 어릴 적 그토록 사랑했던 학교와 비슷한 곳으로 돌아온 것 같았다.

그래서 나는 빅토리아풍 교실을 싹 바꿨다. 벽지를 뜯어내고 페인트로 칠한 다음 다채로운 직물들로 장식했다. 내가 학창 시절에 봤던 것처럼 말이다. 그리고 한쪽 구석에 내 미술 작품을 전시해, 아이들이 나도 그들과 마찬가지로 계속 작업하고 있다는 사실을 알게 했다. 그리고 캘더 선생님을 떠올리며 모든 창턱에 화분을 놓았다.

나는 교실에 생명을 불어넣고, 그것이 아이들에게 어떤

변화를 일으키는지 보았다. 내가 직접 초대한 교실에 이런 노력조차 들이지 않는다면 아이들이 교실에서 자기 자신에 대해 어떻게 느끼겠는가? 나는 내 교실에서 아이들이 존중받고, 열정을 누릴 가치가 있다고 느끼기를 바랐다.

나는 수업 내내 알바로를 눈여겨봤다. 하지만 고개를 숙이고 열심히 그림 그리는 아이들과 달리 알바로는 정면을 똑바로 응시한 채 가만히 앉아 있었다. 다시 알바로에게 갔다. 그제야 아이에게 연필이 하나도 없다는 사실을 알아차렸다.

"알바로, 이 연필들을 사용하렴." 나는 알바로의 책상 위에 연필 한 움큼을 놓았다.

내가 다른 쪽으로 걸어가자 알바로는 머뭇거리며 연필 한 개를 집어 들었다. 마치 그걸로 뭘 해야 할지 모르는 것 같았다. 하지만 알바로가 익숙해지도록 내버려두라고, 천천히 새로운 환경에 적응하도록 허용하라고 본능이 내게 말했다. 나는 특수교육이 필요한 아이들을 가르치는 일과 관련해 어떤 훈련도 받은 적이 없다. 예나 지금이나 교사들은 자기 직관에 의존해야만 할 때가 많다. 교사들은 아이들이 매일, 그리고 매년 교실에 왔다가 떠나는 것을 보면서 인간이 원하는 것이 무엇이고 인간에게 필요한 것이 무엇인지 알게 된다. 하지만 그 당시 나는 교직생활을 시작한 지 얼마 안 되어 어떻게 해야겠다는 생각만 있을 뿐 내가 학생들 하나하나를 위해 올바른 일을 하고 있는지 자신감이 들지 않았다.

나는 알바로를 계속 지켜봤다. 몇 분 지나자 알바로는 그림을 그리기 시작했다. 수업이 끝나갈 때쯤 나는 교실을 돌아다니며 학생들이 무엇을 그렸는지 살펴봤다. 알바로의 책상에 다다랐을 때 알바로가 열심히 그려놓은 그림을 보기 위해 눈을 가늘게 떠야 했다. A3 종이 한복판에 작디작은 항아리가 있었다. 우표 크기 정도밖에 되지 않았다. 하지만 세부적인 특징까지 꼼꼼하게 그린 점이 놀라웠다. 뚜껑의 곡선이 세밀한 획들로 완벽하게 그려져 있었다. 한 시간밖에 그리지 않았는데 완벽한 3차원 형태의 그림이 생겨나 있었다.

아직 완성된 것은 아니었다. 그림의 크기가 문제였다. 놀랍지는 않았다. 미술 교사는 아이들이 그림을 그리는 방식을 보고 아이에 관해 많은 것을 읽어낸다. 정중앙에 자그마한 물체가 그려진 이 커다란 흰색 종이는 알바로가 여기에 있는 것에 얼마나 자신 없어 하는지 말해주었다. 알바로가 교실 안에서 스스로 얼마나 작다고 느꼈는지 말이다. 그렇지만 나는 다른 것도 포착했다. 바로 '재능'이었다. 어떤 아이들은 절대로 3차원 형태의 물체를 그리지 못한다. 알바로는 확실히 여기에 잠재력이 있었다. 하지만 어떻게 이 소년을 밖으로 나오게 할까? 그게 가능하기나 할까?

"출발이 좋구나, 알바로." 내가 말했다. 그런 다음 미술 용품 보관함으로 걸어가서 알바로에게 몇 가지를 가져다주었다. 나는 폴더를 만들고 스티커에 알바로의 이름을 써서 폴더 위에 붙여주었다. 그리고 폴더 안에 스케치북을 넣은 다음 알바로의 책상 위에 놓았다.

"네 숙제는 나한테 다른 물체를 그려다 주는 거야." 내가 다른 학생에게는 하지 않는 방식으로 크게 또박또박 말했다. 내가 깔보는 듯한 태도로 보일까 봐 걱정되었다. 알바로가 지시를 이해하고 있다는 사실을 어떻게 확신할 수 있었겠는가. 나는 그 당시 알바로에게 인지 장애가 있는지 없는지도 정확히 알지 못했다.

"알겠니?" 내가 물었다.

알바로는 계속 정면만 똑바로 응시했다.

수업이 끝나자 알바로는 아무 말 없이 교실에서 터벅터벅 걸어 나갔다.

그다음 주에 우리는 정물화 기법을 계속 공부했다. 하지만 이번에는 검은색 종이로 바꿔 아이들이 명암법과 조색법을 익힐 수 있도록 흰색과 회색 오일 파스텔을 나눠주었다. 알바로는 같은 책상에 앉아 있었고, 알바로 옆에는 내가 지난주에 준 플라스틱 폴더가 있었다. 그걸 기억하고 있었다는 뜻이다.

나는 교실 앞쪽에서 설명한 뒤 책상마다 돌아다니며 학생들이 스케치하는 것을 돕기 시작했다. 내가 알바로 자리에 간 것은 수업이 절반 정도 진행되었을 때였다. 물론 알바로는 아무 말 없이 앉아 있었지만, 나는 알바로의 어깨가 지난주보다 더 이완돼 있다는 걸 알아챌 수 있었다. 적어도 약간은 진전이 있었다. 알바로는 자기 작품에 집중하고 있었다. 나는 그것이 무엇인지 보기 위해 가까이 들여다보았다. 잘 알아볼 수 없는 그림이었다. 지난번처럼 작기도 했지만, 알바로는 검은색 종이에 연필로 그림을 그리고 있었다.

"알바로, 네가 뭘 그리고 있는지 잘 보이지 않지? 연필 대신 이 흰색 파스텔을 사용해보는 게 어때?" 내가 부드럽게 말했다.

알바로는 고개를 빠르게 저으며 연필을 꽉 잡았다. 자신이 이미 익숙해진 어떤 것을 새롭고 낯선 크레용과 바꾸는 데 두려워하는 듯했다. 나는 알바로에게 맡겼다. 아마 알바로는 거의 눈에 보이지 않는 그림을 더 좋아하는지도 몰랐다. 어쩌면 누구의 눈에도 띄지 않은 채 이 교실 벽 속으로 사라지고 싶은 것일지도 몰랐다.

수업 시간 동안 나는 숙제를 걷었다. 학생들 책상 옆에 서서 각각의 숙제에 논평을 했다. 하지만 알바로는 여전히 고개를 숙인 채 작업에 몰두해 있었다.

"숙제했니, 알바로?" 내가 물었다. 알바로는 아무런 대답도 없이 그저 고개를 저은 뒤 그림에 더 집중했다.

나는 다른 학생에게로 옮겨갔다. 예전 학교에서는 숙제를 요구하지 않았을지도 모른다. 알바로에게 숙제라는 것 자체가 생경한 개념일지도 모른다는 생각이 들었다.

수업이 끝나자 아이들은 교실 밖으로 나가고 두 명의 여자아이가 자신들의 프로젝트에 관해 의논하기 위해 남아 있었다. 나는 그 아이들의 작품을 보면서 함께 대화를 나누었다. 바로 그때 알바로가 교실 밖으로 나가기 위해 내 책상 옆을 지나는 모습이 눈에 들어왔다. 알바로가 내 책상 모서리에 놓은 것을 보자마자 나는 숨이 멎을 뻔했다. 그것은 연필로 그린 전자기타였다. 빛이 떨어지는 곳을 자연스럽게 포착하고 명암과 색조도 완벽하게 표현했으며 세부적인 부분도 아름다웠다. 많은 시간을 투자한 게 틀림없었다. 알바로는 그림에 'Alvaro'라고 사인까지 했다.

"알바로!" 내가 외쳤다. 알바로는 교실 문을 향해 걸어가다가 걸음을 멈추고 꼼짝하지 않았다.

잔뜩 흥분한 나는 두 여자아이를 남겨두고 알바로에게 달려갔다.

"네가 이걸 그렸니?" 내가 다급하게 물었다.

알바로는 대답하지 않았다. 그저 고개를 들고 정면을 응시할 뿐이었다. 나와 눈을 마주치지 않았다.

나는 알바로 앞으로 가서 알바로의 얼굴 앞에서 그 그림을 흔들었다.

"알바로, 정말 훌륭한 그림이구나." 내가 말했다.

천천히, 처음으로 알바로의 시선이 나의 시선과 만났다.

"정말 네가 이걸 그렸니?" 내가 물었다.

알바로가 고개를 끄덕였다.

"시간이 얼마나 걸렸니?"

알바로는 대답하지 않았다.

나는 알바로에게 질문을 퍼부었다. 너의 기타니? 인터넷에서 사진을 내려받아서 보고 그렸니? 이렇게 명암 넣는 법을 어떻게 알았니? 이런 작품이 더 있니?

알바로는 불안한 눈빛으로 교실 이곳저곳을 살피면서 이 발로 바닥을 짚었다 저 발로 바닥을 짚었다 했다. 누군가 자신을 구해주길 바라는 것 같았다. 하지만 그 대신 교실 다른 편에 있던 두 여자아이가 내가 놀라는 소리를 듣고 우리 쪽으로 달려와서 그림을 보며 알바로를 칭찬하기 시작했다.

수업종이 울리기 시작했지만, 나는 알바로를 아직 떠나보낼 수 없었다. 나는 미술용품 보관함으로 달려가서 손에 잡히는 만큼 최대한 많은 미술 도구를 그러모았다. 오일 파스텔한 상자, 수채화 물감 몇 개, 붓 몇 개, 다양한 종이, 목탄, 연필들을 들고 서둘러 알바로에게 돌아왔다.

"선생님이 네게 부탁할 것이 있어. 선생님을 위해 더 많은 그림을 그려줘. 어떤 거라도 좋아. 네가 좋아하는 물건들, 집 열쇠, 축구공, 이어폰, 네가 그리고 싶은 어떤 거라도 좋아. 무슨 말인지 알겠니?" 내가 말했다.

알바로는 자기 폴더에 내가 미술용품 집어넣는 것을 빤히 쳐다봤다.

"알겠니, 알바로? 선생님을 위해 다섯 가지 물건을 그려줘. 네가 좋아하는 어떤 거라도 상관없어. 그렇게 할 수 있겠니?" 내가 다시 말했다.

알바로는 잠시 나를 빤히 쳐다보더니 이윽고 고개를 끄덕였다. 그런 다음 내 손에서 폴더를 낚아챈 뒤 빠른 걸음으로 교실에서 나갔다.

"선생님?" 여자아이 중 한 명이 내 옆에서 말했다. 나는 상담하기 위해 참을성 있게 기다린 학생들이 갑자기 기억났다.

알바로가 떠나고 한참 지난 밤까지도 알바로의 그림이 뇌리에서 떠나지 않았다. 내가 알바로를 과소평가한 것일까?

수업을 계획할 때마다 나는 알바로를 염두에 두었다. 거대한 A3 종이 한복판에 있던 작디작은 스케치를 떠올리며 알바로의 자신감을 키워줄 방법을 찾아야 한다고 생각했다. 그

중 한 가지는 알바로에게 다양한 재료를 사용하게 하는 것이었다. 그래서 그다음 주에는 아이들에게 정물화에 그림물감으로 색을 칠해보라고 했다. 나는 항상 하던 대로 교실 앞에서 방법을 설명한 다음, 교실을 돌아다니며 학생들의 작품을 확인했다. 알바로 옆에 가서야 알바로가 붓과 물감을 뚫어져라 쳐다보고 있는 것을 발견했다.

"네가 이번 주에는 물감을 칠하고 싶어 할 줄 알았어." 나는 알바로의 책상 모서리에 걸터앉은 채 말했다.

알바로가 고개를 저었다.

"네가 할 수 있는 다른 것들을 보여주지 않으면 네가 GCSE를 치르게 할 수 없어." 내가 알바로에게 말했다.

알바로는 계속 정면만 응시하며 앉아 있었다.

"좋아, 내가 먼저 시작해볼게." 나는 알바로에게 부족한 것은 자신감이지 능력이 아니라고 생각하며 말했다.

나는 붓끝에 물감을 살짝 묻힌 다음 종이에 선을 그었다.

"자, 이제 네 차례야." 내가 알바로에게 붓을 건네며 말했다.

알바로는 붓을 받아 들고 머뭇거리며 종이에 댄 다음 자신이 그리고 있던 유리병의 다른 한쪽 편을 따라 선을 그렸다.

"잘했어." 나는 이렇게 말한 뒤 다음 책상으로 걸어갔다. 잠시 후에 돌아보니 알바로는 붓을 놓은 채 가만히 앉아 있었다.

나는 알바로의 책상으로 다시 돌아갔다.

"좋아, 하지만 조금 더 해보는 건 어때?" 내가 말했다.

알바로는 아무런 반응도 하지 않았다. 그래서 나는 다시 붓을 집어 들고 아까 그린 선 안쪽을 물감으로 칠했다. 그런 다음 알바로가 똑같이 하는 것을 지켜봤다.

"훌륭해." 나는 이렇게 말하며 자리를 떴다.

다른 몇몇 학생의 작품을 봐주다가 알바로를 다시 힐끗 봤다. 알바로는 또다시 그림을 뚫어지게 내려다보며 가만히 앉아 있었다. 그제야 이 작업 내내 내가 알바로를 안내해야 한다는 사실을 깨달았다. 내가 먼저 한 번 붓을 놀리면 알바로가 따라서 한 번 붓을 놀리는 식으로 말이다. 그래서 우리는 남은 수업 시간 내내 그렇게 했다. 내가 선을 그릴 때마다 알바로는 그것에 맞춰 다른 선을 그렸다. 시간이 흐르면서 알바로의 자신감이 커져 선이 점점 더 길어지고 더 두꺼워졌다. 다른 학생들이 손을 들고 나를 찾아, 알바로의 필요와 다른 학생들의 필요 사이에서 씨름해야 했다. 그렇지만 수업이 끝날 때 나는 커다란 보상을 받았다.

다른 학생의 책상 위로 상체를 구부리고 있는데 갑자기 뒤에서 기척이 느껴졌다.

"이걸 어…… 어디에 둘까요, 선생님?"

"저기, 선반에." 하지만 나는 질문을 던진 목소리가 누구인지 식별할 수 없었다. 고개를 돌리고서야 그 이유를 깨달았다. 바로 알바로였다. 이 남자아이가, 처음 내 수업에 들어왔을 때는 입도 벙긋하지 않았고, 특수교육이 필요하고 자기 자신에 대해 아무런 기대도 없던 이 아이가 처음으로 내게 말을 걸었다. 미술이 그 일을 해냈다. 나는 아무 말도 하지 않았다. 호들갑을 떨거나 알바로를 당황하게 만들고 싶지 않았다. 알바로는 말을 약간 더듬거렸다. 어쩌면 그래서 아무 말도 하지 않으려 했던 것 아닐까. 하지만 재능이 있었다. 잠재력이 있었다. 이 아이를 과소평가하다니, 얼마나 어리석었던가.

알바로는 계속해서 내 수업에 들어왔고, 매주 나는 알바로의 자신감이 커지는 것을 보았다. 재능을 인정받으면서 알바로는 학교생활 다른 영역에서도 자신감을 느끼는 것 같았다. 나는 알바로가 친구들을 어떻게 사귀는지 지켜보았다. 점심시간에 구내식당에서 다른 아이들과 어울리는 모습과 쉬는 시간에 운동장에서 친구들과 축구를 하는 모습도 보았다. 알바로는 더는 내 교실에 느릿느릿 걸어 들어오지 않았다. 자신이 거기에 있을 자격이 충분하다고 생각하며 다른 아이들과 수다를 떨면서 당당하게 성큼성큼 걸어 들어왔다.

하루는 내가 조용히 좀 하라고 알바로를 야단치자, 학생들이 일제히 웃음을 터뜨렸다.

"오, 알바로, 조용히 하라고 조금 전에 말했잖아." 내가
말했다.

알바로는 얼굴을 붉히며 당혹스러워하면서도 교정기를
낀 이를 활짝 드러내며 환하게 웃었다.

우리는 2년 동안 계속해서 열심히 노력했고, 알바로는
다른 학생들 사이에서 GCSE 시험을 치를 수 있었다. 시험을
치를 수 있을 거라고 한 번도 기대받지 못했던 알바로는 D등
급을 받았다. 알바로의 엄마는 시험 성적표를 받기 위해 알바
로와 함께 내게 왔다.

"고맙습니다, 고맙습니다." 그녀가 나를 양팔로 꽉 끌어
안으며 말했다.

알바로의 얼굴에서는 온종일 미소가 떠나지 않았다. 알
바로가 GCSE를 치른 건 이번이 처음이었다.

부장 교사인 아르만도 선생님이 알바로를 축하하기 위
해 찾아왔다.

"알바로는 C등급에서 3점밖에 모자라지 않아요." 그가
내게 말했다.

"C등급요? 만약 C등급을 받는다면 A레벨 시험도 치를
수 있겠네요?" 내가 말했다.

부장 교사가 고개를 끄덕였다. 나는 내 안에서 불꽃이
이는 것을 느꼈다.

"우리는 그렇게 해야 해요. 우리 모두 힘을 합쳐 알바로가 A레벨 시험을 치르게 해요. 그렇게 하고 싶지 않니, 알바로?" 내가 말했다.

알바로의 표정이 모든 것을 말해주었다.

그해 여름 나는 알바로가 A레벨 과정 미술 과목을 들을 수 있도록 교장 선생님을 계속 설득했다. 마침내 그녀는 전화를 걸어, 내가 알바로를 시험에 합격하게 만들 수 있다고 생각한다면 기꺼이 기회를 주겠다고 말했다. 그녀는 알바로의 수업 시간표를 다시 짜게 했다. 알바로가 GCSE 영어와 수학 재시험을 치를 수 있게 말이다.

"문제없습니다." 내가 말했다.

알바로는 내가 미술 수업을 하는 교실에 붙박이 학생이 되었다. 시간이 날 때마다 알바로는 미술 수업을 하는 교실 뒤쪽에 앉아 자기 포트폴리오를 다듬거나 다른 과목들의 성적을 올리려고 애썼다. 더 어린 학생들은 알바로가 거기 있는 것을 좋아했다. 알바로는 우리의 '상주 예술가'로 유명해졌고, 저학년 학생들은 수업 시간에 알바로에게 가서 도움을 받았고, 어떻게 하면 그런 식으로 그림을 그리거나 색을 칠할 수 있는지 물었다. 알바로가 저학년 학생들과 상호작용하는 모습을 보는 것은 큰 기쁨이었다. 알바로는 더는 말을 더듬지 않았다. 그가 멘토 역할을 할 때는 완벽하게 편안해 보였다.

A레벨 시험 결과가 나오는 날, 나는 부모님의 별장이 있는 그리스 해변에서 휴가를 보내고 있었다. 언니 마리아도 교사이기 때문에 시험 결과가 나오면 우리 휴대전화가 동시에 울릴 터였다. 거의 매년 A레벨 시험 결과는 내 연차 휴가와 맞물려 나왔기 때문에 나머지 가족들도 마리아와 내가 학생들 성적을 훑어보는 것을 방해하지 않았다. 손에 프라페를 들고 발가락 사이에 모래가 끼인 채로 우리는 휴대전화를 열심히 봤다. 알바로의 이름을 발견하자 나는 펄쩍 뛰며 소리를 질렀다. 사람들은 해변에 상어가 나타난 것 아닌가 싶었을 것이다.

"뭐야?" 마리아가 물었다.

"알바로가 A등급을 받았어!"

알바로는 몇 주 뒤 학교에 와서 자기 작품을 모으고 폴더를 정리했다. 나는 알바로가 그렇게 크게 웃는 모습을 처음으로 보았다.

알바로는 내게 매우 귀중한 교훈을 가르쳐주었다. 특수교육이 필요한 학생들은 너무 쉽게 과소평가되는 경향이 있다. 알바로가 처음 내 교실에 걸어 들어왔을 때 나도 그렇지 않았던가. 하지만 알바로는 내가, 그리고 다른 모든 사람이 틀렸음을 증명했다. 알바로는 GCSE 시험조차 절대 통과하지 못할 거라고 예상되었으나 결국 A레벨 시험에서 A등급을 받아 멋지게 성공했다.

학습 장애가 있는 아이들에 대한 통계는 불편한 진실을 알려준다. 이 아이들은 초등학교에서 괴롭힘을 당할 가능성이 일반 아이들보다 두 배 더 높다. 또한 학교에서 거부될 가능성이 일곱 배 더 높고, 빈곤하게 살 가능성이 두 배 더 높다. 취업할 가능성은 더 낮다. 그 당시를 되돌아보면 낮은 기대를 한 사람은 나뿐만이 아니었다. 사회 전체가 그렇게 여겼다. 게다가 교사들에게는 이런 아이들을 도울 장비가 갖춰져 있지 않았다. 2015년 한 보고서는 특수교육이 필요한 아이들을 위한 교사들의 훈련이 통탄할 정도로 부족하다고 언급하며, "특수교육이 필요한 아이들에게 좋은 교육은 모든 아이에게 좋은 교육이다"라고 결론지었다. 그렇지만 5년이 지난 지금도 여전히 교사 훈련 과정에서 어떤 개선점도 찾아볼 수 없다.

학교에는 알바로와 같은 아이들이 항상 있다. 이들은 교실 뒤편에 앉아 벽과 조화를 이루려고 애쓰거나 다른 사람들 눈에 띌까 봐 두려워서 아무 소리도 내지 않는다. 알바로는 침묵의 세계로 후퇴했다. 자신이 현실 세계에서 자리를 차지할 자격이 없다고 생각했기 때문이다.

우리는 알바로와 같은 학생들을 간과할 때가 너무 많다. 교사들은 너무 정신없이 바쁘고 다른 행정 업무에 치여 알바로와 같은 아이들에게 절실한 시간과 인내심을 할애할 수가 없다. 하지만 우리가 시간과 인내심을 할애한다면 그 아이들이 무엇을 성취할지 한번 생각해보라.

알바로의 사례는 지극히 인간적인 이야기이지만, 내가 교직에 대해 생각하는 방식을 완전히 바꿔놓았다. 나는 다시는 절대로 첫인상에 기반해 아이를 판단하지 않겠다고 맹세했다. 그렇지만 많은 아이가 학교에서 쓰고 있는 가면 뒤 현실을 생각한다면, 나는 아직 배워야 할 것이 너무나 많다.

2장

교복이나 지각보다
더 중요한 것들

교직 생활을 하는 동안 이와 같은
아이들을 만나면서,
나는 무엇보다 아이들에게
친절히 대해야 한다는 사실을 배
웠다. 왜냐하면 한 아이가 그날 아침에
어떤 일을 겪고 겨우
학교에 왔는지 절대 알 수 없기
때문이다.

모하메드 압둘은 덩치가 큰 아이였다. 또래보다 나이도 훨씬 많아 보였다. 모하메드는 알제리인이어서 지중해 지역 출신 특유의 검은색 피부와 커다란 갈색 눈을 가지고 있었다. 모하메드는 학교의 거의 모든 아이보다 확연히 눈에 띄었다. 순전히 커다란 덩치 때문이었다. 다른 학교 학생들에 비해 우리 학교 학생들은 한참 어려 보였다. 그들 부모에게 가해지는 경제적 압박 때문에 영양 섭취가 충분하지 못한 경우가 많았다. 그런데 모하메드는 열 살은 더 나이 들어 보였다. 아직 열세 살인 모하메드는 담배도 피워 집게손가락이 노랗게 얼룩져 있었다.

모하메드는 내가 학년장으로 일하던 해 중등 3학년으로 전학왔다. 나는 모하메드가 전학 절차를 밟을 때, 모하메드와 엄마, 누나와 면담을 했다. 그들 중 누구도 영어를 썩 잘하지 못했다. 모하메드와 누나는 매우 기본적인 영어만 구사했다. 모하메드의 엄마는 면담 내내 한마디도 하지 않았다. 그녀는 휠체어에 조용히 앉아 자기 아이들이 통역해주는 단편적인 정보를 들었다. 아버지는 없었다. 모하메드는 그 집의 유일한 남자였다. 면접을 보는 동안에는 별다른 문제가 보이지 않았다. 하지만 대개 아이들이 등교하기 시작하면 아이들이 처한 현실 상황이 뚜렷해지곤 했다.

우리 자치구에 사는 아이들은 믿기 힘들 정도의 빈곤과 사투를 벌이고 있었다. 전혀 과장된 표현이 아니다. 아이들에게는 매일 아침 가까스로 등교하는 것 자체가 하나의 성취라 할 수 있었다. 이 아이들은 적절한 교육을 받기 위해 온갖 역경과 싸우고 있었다. 일반적인 상황과 반대로 오히려 부모를 돌봐야 하는지도 몰랐다. 어쩌면 우리 같은 사람은 들어보지도 못한 엄청난 고난을 겪고 있는지도 몰랐다.

교직 생활을 하는 동안 이와 같은 아이들을 만나면서, 나는 무엇보다 아이들에게 친절히 대해야 한다는 사실을 배웠다. 왜냐하면 한 아이가 그날 아침에 어떤 일을 겪고 겨우 학교에 왔는지 절대 알 수 없기 때문이다. 아이들이 완벽하게 다림질된 교복을 입지 않았거나 수업에 몇 분 지각하더라도 나는 야단치지 않았다. 그날 아이들이 집에 무엇을 남기고 왔는지 누가 알겠는가.

　대부분의 사람은 이민자들이 빈곤한 자기 나라를 떠나이 나라에 왔을 거라고 짐작한다. 하지만 우리 가족이나 수많은 다른 가족의 경우에는 전혀 그렇지 않았다. 우리 조부모님은 1959년 키프로스에서 전쟁이 발발하기 전에 떠나왔다. 우리 가족은 자신이 알고 있는 모든 것을 남겨두고 떠나는 것에 대해 알게 됐고, 그런 흉터는 우리 가족 안에서 항상 느껴졌다. 어떤 면에서 그런 고통은 우리 가족의 본질을 규정했다. 가령 할머니는 우리가 그리스계 키프로스인의 정체성을 더욱확고히 고수해야 한다고 주장했다. 우리는 일주일에 두 번 그리스계 학교에 다녔고, 춤 과목을 가장 좋아했다. 또한 집에서는 오직 그리스어만 사용해야 했다.

　"너희가 영어를 배울 곳은 학교야." 삼촌은 우리 중 누가영어로 대답하는 것을 우연히 들으면 꾸짖으며 말했다.

　할머니는 고향인 파마구스타에서 만들던 그리스 요리를 항상 조리법 그대로 만들고 또 만들었다. 파마구스타는 전쟁 이후 '지중해의 유령 도시'로, 즉 저녁 식사 중에 갑자기 모든 것을 버리고 떠나야만 했던 고향으로 유명해졌다. 사람들은 그 후로도 오랫동안 집들의 창문을 통해 접시와 포크와 나이프가 놓인 식탁을 볼 수 있다고 말했다.

모든 사람이 고향을 떠난 것은 아니다. 노인인 이모할머니는 평생 처음 소유한 유일한 집을 떠나지 않으려다가 집 앞에 선 채로 총에 맞아 사망했다. 수십 년 동안 함께 행복하게 살았던 옆집 터키인이 이모할머니의 시신을 돌더미 아래에 묻어주었다. 이 의식을 통해 그들은 그녀가 삶에서 빼앗겼던 존엄을 죽음에서나마 온전히 누릴 수 있게 해주었다. 나는 이런 이야기들을 들으며 자랐다. 이런 이야기들에는 우리가 만드는 키프로스 전통 파이처럼 비통함이 켜켜이 쌓여 있었다.

또 다른 이야기도 기억한다. 키프로스에서 갑자기 집을 떠나기 전에 잠깐 짬이 났던 이웃의 이야기다. 그녀는 마지막으로 집 안에 달려 들어가 가장 귀중하다고 생각하는 딸들의 시험 자격증을 가지고 나왔다. 전쟁 한복판에서도 교육은 여전히 매우 중요했다. 만약 다른 나라에서 새로운 삶을 시작할 경우 딸들의 장래를 위해 최고의 기회를 보장해야만 했다.

할머니는 밀가루 반죽을 밀면서 우리에게 그들이 떠난 낙원의 섬에 대해 말해주곤 했다. 또한 남쪽 지역에 고립된 채 남아 있는 사람들에 대해서도 말해주었다. 이들은 빈 올리브유 캔에 제라늄을 키우면서 자신들이 버리고 떠나야만 했던 고향으로 돌아가기 전까지는 어디에도 뿌리내리지 않을 거라고 굳게 결심했다. 할머니가 고향에 딱 한 번 돌아갔을 때 할머니가 그토록 사랑했던 석조 가옥에 다른 가족이 살고 있었다.

할머니가 이 이야기를 들려줄 때 나는 스푼으로 플라우나 파이 안에 소를 집어넣고 언니 마리아는 저어놓은 달걀을 파이 위에 바르고 있었다. 플라우나 파이는 치즈와 건포도로 만들어 엄청 맛있는데 주로 사순절이 끝난 것을 기념하기 위해 만든다. 할머니는 창문에 걸려 있던 커튼이 어떤 모습이었는지 말해줬다. 할머니가 남겨두고 온, 실크와 천이 겹쳐진 귀한 커튼이었다. 사람들은 도공이었던 할아버지가 만든 옹기에 고기와 치즈를 가득 채워 땅속에 묻었다. 임시 냉장고였다. 그렇게 하면 몇 달은 거뜬히 보관할 수 있었다.

"오, 우리가 땅에 묻었던 음식들." 할머니는 양손을 하늘로 번쩍 들어 올리며 한탄하곤 했다.

키프로스는 영국보다 더 좋은 곳이었다. 모든 해변이 천국처럼 아름다웠고, 바다는 세계 그 어느 곳보다 더 푸르렀으며, 모래사장의 모래는 곱디고왔다. 할머니는 우리가 빽빽이 들어앉은 자그마한 아파트를 둘러보면서 키프로스에 있던 석조 가옥의 정원과 시선이 닿는 저 멀리까지 오렌지 나무로 가득 찬 과수원을 떠올리곤 했다. 닭, 돼지, 칠면조……. 정원에 있는 점토 오븐은 맛있는 음식이 보글거리는 테라코타 냄비들로 종일 가득 차 있었다. 하지만 이제 할머니는 아주 작은 가스 오븐으로 그 음식들을 만든다.

"키프로스에 있던 내 오븐만 여기 있다면." 할머니는 구슬프게 말하곤 했다.

장이 서는 날이면 할머니는 가판대에서 과일을 집어 든 뒤 고개를 절레절레 흔들었다. "이게 토마토라고? 키프로스에선 토마토가 이것보다 세 배는 더 컸지. 훨씬 맛있고." 할머니는 그리스어로 숨죽여 중얼거렸다. "게다가 영국 치즈는 또 어떻고. 뭐 그럭저럭 쓸 만하긴 하지만 키프로스의 치즈는……." 할머니는 고개를 저으며 통탄했다.

할머니는 허공에 키스를 날렸다.

우리는 할머니의 이야기를 듣고 또 들었다. 그 이야기들이 할머니 마음속에 살아 있을 수만 있다면 아무래도 상관없었다. 이민자들이 자기 정체성, 언어, 음식과 문화적 전통에 집착하는 것은 특이한 일이 아니었다. 우리가 집에서 유일하게 영국을 경험하는 것은 매주 금요일에 먹는 피시앤칩스뿐이었다. 그마저 그리스인이 운영하는 가게에서 산 것이었다.

이민자의 아이들은 대개 두 가지 버전의 자신을 만든다. 집에서의 자신과 세상에 나갔을 때의 자신이다. 나는 이 두 가지 버전이 충돌한 적이 몇 번 있다. 가령 어느 날 할머니가 학교에 우리를 데리러 왔을 때 나는 담임 선생님이 내가 어떤 하루를 보냈는지 말하는 것을 할머니에게 통역해줘야 했다. 이 일이 일어나기 전까지 담임 선생님은 내가 두 개의 언어를 말한다는 사실을 까맣게 몰랐다.

　　우리는 운이 좋아 다른 사람들이 겪는 차별을 겪지 않았다. 그리스어를 의미하는 런던 토박이의 속어는 '버블 앤 스퀴크'였고 짧게 '버블'이라고 불렀다. 이런 명칭들이 어릴 적 나를 스쳐 지나갔다. 하지만 어머니는 이것을 싫어했다. 나는 할머니가 혼자서 장을 보러 갈 때면 걱정되었다. 할머니가 아는 영어 단어라고는 '안녕하세요' '고맙습니다'와 할인매장 '막스앤드스펜서'가 전부였다. 어쩌면 그래서 이민자 아이들이 학교에 올 때마다 내가 연민을 느꼈는지도 모른다.

　　이민자 아이들의 엄마를 보면 할머니가 떠올랐다. 얼마나 길을 잃은 듯한 느낌일까. 자신이 알고 있는 집과 언어와 친구들로부터 수천 킬로미터 떨어진 곳에서 훨씬 안 좋은 상태로 살아가는 것이. 하지만 부모들은 이곳이 더 낫고 적어도 더 안전하다고 주장한다. 나는 할머니가 우리 학교 선생님들에게서 할머니의 모국어로 인사를 받았던 게 얼마나 큰 의미였는지 잘 알았다. 그래서 내가 할머니를 추모하며 학생들에게 같은 일을 해주었는지도 모른다. 나는 '안녕' '기분이 어때' '환영해'를 수십 가지 언어로 말하는 법을 배웠다. 나는 학부모들과 아이들이 학교에 들어올 때 이런 행동을 접하면 얼마나 큰 차이가 생기는지 직접 목격했다. 나는 이민자의 자녀로 사는 것이 얼마나 고립감을 주는지 뼛속 깊이 알고 있었다. 또한 우리 가족이 그랬던 것처럼 단돈 한 푼 없이 새로운 나라에 와서 아무런 기반도 없이 삶을 꾸린 사람들을 존경했다. 그런 이유로 나는 교사와 학생은 상호 존중해야 한다고 믿는다.

이후 모하메드를 매우 잘 알게 됐다. 모하메드는 거의 하루도 빠짐없이 교무실에 불려왔다. 나는 모하메드가 특정한 그룹의 아이들과 어울릴 때 이미 위험을 감지했다. 그해 나는 임란 케인 덕분에 머리카락이 하얗게 셀 뻔했다. 어떤 물건이 사라지거나 도둑맞으면 임란 짓이었다. 하지만 임란은 결백하다는 표정을 짓는 기술이 완벽했다. 순순히 자백하는 법이 없고, 자기를 지목한 상대가 자신의 판단에 의문을 품게 만든다. 나중에 CCTV 영상을 확인해야만 진실이 밝혀진다.

새뮤얼 캠벨은 모하메드가 금세 친해진 학생이었다. 새뮤얼은 학교 안에서나 학교 밖에서 함부로 건드릴 수 없는 아이였다. 자부심이 강한 아프리카계 카리브해 출신 기독교도인 새뮤얼의 엄마는 아들이 종교적으로 독실하다고 생각했다. 그렇지만 새뮤얼이 절대 걸리지 않는 이유는 항상 다른 아이들에게 일을 대신 시키기 때문이었다. 복도에서 새뮤얼과 다른 학생들 사이에 오가는 비밀스러운 표정을 볼 수 있었다. 그런데 모하메드는 어떻게 이런 남자아이들과 금세 친해졌을까? 경험상 특정한 캐릭터의 학생들은 서로에게 자석처럼 끌렸다.

이런 아이들은 배경에 개의치 않았다. 새뮤얼은 카리브해인이고, 임란은 소말리아인이고, 모하메드는 알제리인이었다. 이들은 '나는 너와 협력할 수 있어' 혹은 '너는 내게 쓸모 있을 것 같아'라고 말하는 표정을 주고받는 것 같았다.

학교 운동장에는 절대 변하지 않는 규칙이 있다. '친구를 가까이 두라. 그리고 적은 더 가까이 두라.' 하지만 모하메드가 인기 많은 가장 큰 이유는 항상 담배를 가지고 다니기 때문일 것이다. 그것이 대부분 학생에게는 매우 쿨해 보였다. 모하메드와 같은 아이들은 자기 무리와 으스대며 걸어 다닌다. 이런 아이들은 복도를 정복하기라도 한 듯 가슴을 한껏 내밀고 거만하게 걷는다. 이 아이들이 특정한 이미지를 연기하는 데는 이유가 있다. 이들은 연약해 보이게 할 여유가 없다. 모하메드는 우리 학교에 들어선 순간부터 자기 자리를 스스로 찾아야 했다. 모하메드는 목에 커다랗고 두툼한 금속 체인을 걸고 다녔다. 다른 학생들 눈에는 이게 뭐라도 되는 듯이 보였다. 아마도 이것은 모하메드가 자신이 걸치고 있는 다른 모든 것으로부터 시선을 돌리려는 방편이었는지도 모른다. 아무것도 아닌 사람이 되느니 뭐라도 되는 게 더 나았기 때문이다. 특히 우리 학교 같은 데선 말이다.

모하메드는 일반적인 교복이 맞지 않았다. 심지어 우리 학교의 교복 재킷 중 어느 것도 맞지 않았다. 그래서 교복처럼 보이도록 위장한 옷을 매일 똑같이 입고 등교했다. 검은색 청바지, 흰색 셔츠, 그리고 나이키 로고가 그려진 낡은 검은색 운동복 상의였다. 모하메드는 나이키 로고를 검은색 매직펜으로 까맣게 칠했다. 흰색 셔츠 옷깃은 때가 끼어 회색이었다. 모하메드가 지나갈 때마다 지독한 땀 냄새가 뒤따랐다. 태도 때문에 교사들이 모하메드를 교실에서 쫓아낼 일은 별로 없었다. 하지만 적절한 교복을 입지 않은 것은 교사들에게 매일 핑곗거리를 만들어줬다. 게다가 말썽꾸러기로 인식되었기 때문에, 모하메드는 더 말썽꾸러기처럼 굴었다. 모하메드는 자신의 명성에 걸맞게 행동했고, 그런 사실 때문에 내 학년장 사무실에 자주 들락거렸다.

"이번에는 무슨 일이니, 모하메드? 스미스 선생님이 네가 교실에서 의자를 던졌다던데." 내가 물었다.

"아, 맞아요. 전 스미스 선생님이 싫어요, 선생님. 저한테 욕을 퍼부었어요."

나는 전에도 모하메드에게서 이런 이야기를 신물 나게 들었다. 나는 모하메드가 특정한 수업을 들을 때 내가 대처할 수 있도록 내 시간표를 조정했다. 수업을 하다가 중재하기 위해 불려 나올 게 뻔했기 때문이다. 모하메드는 특히 권위 있는 남성들과 문제를 많이 겪는 것처럼 보였고, 그런 선생님들의 수업을 가장 싫어해 항상 늦게 나타났다.

나는 모하메드가 수업에 출석이라도 하는 게 긍정적이라고 생각했지만 다른 교사들은 그렇게 생각하지 않았다. 모하메드는 뒤늦게 태연히 나타났고, 그럴 때마다 곤경에 처했다. 교사들은 모하메드를 힐끗 본 다음 이렇게 말했다. "또 지각이라니, 놀랍지도 않구나. 네 태도를 좀 봐."

그 누가 비난받을 게 뻔한 똑같은 상황에 계속해서 자신을 밀어 넣고 싶겠는가? 누구라도 말대꾸하지 않겠는가? 하지만 모하메드는 거들어봤자 좋을 게 없다고 생각하며 신경을 껐다. 하지만 교사는 반 아이들 앞에서 모하메드에게 망신을 주며 같은 말을 반복했고, 그러면 모하메드는 완전히 불만에 휩싸여 의자를 집어 던졌다.

"교복은 어디에 있니?" 내가 모하메드에게 물었다.

"전 교복이 없어요, 선생님." 모하메드가 말했다.

나는 모하메드가 펜으로 까맣게 칠한 나이키 로고를 쳐다봤다. 모하메드의 옷은 한 번도 빨지 않은 게 분명했다. 땀 냄새가 합성섬유 곳곳에 깊숙이 배어 있었다.

"어떻게 할까, 모하메드? 내가 알아야 할 심각한 일이 생긴 건 아니니?"

모하메드의 집에 몇 주일 동안 전화를 걸었지만, 엄마와 한 번도 통화를 하지 못한 터였다.

"엄마에게 전화하셔도 소용없어요. 엄마는 영어를 못하

세요, 선생님." 모하메드가 말했다.

"음, 그렇다면 엄마가 학교에 오셔서 이 문제에 관해 이야기를 나눠야겠구나. 통역사를 구하면 되지."

모하메드는 의자에 털썩 주저앉았다.

"소용없어요, 선생님. 엄마는 휠체어를 타세요. 다발성 경화증이시거든요. 게다가 집주인이 자물쇠를 바꿔버릴까 봐 집을 떠나실 수 없어요."

내가 아무 말도 하지 않은 채 응시하자 모하메드가 쓰고 있던 가면이 몇 초 후에 벗겨졌다.

"레일라 누나와 이야기하시면 될 거예요." 모하메드는 이렇게 말하며 마지못해 누나의 전화번호를 주었다.

레일라는 그다음 날 학교에 왔고, 모하메드와 함께 사무실에서 나를 만났다. 레일라는 모하메드보다 몇 살밖에 많지 않았다. 완벽하게 화장한 얼굴을 보며 나는 그녀가 태생적으로 검은색 곱슬머리의 미인이라는 사실을 알 수 있었다. 레일라는 긴 아크릴 손톱에 커다란 링 귀걸이를 하고 딱 붙는 청바지를 입고 있었다. 레일라는 내게 그들이 어떤 어려움을 겪고 있는지 설명하기 시작했다. 그녀의 외양과는 영 어울리지 않았다. 하지만 나는 그녀의 말 한마디 한마디가 모두 진실이라는 것을 알았다. 레일라는 대학에 다니면서 저녁에는 공장에서 일했다. 그녀가 버는 적은 수입으로는 빚을 지지 않고 생계를 꾸려나가기가 힘들었다.

　나는 그제야 왜 모하메드의 교복이 그들 가족의 우선순위에서 아래쪽에 있는지 이해할 수 있었다. 모하메드가 교육을 끝마칠 때까지 모두가 레일라에게 의존해야 했다. 게다가 모하메드가 말한 그대로, 이들은 집주인에게 쫓겨날지 모른다는 공포에 항상 시달리고 있었다. 나는 눈을 깜박거리며 두 사람을 번갈아 보았다. 모하메드가 누나 옆에서 어떻게 행동하는지 보였다. 처음에는 시건방진 태도를 보였지만, 레일라가 그들의 배경에 대해 털어놓자 모하메드의 연약함이 뚜렷이 눈에 들어왔다. 레일라의 영어 실력은 모하메드보다 크게 낮지 않았지만, 나는 레일라가 최선을 다해 솔직하게 이야기한다는 사실과 그게 얼마나 털어놓기 고통스러운 이야기인지 알 수 있었다.

　"우리는 알제리에서 괜찮게 살았어요. 이렇게까지 가난하진 않았어요. 아버지는 이미 런던에 계셨죠. 아버지는 우리에게 영국에서 사는 게 더 나으니 모두 와야 한다고 하셨어요. 하지만 아버지가 비행기표 살 돈을 보내줄 수 없어 우리는 버스를 타고 알제리에서 여기까지 왔어요. 정말, 정말, 정말 오래 걸렸어요. 버스를 갈아타고 또 갈아탔어요. 엄마는 우리가 런던에 도착했을 때 많이 아프셨어요. 집은 낡고 춥고 축축했죠. 그런데 아버지가 엄마와 우리를 버리고 여기서 사귄 여자친구와 함께 떠나버렸어요. 심지어 우린 영어도 할 줄 모르는데요. 직장도 없고 돈도 없고 아무것도 없었죠. 집세를 낼 수 없어 쫓겨났어요. 그러고는 예전보다 더 안 좋은 집을 구했죠. 저는 집세를 내려고 애썼지만, 우리에겐 돈이 충분치 않았어요. 아버지는 떠나버렸고, 저희를 조금도 도와주지 않았어요." 레일라가 설명했다.

나는 모하메드를 흘낏 봤다. 갑자기 모하메드가 늘 학교 복도를 젠체하며 활보하던 그 남자아이와 사뭇 달라 보였다. 마치 지나간 시절이 흔적도 없이 사라져버리고 꼬마 남자아이로 돌아간 것 같았다. 모하메드가 남자 교사들과 자주 말다툼하는 것도, 모하메드가 그들의 권위를 존경하지 않는 것도 이해되었다. 자신에게 롤 모델이 되어야 할 성인 남성이 자신과 엄마, 누나를 그렇게 끔찍한 상황에 버려두고 사라졌는데 어떻게 그들을 존경할 수 있겠는가?

그들이 이 나라로 오는 여정에서 맞닥뜨렸던 고통을 누그러뜨리기 위해 내가 할 수 있는 일은 아무것도 없었다. 상처를 아물게 할 약이 없었다. 이런 사실을 받아들이는 일이 교사로서 가장 힘든 부분이다. 하지만 나는 모하메드가 왜 그렇게 행동하는지 이해할 수 있도록 도와준 레일라가 고마웠다. 모하메드가 내 사무실에 앉아 있던 연약한 남자아이 대신 다른 페르소나를 선택한 게 그리 놀라운 일인가? 아이들이 우러러

볼 만한 캐릭터를 창조해낸 게 그리 놀라운 일인가?

모하메드는 자기자신이, 내가 목격한 무방비 상태의 남자아이라는 사실을 솔직히 내보이는 위험을 감수할 수가 없었다. 학교에서 머리 위에 지붕이 없는 집으로 돌아가기가 두려웠을 것이다. 지붕은 누구나 당연하게 여기는 것인데 말이다. 나는 모하메드가 학교에 입고 온 운동복 상의를 다시 한번 쳐다봤다. 그리고 나이키 로고를 까맣게 칠하면서 모하메드가 어떤 심정이었을지 생각해봤다. 모하메드는 가능한 수단을 모두 동원해 최대한 노력했다. 학교의 규칙에 어긋나지 않으려고 자신이 가진 아주 사소한 것이라도 동원하려 애썼다. 하지만 그것 때문에 매일 꾸짖음과 처벌을 받았다. 아마 이 옷들은 모하메드가 가진 유일한 것이리라.

"저희도 모하메드가 걱정이에요, 선생님. 모하메드는 가끔 밤에 집으로 돌아오지 않아요. 엄마는 걱정이 태산이죠. 모하메드가 곤경에 처해 있다고 해도 어디 있는지 알 도리가 없으니까요." 레일라가 남동생을 돌아보며 말했다.

"정말이니, 모하메드?" 내가 모하메드에게 물었다.

모하메드가 익숙한 가면을 슬그머니 쓰면서 어깨를 으쓱했다.

나는 레일라가 무엇을 걱정하는지 잘 알았다. 모하메드처럼 잃을 게 거의 없고 집에 돈이 없는 남자아이들은 좁은 틈

새 사이로 빠지기가 너무 쉬웠다. 범죄조직의 목표물이 되거나 마약 운반책으로 일해 급전을 마련하는 일이 많았다.

"걱정하지 말아요, 레일라. 우리가 모하메드를 잘 지켜볼게요. 모하메드가 집에 오지 않으면 언제든 전화해요. 모하메드가 학교에 안전하게 등교했다고 알려줄게요."

레일라가 떠나고 모하메드가 교실로 돌아간 뒤 나는 그들의 삶에 관해 알게 된 것을 다른 교사들과 공유하면 좋겠다고 생각했다. 모하메드가 얼마나 많은 좌절을 극복했는지, 그런 모든 상황에도 불구하고 곤란을 무릅쓰고 매일 학교에 오는 게 얼마나 대단한지 알려주고 싶었다. 아마 그런 사실을 알게 되면 그들은 모하메드를 덜 몰아붙일 것이고, 내가 그러했듯이 세상에는 교복이나 지각보다 더 중요한 것들이 있다는 사실을 알게 될 것이다.

나는 모하메드와 그 아이의 가족에게 새로이 존경심이 생겼다. 동정심이 아닌 존경심이었다. 하지만 학교 규정상 이런 정보를 동료들과 공유해서는 안 되었다. 학생과 교사 모두를 취약하게 만들 수 있기 때문이다. 학년장을 맡고 있던 나는 이전에 알지 못했던, 아이들의 정보를 접할 수 있었다. 만약 내가 그런 정보를 어떤 교사에게 전달한다면, 그 교사는 모하메드를 대하는 방식을 바꿀지도 모른다. 혹은 비슷한 상황에 있는 다른 아이에게 그렇게 할지도 모른다. 진심 어린 선의에서 모하메드에게 더 많은 관심이나 공감을 표현할지도 모른다. 그러면 친구들은 뭔가 달라졌다는 것을 눈치채고 모하메드를 배척할지도 모른다. 혹은 교사가 우연히 그런 정보를 언급해 반 친구들 앞에서 모하메드를 곤혹스럽게 할지도 모른다. 그러면 우리는 그동안 하나의 학교로서 모하메드와 쌓아온 신뢰를 잃을 것이다.

요즘 우리 학교에는 부모님이 암으로 죽어가는 아이들이 있다. 하지만 당사자인 학생이 직접 말하지 않으면 친구들과 교사들은 그 사실을 알 수가 없다. 학교의 가장 중요한 목표는 학생들이 정상적으로 하루를 보낼 수 있게 해주는 것이다. 우리는 학생들이 새로운 교실에 들어설 때 백지 상태의 깨끗한 경력을 가지고 오기를 원한다. 새로운 학년이 시작될 때마다 개인정보를 누설할 필요 없이 말이다.

시니어 지도교사들senior leaders이 일반 교사들에게 말할 수 있는 것은 어떤 아이가 약간 취약하다든지 학생들의 행동에 변화가 있다는 정도다. 일반적으로 우리는 교사들이 자신의 주요 역할, 즉 가르치는 일에 충실하게 만들려고 애쓴다. 그래서 다른 문제들을 보살피기 위해 학교에 생활지도교사가 있는 것이다. 이제 나는 모하메드에 대해 더 많은 정보를 가졌지만, 어떻게 하면서 모하메드의 삶을 더 수월하게 만들지 알 수가 없었다. 레일라는 여러 번 내 사무실에 전화를 걸어 모하메드가 등교했는지 확인했다. 내가 약속한 대로였다. 나는 교실에서 모하메드를 찾아 엄마가 걱정하신다고 말해주곤 했다.

"너무 피곤해서 친구네 집 소파에서 잠들어버렸어요, 선생님." 모하메드가 말했다. 모하메드는 집에 삼촌이 와 있다고 말했다. 나는 이 사실이 집에 있고 싶지 않다는 생각에 얼마나 많은 영향을 미쳤을지 짐작해보았다.

몇 주가 지나도록 모하메드는 똑같은 이유로 내 사무실로 보내졌다. 교복 미착용, 태도 불량, 지각 문제였다. 그러던 어느 날 내 뚜껑이 열려버렸다. 여느 때와 다름없이 어떤 교사가 모하메드에 대해 불평하면서 그를 내게 보냈다. 교복을 입지 않은 것에 대한 벌로 방과 후에 남게 한 것이다.

"왜 선생님에게 무례하게 굴었니?" 내가 모하메드에게 물었다.

"선생님, 저는 그를 견딜 수가 없어요. 그는 항상 제게 소리를 질러요. 짜증 나게 한다고요."

나는 한숨을 쉬었다. "나는 함께 일하는 사람 모두가 마음에 드는 줄 아니? 아니야, 마음에 들지 않아. 하지만 학교에는 규칙이 있어. 그러니까 잘 지내는 거야." 내가 말했다.

모하메드가 고개를 끄덕였다.

"강요하거나 꺼져버리라고 할 수 없어." 내가 모하메드에게 말했다.

모하메드는 악순환에 빠져 있었다. 지속적인 처벌은 상황을 개선하는 데 도움이 되지 않았다. 그저 모하메드의 화를 돋울 뿐이었고, 학교를 증오하고 교실을 떠나야 할 또 다른 이유를 제공할 뿐이었다. 심지어 모하메드가 떠나지 않도록 우리가 애쓰는 공간(아마도 모하메드에게 유일하게 안전한 공간일 것이기에)조차 모하메드에게는 적대적으로 보였을 것이다. 나는 모하메드가 왜 모든 걸 포기하려 하는지 이해할 수 있었다. 몇 달 동안 같은 옷을 입고 앉아 있는 모하메드를 쳐다봤다. 셔츠 칼라에 때가 덕지덕지 끼어 있었다. 모하메드가 자신이 정상이라고 느끼면서 단 하루라도 누군가에게 부담을 느끼지 않고 지낼 방법은 없었다. 내가 악순환을 끊도록 도와주지 않는다면 말이다.

"그래, 이 정도면 충분해." 내가 벌떡 일어서서 손가방을 움켜쥐며 말했다.

"선생님?" 모하메드가 말했다.

나는 내 사무실과 학교 건물에서 뛰어나갔다. 뒤에서 나를 따라잡으려 애쓰는 모하메드의 발소리가 들렸지만, 나는 재빨리 자동차에 올라타 백미러로 모하메드를 본 뒤 주차장에서 빠져나왔다.

나는 내가 무슨 일을 하고자 하는지 알고 있었다. 그 일이 모하메드에게는 동정하는 것처럼 느껴질지도 모른다. 하지만 나는 모하메드가 그렇게 생각하도록 내버려두지 않을 참이었다. 나는 모하메드가 자신을 조금이라도 존중하게 만들어야 했다. 그래서 화내는 척했던 것이다.

교사로서 우리는 여러 상황에 스스로 둔감해질 수 있어야 한다. 그렇지 않으면 우리 직업과 관련해 지나치게 감정적으로 될 것이다. 우리는 모하메드와 같은 이민자들이 더 나은 삶에 도달하기 위해 위험한 횡단을 하는 이야기를 많이 듣는다. 때때로 우리는 감정의 스위치를 끌 필요가 있다. 잘못하면 우리는 번아웃 상태가 될 수도 있다. 만약 그렇게 된다면 우리가 어떻게 아이들에게 필요한 피난처를 제공할 수 있겠는가.

그렇지만 거의 매일 내 사무실에서 살다시피 하는 한 남자아이가 있다. 내가 연민을 허용할 수 있는 유일한 장소는 내 사무실뿐이다. 모하메드가 나타나고 생활지도교사인 동료 아네트가 나를 쳐다볼 때마다 나는 그저 이렇게 말하곤 했다. "아, 진정할 때까지 우리와 함께 잠시 앉아 있게 해요." 교실 안에서 분노를 조절하지 못하는 모하메드에게는 영구히 배제될지도 모르는 어떤 일을 저지르는 것보다 그렇게 있는 편이 훨씬 더 나았다. 아이들은 분노를 조절하는 법을 자동으로 알지 못한다. 배워야만 한다. 하지만 그 순간 나는 분노를 조절하는 데 어려움을 겪고 있었다. 그래서 이 상황을 바꾸기 위해 할 수 있는 일은 한 가지밖에 없다고 생각했다.

나는 '아스다Asda' 매장에 차를 세운 뒤 안으로 들어갔다. 모하메드는 키가 크고 체격이 좋기 때문에 학교 교복 코너에서 쇼핑하는 것은 의미가 없었다. 거기에는 모하메드에게 맞는 옷이 하나도 없을 터였다. 대신 나는 남자 성인 의류 코너로 가서 카트 안에 검은색 바지 여러 벌, 흰색 반소매 티셔츠 한 묶음, 검은색 점퍼 두 벌과 검은색 재킷 두 벌을 넣었다. 계산원이 금전 등록기에 모든 물품을 입력하자 64파운드가 나왔다.

학교에 돌아와서 모하메드를 불러 쇼핑백을 건넸다. 모하메드는 충격을 받은 듯한 표정이었다.

"선생님, 왜 이러셨어요?"

"왜냐하면 네가 곤경에 처하는 것에 질렸기 때문이야. 하지만 더는 핑계 대지 못할 거야. 이제 네겐 옷이 있어. 나머지는 네게 달렸어. 다시는 내 사무실에서 너를 보고 싶지 않아. 무슨 말인지 알겠니?" 내가 말했다.

내 말이 냉혹하게 들렸을지도 모른다. 하지만 나는 모하메드가 자신의 존엄을 지킬 수 있도록 해야 했다.

"네, 선생님." 모하메드가 말했다.

"그리고 나는 네가 이것에 관해 누구에게도 말하지 않았으면 해. 왜냐하면 나도 그럴 테니까." 내가 말했다.

모하메드는 고개를 끄덕였다. 안도하는 게 느껴졌다. 모하메드는 복지 수혜 대상자처럼 취급받기를 원하지 않았고, 나도 그러고 싶지 않았다.

이때 이후 나는 학생에게 이렇게 한 적이 단 한 번도 없다. 하지만 이때는 반복되는 악순환을 누군가 끊어주지 않으면 이 아이가 (은유적으로 말하자면) 물에 빠져 익사할지도 모른다고 느꼈다. 때때로 아이에게 필요한 것은 단지 끊는 것뿐이다.

다음 날 사무실에서 노크 소리가 났다. 사무실 입구에 누군지 거의 알아보기 힘든 한 남자아이가 서 있었다.

"이것 봐." 모하메드가 걸어 들어오자 의자에 앉은 채 뱅글뱅글 돌면서 내가 말했다.

"와서 보여드리고 싶었어요, 선생님." 모하메드가 말했다.

모하메드는 완전히 달라진 모습이었다. 나는 모하메드를 머리끝에서 발끝까지 죽 훑어봤다. 빳빳한 새하얀 셔츠와 학교 넥타이, 깔끔한 재킷과 잉크처럼 새까만 바지.

"우와, 모하메드, 굉장해 보인다." 내가 말했다.

"감사합니다, 선생님." 모하메드가 대답했다.

우리는 이후 절대로 그날 이야기를 하지 않았다. 그럴 필요가 없었다. 이전에는 자신이 스스로 창조한 이미지에 따라 행동했지만, 이제 모하메드에게는 새로운 이미지가 생겼다. 단순히 깨끗한 옷만이 아니었다. 백지처럼 깨끗한 경력이 생긴 것이다. 그 후 내 사무실에서 모하메드를 보는 일은 거의 없었다. 나는 모하메드가 친구들과 수다 떠는 모습을 구내식당 한편에서 조용히 지켜봤다.

"모하메드, 정말 멋지다!" 다른 남자아이들이 모하메드에게 말하는 소리가 들렸다.

모하메드는 옷을 깨끗하게 유지했다. 다른 교사들은 모하메드에게 생긴 변화를 믿지 못하겠다는 표정이었다. 그들은 내게 모하메드가 예전처럼 수업에 지장을 주지 않고 학습 태도가 좋아지기 시작했다고 말했다. 나는 약속을 지키기 위해 모르는 척했다. 모하메드는 완벽하지 않았다. 그 누구도 완벽하지 않다. 하지만 대부분 사람은 노력을 기울이면 자기 외모에 자부심이 생긴다는 사실을 알고 있다. 왜 우리 아이들에게는 이 기준이 똑같지 않아야 하는가?

그날 이후 나는 다양한 사이즈의 교복을 비축해놓았다. 학교에 제대로 된 옷을 입고 오지 못하는 아이는 모하메드만이 아니었다.

학생들에게 옷을 입히는 일은 교사의 역할이 아니다. 하지만 이 점이 아이들의 전반적인 태도에 어떤 영향을 미치는지 알아야 한다. 우리 학교에 오는 학생 한 명 한 명은 학생 보조금pupil premium(학교에서 무상으로 급식하는 학생들의 수에 맞춰

정부가 학교에 주는 보조금)에서 지급된 넥타이, 점퍼, 그리고 가
방을 받는다. 이는 최소한 겉모습이라도 학생들이 서로 동등
한 기반에서 출발할 수 있게 해준다. 학교가 주는 선물이자 우
리 공동체에 잘 왔다는 환영 인사다. 또한 일부 학부모에게는
비용 부담을 덜어주는 방편이기도 하다. 경험상, 학생들은 말
쑥하게 차려입으면 말쑥하게 행동한다. 최소한 이미 걱정거
리가 차고 넘치는 힘겨운 삶을 사는 아이들에게 한 가지 걱정
을 덜어주는 일이다.

3장

운명과도 같은
앨퍼턴 공립학교

공유하는 것이 많을수록 많이 배울 수 있다. 이는 내가 애초에 교사가 되고자 한 이유이기도 하다. 점차 이 학급과의 수업이 다른 수업보다 기다려졌다. 예전에는 시계만 뚫어지게 보면서 시간이 빨리 끝나기를 기다리던 학생들이 이제 자신에게도 잠재력이 있다는 사실을 알게 됐다.

아버지는 내가 앨퍼턴 공립학교 면접에 가지 않기를 바랐다. 아버지는 '낙후 지역'의, 교육에 실패하고 있는 학교에 대해 들은 적이 많았다. 그런 학교에 다니는 학생들은 학교의 평판을 향상시키기 위해 거의 아무런 노력도 하지 않는다고 했다. 아버지는 내가 어렸을 때 다녔던 학교보다 더 나은 곳에서 근무하기를 간절히 바랐다.

우리가 어떤 학교가 나쁜지 좋은지에 대해 얼마나 빨리 결론 내리는지 놀랍기 그지없다. 영국 교육기준청의 심사 체제는 아마 도움이 되지 않을 것이다. 게다가 일단 사람들이 어떤 학교에 관해 마음을 정하면, 학생들은 그 평판에 부응하며 행동한다. 그러므로 어떤 학교의 실패보다 그 학교의 가능성에 초점을 맞추는 방법이 더 도움이 될 것이다. 결국 적절한 교장 선생님 밑에서라면, '좋은good' 학교(교육기준청 평가 중 두 번째로 높은 등급)는 금방 '뛰어난outstanding' 학교로 발돋움할 수 있을 것이다.

교원 교육을 받으면서 내가 처음 배치된 학교는 옛 미들섹스주 스탠모어의 중산층 지역에 있었다. 그 지역에는 근면한 아시아인 부모들이 압도적으로 많이 살았다. 그들은 자신이 갖지 못했던 기회를 자녀가 누리고 성공하리라 확신했다. 그래서 학생들은 완벽하게 행동했고, 수업 중에 소란이 일어나는 일이 거의 없었다. 숙제도 항상 제시간 안에 제출했다. 모든 일이 너무 수월했다. 내가 다녔던 학교와 완전히 딴판이었다. 너무나 풍요로운 지역에 있어 괜히 위화감이 느껴졌다.

첫 번째 학교에 근무하고 있을 때 두 번째 교원 교육 학교를 알려주는 이메일이 도착했다. 내가 다음으로 배정받은 학교명을 말하자 지도교사들이 숨을 깊이 들이마셨다.

"많이 다를 거예요." 이것이 그들이 내게 해준 유일한 설명이었다.

두 번째 학교로 가는 길은 마음을 편하게 해주었다. 북서부 런던의 콘크리트를 뒤로한 채 나는 A41 지역을 향해 초목이 무성한 공간들과 나무가 많은 길거리 안으로 들어갔다. 높은 내리닫이 창문이 달린 오래된 빅토리아식 학교는 좋지 않은 평판에도 불구하고 전통적인 중학교에 가까워 보였다. 이전 동료들이 호들갑을 떤 것 같았다.

안내받은 곳으로 들어가자 7명의 다른 교생이 기다리고 있었다. 우리는 이미 다녀온 학교들에 관해 이야기를 주고받았다. 모두가 서로 다른 대학교에 다니기에, 받은 교육도 각자 달랐다. 모두 교육 이론에는 빠삭했지만, 가장 중심에 있는 '아이들kids'에 대해서는 언급하지 않았다.

많은 사람이 교원 훈련 시스템에 들어오지만 훈련이 끝날 즈음 남아 있는 사람은 그렇게 많지 않았다. 교육대학에서 첫 수업 때 학과 대표는 그 연도가 끝날 때면 아마 지금의 절반 정도 의자만 채워져 있을 거라고 말했다. 에너지와 열정에 가득 차 있던 나는 말도 안 되는 소리라고 생각했다. 분명 모두가 자신이 무엇을 하러 여기 왔는지 잘 알고 있지 않겠는가. 하지만 내 예상은 빗나갔다. 2012년 버킹엄 대학교에서 실시한 한 연구에 따르면 교사 훈련을 받는 사람의 약 3분의 1은 그 직업을 갖지 않는다. 2010/2011년도에 훈련받은 3만8000명의 교사 중에서 70퍼센트만이 여전히 교사직을 유지하고, 그 교사 중 오직 61퍼센트가 공립학교에서 일하고 있었다. 아마도 나는 교사로 일하는 언니를 둔 덕분에 교직 생활의 부침에 더 긍정적인 인상을 지니고 있었던 것 같다.

두 번째로 배정받은 학교에서 멘토인 에드너 선생님은

따뜻하고 나이 지긋한 부인 같은 여성이었다. 그녀는 1월에도 페이즐리 무늬의 셔츠를 입고 양말 없이 버켄스탁 샌들을 신고 있었다. 정년 퇴임이 얼마 남지 않은 그녀는 수업에 대해 오직 한 가지만 조언해주었다. "학생들이 교실을 떠나지 않게 하세요." 나는 학습 요구도 하고, 학교 정책, 학교 기준 등에 대해 더 많이 알려달라고 요청했지만, 그녀는 똑같은 조언만 되풀이하며 내 질문들에 손사래를 쳤다. 내가 업무를 성공적으로 수행하기 위해 할 일은 온전한 학급을 데리고 각 수업을 끝마치는 것이라고 했다. 그녀는 내게 학교를 구경시켜주었다. 복도는 고함과 욕설로 소란스럽고, 데오드란트 냄새가 공중을 뒤덮고, 주먹이 날아다니고, 협박이 오갔다. 에드너 선생님의 경고가 이해되기 시작했다. 이 학교에서는 학생들에 대한 기대가 낮았다. 하지만 내가 정말 두드러지게 느낀 것은 교실에 가득한 백인 학생들의 얼굴이었다.

처음 학교에서는 얼른 수업을 시작하고 싶어 안달이었지만, 몇 주 동안 관찰만 해야 했다. 하지만 여기에서는 제대로 준비도 안 된 채 무턱대고 일을 시작해야 했다. 나는 11학년 GCSE 과정의 그래픽 과목을 맡으라는 임무를 받았다.

"그래픽 과목 수업을 한 번도 해본 적 없어. 11학년은 고사하고 말이야." 그날 저녁 마리아 언니에게 말했다.

마리아 언니는 동료들에게서 수업 자료를 얻어보겠다고

약속했다. 그래픽 과목은 미술이라기보다 디자인과 테크놀로지 과목에 가까웠다. 나는 학생들 옆에 앉아서 수업 방식을 배워야겠다고 생각했다. 하지만 에드너 선생님의 수업은 학생들의 표정이 보여주듯 전혀 흥미롭지 않았다. 그녀는 너무 많이 복사해서 글자가 또렷하지 않은 연습 문제지를 나눠주었다. 학생들은 각자 연습 문제지를 보고 혼자 힘으로 공부해야 했다. 학생들은 이내 주의력이 급격하게 떨어져 책상에 다리를 올린 채 수다를 떨었다. 남자아이들은 껌을 씹으며 빈둥거렸고, 여자아이들은 매니큐어 바른 긴 손톱을 비교하며 놀았다. 수업이라기보다 아기 돌보기에 더 가까웠다.

드디어 내 차례가 됐을 때, 나는 학생들을 수업에 집중하도록 만들겠다고 굳게 결심했다. 나는 첫 번째 수업을 위해 교실의 배치를 바꾸겠다고 에드너 선생님에게 요청했다. 맨 뒤 책상에서는 칠판을 보기 힘들 것 같았다. 나는 학생들이 안간힘을 쓰면서 파워포인트로 띄운 발표 화면을 쳐다볼 필요 없도록 문제집을 전부 복사해서 나눠주기로 했다. 아이들이 참고해야 하는 것을 모두 아이들 손에 쥐어줄 터였다. 내가 올바르게 계획한 건지 확신이 들지는 않았지만, 실험해봐야겠다고 생각했다. 어떠한 실험도 시도해볼 만한 가치가 있었다.

나는 에드너 선생님에게 주말 3일 동안 준비한 것들을 보여줬다. 그라피티 연습 문제지, 합판으로 만든 스텐실, 학생들이 글자를 베끼는 데 쓰도록 대형 마트에서 산 기름이 배지 않는 종이 등이었다.

"훌륭하군요. 하지만 내가 말한 것만 기억하세요." 에드너 선생님이 말했다. 내가 왜 그렇게 많은 노력을 투자하는지 의문스러워하는 것 같은 느낌을 받았다.

다음 날 오후, 학생들이 교실로 들어왔다. 수업 시작종이 울린 지 10분 지난 뒤였다. 학생들은 규정된 교복을 입지 않고 자기만의 스타일로 한껏 멋을 냈다. 여자아이들은 흰색 패딩 점퍼를 입은 채로 앉아 커다란 동전 크기의 금색 장식이 박힌 반지를 여러 개 낀 손가락으로 머리카락을 만지작거렸다. 그러다가 한숨을 쉬면서 이미 완벽하게 화장한 얼굴을 콤팩트 거울로 체크했다. 교실 반대편에서는 남자아이들이 껌을 질겅질겅 씹으며 셔츠를 바지(블랙진일 때가 더 많았다) 밖으로 늘어뜨리고 있었다. 많은 아이가 게슴츠레한 눈을 반쯤 감고, 눈동자에는 완전히 초점이 없었다. 대부분 아이가 술이나 약에 취한 것처럼 보였다.

한 남자아이가 손을 들었다. "선생님, 화장실에 가도 될까요?"

고작 몇 분 전에 들어온 아이였다. 화장실에 가서 담배를 피우거나 학교 밖으로 뛰쳐나가고 싶은 게 분명해 보였다. 나는 고개를 저었지만, 그 아이는 아랑곳하지 않고 의자에서 일어났다. 잠시 후 또 다른 학생이 그 아이를 뒤따라 출입문으로 향했다. 이어 또 다른 학생이 뒤따랐다. 나는 황급히 출입문으로 가서 막아섰다. 예상보다 훨씬 더 힘들 것 같았다. 나는 손가락으로 가리키며 자기 자리로 돌아가라고 말했다.

"가서 앉아." 내가 명령했다.

나는 이번 수업에서 폰트에 대해 살펴볼 계획이었다. 가방에서 아이들이 흥미를 보일 만한 잡지들을 꺼냈다. 음악, 축구, 연예인에 관한 잡지였다. 책상을 지나다니며 잡지를 나눠주자 아이들은 잡지에 덤벼들어 휙휙 넘겨보면서 서로 흥미로운 소식을 읽어주고 사진들을 보며 깔깔거렸다. 이건 잡지를 가져온 목적에 부합하지 않았다. 나는 아이들에게 폰트와 로고를 보라고 말했다.

"이 잡지들의 어떤 점이 십 대들의 흥미를 끄는 걸까?" 내가 아이들에게 물었다.

멍한 얼굴들이 나를 쳐다봤다. 하지만 나는 더 열심히 생각해보라고 북돋웠다. 자기가 왜 이 잡지들을 좋아하는지 이유를 더 잘 이해할 때까지 아이들 머릿속에 생각의 씨앗을 뿌릴 참이었다. 우리는 브레인스토밍을 하고 아이디어를 제시했다. 나는 그래픽 디자이너로 일하는 내 '친구'가 타깃 마켓의 관심을 끌기 위해 얼마나 애쓰는지 말해주었다.

"타깃 마켓이 뭐예요, 선생님?"

이 아이들은 얼마 후 GCSE 시험을 치를 텐데, 디자인과 테크놀로지의 기초 언어조차 몰랐다. 헤엄치는 시늉만 하는 것은 교사와 교직원만이 아니었다. 학생들 또한 지역에서 일자리를 얻을 때까지 시간을 때우고 있었다. 잡지가 영감을 주는 대신 주의만 흐트러뜨리는 것 같아 다시 거둬들였다.

"너희가 자신만의 폰트를 디자인해보면 좋겠어." 내가 아이들에게 말했다.

나는 교실 안을 돌아다니면서 도화지와 연필을 학생들의 책상에 놓았다. 아무도 손 하나 까딱하지 않았다.

"좋아, 그럼 '해리'로 시작해보자, 어때? 무슨 뜻인지 직접 보여줄게." 내가 말했다.

주의 깊게, 나는 해리의 이름을 풍선 같아 보이는 동글동글한 글씨체로 도화지에 그렸다. "자를 이용해서 각 글자의 높이가 똑같게 해야만 해. 그런 다음 글자 안에 명암을 넣으면 돼. 3차원처럼 입체적으로 보이게 말이야." 내가 설명했다.

나는 아이들에게 완성된 것을 보여주었다.

"우와, 놀라워요!" 아이들이 말했다. 그러고는 일제히 손을 들고 자기 이름으로도 똑같이 해달라고 요청했다. 내가 기대한 반응은 아니었지만, 시작으로는 괜찮았다. 아이들이 관심을 보이더니 직접 시도해보기 시작했다. 남자아이들은 구름 모양 글자를 그리고 여자아이들은 내가 그린 풍선 폰트를 따라 그렸다. 한 남자아이가 화장실에 가겠다고 여전히 요청했다. 하지만 종료종이 울릴 때가 거의 다 되어, 몇 글자만 더 그리면 화장실에 가도 좋다고 거듭 약속했다. 나는 책상 사이를 잽싸게 뛰어다녔다. 마치 30마리의 테리어 강아지를 통제하는 것과 비슷했다. 벽시계의 시곗바늘이 째깍째깍 제 길을 가는 것이 고맙게 느껴졌다. 이제 몇 초밖에 남지 않았다. 나는 완전히 기진맥진한 상태였다.

　"숙제를 내줄 테니 자기 이름으로 그라피티 꼬리표를 디자인해오도록 해." 나는 시끌벅적한 가운데서 소리쳤다. 하지만 바로 종이 울려, 아이들이 부리나케 일어나서 코트를 걸치며 책상과 의자를 움직이는 바람에 제대로 전달되지 않았다. 그리고 아이들은 삽시간에 사라져버렸다. 연습 문제지와 폰트를 그린 도화지만이 바닥 여기저기에 흩어져 있었다.

　교실로 돌아온 에드너 선생님이 내가 무릎을 꿇고 도화지, 연필, 자, 지우개 등을 주섬주섬 챙기는 모습을 발견했다. 이제는 그녀가 다르게 보였다. 그녀의 용기가 감탄스러웠다. 그런 수업을 매일 해야 한다면 영원히 탈진 상태에 빠질 것 같았다. 나는 아이들이 숙제를 하리라 기대하지 않았다. 에드너 선생님이 학생들에 대한 기대를 조정할 수밖에 없었던 사정을 그제야 이해할 수 있었다. 쓰라린 경험을 겪으며 그녀는 그런 교훈을 얻었을 것이다. 그 교훈은 내가 전혀 모르는 것이었다.

여섯 살 때 나는 테디 베어들의 이름으로 구성한 나만의 학적부를 가지고 있었다. 그 학적부는 내 방에서 가장 눈에 잘 띄는 자리에 놓여 있었다. 나는 사촌동생 안드리아나와 학교 놀이를 했다. 안드리아나는 도서관 사서 교사 역할을, 나는 일반 교사 역할을 맡았다. 남동생 크리스토퍼도 반짝이는 눈과 바느질한 코를 가진 푹신푹신한 친구들과 함께 학적부에 올라 있었다. 나보다 네 살 어린 크리스토퍼는 내가 무슨 놀이를 하든 따라다니는 걸 좋아했고, 놀이에 참여할 수만 있다면 이래라저래라 지시받아도 즐거워했다. 크리스토퍼는 쿠션으로 만든 임시 책상에 내 장난감들과 함께 앉아 있었다. 각 학생 앞에는 책이 있었는데, 도서관에 '견학' 갔다 올 때마다 자주 바뀌었다. 정확히 말하면 옆방에 있는 상자에서 가져온 것이지만.

10년 뒤 GCSE 미술 수업을 받으며 나는 마음속으로 책상과 의자를 재배치했다. 언젠가 나만의 미술실이 생기면 모든 물품을 구석에 밀어놓을 것이다. 창문 옆에 작품들을 전시하고, 어떤 프로젝트를 설명하든 의자들이 U자 형태의 말발굽 모양으로 나를 둘러싸게 배치할 것이다. 이때 나는 선생님이 나눠주는 연습 문제지를 모두 모았다. 그중에서 영감을 주는 것들을 특별히 눈여겨봤다.

대학교에서 직물 수업을 들을 때는 베틀 기계에 실을 꿰는 방법을 친구들에게 인내심 있게 가르쳐주는 1학년 조교로 일했다. 한 친구가 능숙하게 해내는 것을 보고 내가 칭찬하자 친구가 내게 말했다. "넌 교사가 되어야 해." 나는 평생 사람들로부터 이 말을 듣고 자랐다. 이때는 언제 교사가 될지가 문제였지 교사가 되느냐 마느냐는 문제가 아니었다.

교사가 되기로 마음먹은 결정적인 깨달음의 순간 같은 건 없었다. 처음부터 내 뼈에 새겨져 있던 아이디어 같았다. 교사 말고는 할 일이 없었다. 부모님은 이미 내린 나의 결정에 한 번도 이의를 제기하지 않았다. 우리의 위대한 그리스 조상인 소크라테스, 아리스토텔레스, 플라톤 모두 철학과 예술을 가르친 교사였던 점을 감안하면 당연히 그럴 수 있었다. 부모님이 생각하는 한, 교사는 가장 존경할 만한 직업이었다. 마리아 언니는 내가 학위를 시작할 때 이미 교육대학을 졸업한 뒤였다. 한 가족 안에 두 명의 교사가 있다는 것을 부모님은 매우 자랑스러워했다. 부모님은 여성에게 교사보다 더 이상적인 직업은 없을 거라고 생각했다.

"교사가 되면 아이들과 함께 방학을 보낼 수 있어." 내가 처음 교육계에 종사하겠다는 생각을 밝혔을 때 어머니가 말했다. 손주들은커녕 그 아이들의 아버지도 그때는 아직 존재하지 않았지만, 나의 커리어 계획에는 내가 언젠가 '좋은 그리스인 아내'가 되겠다는 생각이 함께 존재했다.

매일 저녁 언니는 그날 학교에서 있었던 갖가지 일을 들려주었다. 나는 저녁 TV 드라마 시청도 제쳐놓고 언니의 교직 생활 이야기에 귀를 기울였다. 똑같은 날이 하루도 없다는 사실이 매력적으로 느껴졌다. 언니는 함께 일하는 학과장 교사가 매우 엄격하다며 무서워했다. 학생들은 그녀에 비하면 순한 양떼였다. 무례한 학부모들도 있었지만, 언니는 어떻게 대처해야 하는지 배웠다. 그리고 학부모들은 자기 아이와 집안 문제들에 관해 언니에게 솔직히 털어놓았다.

대학 졸업 후 나는 고급 의상실에 취직했다. 값비싸고 호화로운 직물에 둘러싸인 채 하루를 보냈지만, 언니의 근무 시간이 가진 다채로움과는 비교가 되지 않았다. 나는 근무처의 단조로운 일상에 금방 질렸다. 매일 똑같은 사람, 똑같은 얼굴, 똑같은 장소와 만나야 했다. 나는 학교생활의 불확실성, 수업 종소리, 교실, 학생들의 반항적인 행동, 그리고 그것을 해결하는 방법을 갈망했다. 그곳이 내가 있을 곳이었다.

그다음 주, 두 번째로 교생 실습을 하던 학교에서 나는 밀물처럼 밀려드는 학생들과 그들이 쉬는 시간에 교실을 옮겨 다니며 복도에서 보이는 야단법석에 휩쓸리지 않으려 애쓰고 있었다. 바로 그때 인파 속에서 누군가 외치는 소리가 들렸다. "선생님! 선생님!"

고개를 돌리자 GCSE 그래픽 수업을 듣는 깡마른 남자 아이가 뛰어왔다. 그 아이는 가방을 내 발 쪽으로 던졌다.

"숙제 다 했어요, 선생님." 그 아이가 말했다.

주위로 학생들이 야단을 떨며 지나가고 어떤 아이들과 부딪치기도 했지만, 아이는 아랑곳하지 않았다. 아이는 가방에서 자기 역사 교과서 뒷면을 찢어낸 구깃구깃하게 줄 쳐진 종이를 꺼냈다. 필기체로 쓴 첫 두 문장은 튜더 왕가에 관한 것이었다. 지난번 교생 실습 학교에서는 학부모가 아이들에게 스케치북을 사줄 여유가 있었고, 아이들의 숙제는 항상 완벽한 상태로 제출되었다. 하지만 이 한 장의 숙제는 내게 그 못지않은 자부심을 안겨주었다. 종이 한가운데 볼펜으로 '미키Mikey'라는 그 아이의 이름이 3차원 그라피티 스타일로 그려져 있었다. 내가 요청한 바로 그대로였다. 나는 그 아이의 제스처를 보면서 다른 학생이 지켜보는 가운데 숙제를 건네는 일이 그다지 수월하지 않았으리라는 생각이 들었다.

"정말 훌륭하구나, 미키. 네 덕분에 오늘 특별한 날이 됐어." 내가 말했다.

"감사합니다, 선생님." 곱슬머리 아래에서 미키의 얼굴이 환하게 빛났다. 여드름 난 얼굴이 살짝 붉어졌다.

나는 서둘러 교실로 달려갔다. 곧 학생들이 들이닥칠 터였다. 나는 미키의 작품이 정말 특별해 보이게 만들고 싶어 절단기를 이용해 정사각형으로 깔끔하게 잘랐다. 역사에 관한 필기 내용이 절단기의 날에 잘려 아래로 떨어졌다. 복사기를 이용해 A3 사이즈로 확대한 다음 그것을 검은색 종이로 꾸며서 교실 벽 정중앙 가장 잘 보이는 곳에 붙였다.

때맞춰 학생들이 교실 안으로 밀려 들어오기 시작했다. 물론 시작종은 이미 한참 전에 울렸다. 아이들은 내게 아무런 관심도 보이지 않고, 서로 저주를 퍼붓고 욕설을 하고 뒤통수를 때리고 축구팀인 아스널과 토트넘에 관해 이런저런 수다를 떨었다. 바로 그 순간 한 아이가 미키의 작품을 발견했다.

"우와! 저거 정말 네가 했어, 미키?" 아이들이 미키에게 물었다.

미키가 벽에 걸린 자기 자신을 쳐다봤다. 미키의 얼굴에 자부심이 넘쳐흘렀다.

"응, 내가 했어. 숙제였잖아, 몰랐냐?"

나는 아이들에게 미키의 작품을 칭찬할 기회를 충분히 준 다음, 그날 수업에서 무엇을 배울지 이야기했다. 내 계획은 앨범 표지를 디자인하는 것이었다. 하지만 갑자기 아이들이 다른 아이디어를 냈다.

"아뇨, 선생님. 저도 미키가 한 걸 해보고 싶어요. 저번에 주신 도화지가 지금도 있나요?"

"좋아요, 우리도 직접 만든 태그를 벽에 붙이고 싶어요."
다른 아이들도 이구동성으로 말했다.

결국 나는 원래 계획을 포기했다. 마침내 아이들이 자기 할 일에 열중했다. 에드너 선생님이 수업 도중 교실에 잠깐 들어왔다가 아이들이 모두 고개를 숙이고 자신만의 꼬리표에 색을 입히느라 집중하는 모습을 보고는 놀랍다는 듯이 한쪽 눈썹을 치켜올렸다. 나는 어깨를 으쓱했다. 수업이 끝날 무렵 모두가 미키의 작품 주변에 자기 작품을 붙인 뒤 저마다 칭찬했다. 수업을 마치는 종이 울렸는데도 아무도 뛰어나가지 않았다.

"다음 주에는 뭘 하나요, 선생님?" 아이들이 교실 밖으로 나가지 않은 채 물었다.

어떤 아이들은 심지어 교실을 돌아다니며 의자를 책상 아래로 밀어 넣고 자신이 사용한 물품들을 정리했다.

내가 아이들의 마음을 얻었다는 사실을 깨달았다. 한 남자아이가 숙제를 제출했다. 그 숙제는 존경받을 만한 어떤 것으로 대우받았다. 그리고 이 사실은 나머지 아이들에게 비슷한 것을 추구하고 싶다는 동기를 부여했다. 사람은 누구나 인정받기를 원한다. 아이들 또한 다르지 않다. 이 학생들이 잊힌 이유는 한 가지 교육 방식을 모두에게 적용하는 접근법에 이들이 들어맞지 않았기 때문이다. 이 아이들에게는 이들이 좋아하는 것과 싫어하는 것을 참고해서 이들을 위해 특별히 마련된 수업이 필요했다. 다른 어떤 것도 이들의 주의를 끌지 못하고, 더 중요하게는 이들의 주의를 유지하지 못했다.

나는 이 학교에서 각각의 학급을 사로잡기 위해 그 학급 학생들에게 맞춰 수업을 짜는 일이 교사에게 더 많은 업무를 양산하지 않는다는 사실을 깨달았다. 오히려 교사의 업무를 더 쉽게 만들어줄 수 있다. 교사가 학생들과 연결하는 방법을 찾으면 거기서부터 진짜 가르침이 시작되기 때문이다.

그다음 주에 우리는 빙 둘러앉아 CD 커버들을 보면서 자신이 가장 좋아하는 래퍼들에 관해 이야기를 나눴다. 그 당시 나는 이 학생들과 열 살밖에 차이 나지 않아 아이들이 언급하는 가수들 이름을 들어본 적 있다는 사실만으로도 특별 대우를 받았다. 훌륭한 수업이었다. 공유하는 것이 많을수록 많이 배울 수 있다. 이는 내가 애초에 교사가 되고자 한 이유이기도 하다. 점차 이 학급과의 수업이 다른 수업보다 기다려졌다. 예전에는 시계만 뚫어지게 보면서 시간이 빨리 끝나기를 기다리던 학생들이 이제 자신에게도 잠재력이 있다는 사실을 알게 됐다.

8~9주쯤 지났을 때 우리는 아이들의 GCSE 포트폴리오를 함께 만들었다. 그 학교에서 내 근무 기간이 거의 끝나갔다. 한 여자아이가 나를 찾아왔다. 처음부터 기억에 남던 아

이였다. 에드너 선생님이 가르치는 어떤 것보다 자기 손톱 젤 디자인에 더 관심이 많은 아이였다. 하지만 작품이 굉장히 달라졌다. 이 아이에게는 진짜 재능이 있었다.

"선생님, 내년에도 여기 계실 건가요? 왜냐하면 계속 미술 공부를 해서 A레벨 과정을 밟을까 고민 중이거든요." 여자아이가 자그마한 목소리로 물었다.

나는 무슨 말을 해야 할지 몰라 아이에게서 눈길을 돌렸다. 내가 이 아이에게 줄 수 있는 것은 진실밖에 없었다.

"넌 내년에 반드시 A레벨 미술 과목을 들어야만 해. 왜냐하면 넌 재능이 뛰어나니까." 내가 말했다.

두 번째로 배정된 학교에서의 경험은 많은 것을 바꿔놓았다. 아버지는 내가 앨퍼턴 공립학교에 면접 보러 가지 않기를 바란다는 사실도 더는 중요하지 않았다. 아버지는 이들이 내가 가르치고 싶어 하는 그런 학생들이라는 사실을 알지 못했다. 나는 변화를 일으킬 수 있는 곳에서 일하고 싶었다.

"그 학교에서는 패싸움이 끊이지 않는다는 걸 너도 늘 들어서 알잖니. 네가 일하기에 좋은 곳이 아니야. 괜찮은 학교가 아니라고." 아버지는 나를 설득하려 애썼다.

하지만 그 어떤 말도 나를 설득하지 못했다. "교수 경험을 쌓고 싶어요. 미술 교사는 일자리를 얻기가 무척 어려워요. 자리가 정말 드물게 난다고요. 1년만 지내보고 다른 곳을 찾아볼게요. 약속해요." 내가 아버지에게 말했다.

이 말에 아버지는 마침내 안심하는 것 같았다.

내가 면접을 위한 최종 후보자 명단에 올랐다는 사실을 알고서 마리아 언니는 내 면접 준비를 도와주겠다고 약속했다. 내가 준비할 일 중 하나는 참관 수업을 진행하는 것이었다.

"학교에서는 네가 뭘 가르치길 바라니?" 마리아 언니가 물었다.

나는 어깨를 으쓱했다. "말해주지 않았어."

"그렇다면 물어봐. 몇 학년 학생들을 가르치는지도 함께. 수업 좌석 배치안은 어떻게 되니? 네가 면접을 보기 전에 학생들은 무엇을 해야 하지? 미리 준비해야 해, 안드리아."

나는 학교 측에 이메일을 보냈지만 돌아온 대답은 한 시간 동안 9학년 한 학급을 가르쳐야 한다는 말뿐이었다.

"보아하니 내가 원하는 건 뭐든 가르쳐도 되는 것 같아." 내가 마리아 언니에게 말했다.

언니가 얼굴을 찌푸렸다. "좋은 소식 같지 않은데. 어쩌면 아버지 말씀이 옳을지도 몰라." 언니가 말했다. 이 새로운 기회에 대한 언니의 열정이 약해지는 듯 보였다.

"아니야, 난 이걸 해낼 수 있어." 나는 그래픽 디자인 과목 학생들을 떠올리며 말했다.

2주 뒤, 나는 오전 8시 57분에 앨퍼턴 공립학교 주차장에 있었다. 9시에 면접이 시작되기 때문에 30분 전에는 도착해 있어야 마땅했다. 공황 상태에 빠진 채, 집에 놓고 온 포트폴리오를 가지러 돌아가지만 않았다면 당연히 그랬을 것이다. 언니와 나는 주말 내내 면접 연습을 했고, 나는 틈틈이 포트폴리오와 수업 계획을 마지막으로 가다듬었다. 나는 도화지, 연필, 자, 지우개 등 기본 미술용품들이 들어 있는 가방을 가지고 왔다. 재정이 부족한 일부 학교에서는 사치품으로 여겨지는 것들이었다. 운전석에 앉아 높은 학교 건물을 올려다보니 얼마나 많은 창문이 깨져 있는지 새삼 눈에 들어왔다. 나는 아랑곳하지 않고 미술용품들을 챙겨 들고 눈 덮인 운동장을 가로질러 면접 건물로 향했다.

안내 데스크 밖으로 한때 꽃들이 만발했을 정원을 내려다봤다. 하지만 지금은 잡초가 잔뜩 자라고 군데군데 고드름이 열린 타이어들의 단면만 보였다. 게다가 안내 데스크 구역은 학교생활의 배경음악으로부터 보호되지 않았다. 다른 지원자들을 둘러봤다. 우리는 아래 홀에서 들리는 괴성에 몸을 움찔했고, 출입문들이 거칠게 닫히는 소리에 좌불안석했다.

"오래 기다리진 않을 거예요." 안내 직원이 양해를 구하는 미소를 지으며 우리를 안심시켰다.

우리는 곧 다양한 구역으로 배정되었다. 나는 참관 수업을 하게 될 교실의 출입문을 안내받았다. 안을 빼꼼히 들여다 봤다. 밝고 통풍이 잘되는 교실이라기보다 계단 아래 있는 어둡고 우중충한 벽장에 더 가까워 보였다. 그리고 엄청나게 큰 창문들이 있었다. 많은 창유리가 금이 가거나 깨져 있었다. 게다가 창유리를 온통 뒤덮은 찌든 먼지 때문에 햇빛조차 환하게 비치지 않았다.

가구는 모두 오래된 것이고 그마저 대부분 무너지기 일보 직전이었다. 벽에 걸린 진열품들에도 먼지가 쌓이고 거미줄까지 늘어져 있었다. 책상이 빽빽이 여러 줄로 늘어서 있어 지나다니기가 힘들어 보였다. 하지만 곧 수업 시작종이 울릴 터여서 혼자 책상을 들어 올리거나 교실 배치를 바꿀 시간이 없었다. 내가 이 교실에서 9학년 학생들 수업을 하는 동안 다른 지원자는 반대편 교실에서 수업을 진행할 것이고, 참관 교사는 두 교실을 왔다 갔다 할 것이다. 이런 사실을 인지한 채 수업 시작종이 울리기만을 기다렸다. 나는 전혀 긴장하지 않고 신난 채 교실을 돌아다니며 준비한 미술용품과 인쇄물을 학생들 책상 위에 일일이 놓았다. 종이 울릴 때까지 얼마 남지 않은 그 짧은 동안 나는 이 교실이 만약 나의 것이라면 어떤 모습으로 바꿀까 상상해봤다. 어떻게 하면 학생이든 교사든 매일 그 안에서 하루를 보내고 싶은 쾌적한 환경으로 만들 수 있을까?

몇 분 뒤 수업 시작종이 울리자 복도가 소음으로 가득 차기 시작했다. 수업을 듣기 위해 도착하는 학생들이라기보다 동네 술집에서 마감 시간에 부산하고 소란스러운 술 취한 무리 같았다. 나는 천장을 향해 고개를 쳐들고 그들이 내 쪽으로 오지 않기를 기도했지만, 거의 즉시 초고속 열차 같은 학급이 내 교실로 난입하기 시작했다. 이들은 내가 앞쪽에 서 있는 것도 눈치채지 못한 것 같았다. 커다란 겨울 코트도 벗지 않은 채 소리를 지르고 욕설을 퍼붓고, 이상한 눈덩이를 서로 던지며 야단법석을 떨었다.

"여러분?" 내가 크고 또렷한 목소리로 말했다.

아무런 대답이 없었다.

가슴 깊은 곳으로부터 가장 권위적인 목소리를 한껏 끌어모아 다시 한번 말했다. "그만 의자에 앉아줄래!"

이번에는 몇 명이 최소한 내 존재를 알아차렸다.

"10초 안에 코트를 벗고 자리에 앉아. 내가 칠판에 이름을 적기 전에 말이야. 10······ 9······." 내가 말했다.

나는 숫자를 계속 세었다. 다행히 다 세기 전에 절반 정도가 말을 듣기 시작했다. 나머지도 잠시 후 지시를 따랐다.

일단 아이들이 자리에 앉자, 교실이 얼마나 엉성하게 배치되어 있는지 똑똑히 볼 수 있었다. 한 교실에서 공부하기에는 인원이 너무 많았다. 학생들은 서로 짓누르다시피 하며 앉아 옆 사람의 팔꿈치가 자기 공간을 침범하지 않는지 신경 써야 했다. 어떻게 이런 상태로 학습을 할 수 있단 말인가? 하지만 그 순간 내가 할 수 있는 일은 거의 없었다.

나는 수업을 시작했다. 아이들이 할 일은 자기 옆에 앉아 있는 사람의 초상화를 그리는 것이었다.

"하지만 핵심은 연필을 도화지에서 한 번이라도 떼면 안 된다는 거야." 내가 말했다.

아이들은 어리둥절한 표정으로 주위를 둘러봤다. 내가 직접 시범을 보이자 아이들은 추상적인 구불구불한 선들에 신난 것처럼 보였다. 얼른 해보고 싶어 안달이었다. 유일한 문제는 소음이었다. 나는 무언가 가르치기보다 수다 떠는 아이들을 꾸짖으며 대부분의 시간을 보냈다. 아이들이 떠드는 소리 때문에 아무도 내 지시를 똑바로 들을 수가 없었다. 게다가 가장 나쁜 것은 거리낌 없는 말대꾸였다.

"선생님, 오늘 기분 나쁜 일 있으신가 봐요." 내가 조용히 하라고 수백 번 말하자 아이들이 말했다.

"내가 말할 때 너희가 계속 떠들면 수업을 중단할 거야." 내가 되받아쳤다.

마침내 아이들은 그림을 그리기 시작했다. 때맞추어 참관 교사가 와서 아이들이 고개를 숙이고 집중한 채 도화지에 연필로 그림 그리는 모습을 지켜봤다.

그녀가 고개를 끄덕이고 나서 속삭였다. "5분 남았어요."

안도감이 들었다. 그렇게 제멋대로 구는 십 대들 떼를 몰고 가느라 진이 다 빠졌기 때문이다. 나는 이전에 가르쳤던 GCSE 그래픽 수업 학생들이 특이한 사례이기를 희망했다. 하지만 이곳은 유치원에 더 가깝게 느껴졌다. 그러나 일단 집중하자 아이들은 훌륭한 작품을 완성해냈다.

"좋아, 작품에 제목을 적은 다음 스케치북 안에 집어넣어." 내가 소음을 뚫고 소리쳤다.

영문을 모르겠다는 얼굴들이 나를 빤히 쳐다봤다.

"스케치북요? 그게 뭐예요?" 몇 명이 물었다.

깜짝 놀라지 않을 수 없었다. 심지어 지난번에 근무한 학교에서도 모든 아이가 개인 스케치북 정도는 가지고 있었다. 수업을 마치는 종이 울리자 대부분 학생이 출입문으로 뛰어나갔다. 그들 뒤로 도화지들이 축제의 색종이 조각처럼 펄럭이며 바닥으로 내려앉았다. 인도 구자라트 출신 두 여자아이가 남아서 내가 물품을 정리하고 의자를 책상 아래 집어넣는 것을 도와주었다.

"계속 나오실 건가요, 선생님?" 한 아이가 물었다.

나는 정말 그러고 싶은지 아닌지 확신이 서지 않아 숨을 깊이 들이마셨다. 아이들을 전혀 통제할 수가 없었다. 이후 나는 면접을 볼 예정이었다. 나는 이미 어떤 말을 하고 '싶은

지' 머릿속으로 상상하고 있었다. 학생들은 엉망진창에다 천방지축이다. 학교 건물도 무너지기 일보 직전이다. 이와 같은 곳에서 일하려면 정신을 놔야만 할지도 모른다. 세상의 온갖 금은보화를 준다고 해도 여기서 일하고 싶지 않다. 어쩌면 아버지가 옳을지도 모른다.

나는 두 아이를 향해 미소를 짓고 말했다. "한번 생각해 볼게."

그날 오후 교장 선생님이 전화를 걸어 일자리를 제안했다. 나는 그 학교가 일하기 힘든 곳이고, 거기서 일하는 것 자체가 커다란 도전이라는 것을 명료하게 인지하고 있었다. 그렇지만 그곳은 직장이었다. 나는 나 자신에게 딱 1년만 다니자고 말하며 단박에 그 제안을 받아들였다.

4장

왜 우리는
이 일을 하는 걸까?

자신이 뭔가 변화를 일으켰다는 사실을
알게 될 때, 자신이 어린 영혼을 고양해
더 나은 일을 하거나 더 나은 사람이
되도록 도왔다는 사실을 알게 될 때보다
더 짜릿한 감정은 존재하지 않는다.
교사들에게는 이것이 전부다.

하나의 직업으로서 교직을 평가할 때 사람들은 교사들이 누리는 방학에 대해 가장 먼저 생각한다. 하지만 어린 딸들이 방학을 맞아 학교에 가지 않던 시절, 나는 반 학기 방학이나 다른 방학 기간에, 아이들을 데리고 학교에 나갈 때가 많았다. 아이들은 자기 몸보다 훨씬 큰 앞치마를 두른 채 구석에 앉아 팔에 물감을 묻히며 시간을 보내곤 했다. 아이들 옆에는 GCES 과정 학생들과 A레벨 과정 학생들이 방학이라는 가외 시간을 이용해 학기 중에 끝내지 못한 프로젝트를 완수하고 있었다. 반 학기 방학이나 학기 말 방학을 포기하는 것은 내게 흔한 일이었다.

　대부분의 경우, 학생들은 교사가 방학을 포기하고 교실을 여는 것에 고마워한다. 그 덕분에 학생들은 교실이라는 공간, 온갖 장비와 물품들에 접근할 수 있다. 나는 도움이 필요한 학생들을 도와주거나 지도한다. 하나의 미술 작품을 완성하려면 시간이 오래 걸린다. 그래서 많은 아이가 GCSE 과정이나 A레벨 과정에서 미술을 선택하지 않는다. 얼마나 많은 시간이 필요한지 잘 알기 때문이다.

당연히 어떤 아이들은 방학 동안 친구들을 볼 기회를 얻고 싶어 한다. 어떤 아이들은 그리 완벽하지 않은 가정생활에서 탈출할 기회가 생긴 것만으로도 기뻐한다. 2018년에 교육 지원 파트너십Educatioin Support Partnership에서 진행한 연구에 따르면, 교사들이 방학 동안 자신이 근무하리라 예상하는 일수는 2013년에 6일에서 2018년에 8일로 늘어났다. 교장과 시니어 지도교사들은 11일까지 증가한다.

2016년에 교육 전문 간행물 《테스Tes》를 위해 유고브 YouGov(영국의 시장조사 및 데이터 분석 기업_옮긴이)에서 실시한 조사에 따르면, 거의 절반 가까운 교사가 6주 동안의 여름방학 중 2주 이상을 학교 업무를 하는 데 사용할 것으로 예상했다. 돈이나 시간으로 보상하는 학교도 있지만, 극히 이례적인 경우일 뿐이다. 대부분 교사에게 가장 중요한 일은 아이들이 시험에 통과하도록 하는 것이다. 방학 기간에 교실을 열 때 항상 아이들과 나를 재미있게 하려고 애쓴다. 간식을 제공하고 아이들과 함께 음악을 듣거나 수다를 떤다. 교실 분위기가 더 자유롭고, 아이들은 교복 대신 자기 옷을 입을 수 있다는 점을 좋아한다.

브렌트구와 마찬가지로, 30년 전에 내가 학교를 다닌 캠던구는 극도로 빈곤한 지역이었다. 아버지는 학교 옆에 있는 교회의 목사였다. 일요일마다 예배를 마친 사람들이 교회에서 줄지어 나올 때면 캠던구의 모든 노숙자가 모인 것처럼 보였다. 어린 내게는 그 사람들에게서 압도적인 냄새가 나는 것 같았다. 하지만 아버지는 그들이 한 끼 식사를 하거나 하룻밤 잘 곳을 확보하기 위해, 교회 기금에서 할 수 있는 모든 것을 제공했다. 학교에서도 선생님들은 작은 관대한 행동이 얼마나 큰 힘을 지니는지 잘 알고 있었다. 결국 친절함의 가장 위대한 표현을 볼 수 있는 것은 가장 힘든 시기나 가장 힘든 환경에 있을 때다.

일곱 살인가 여덟 살 때 어느 날 마타 선생님이 장신구가 잔뜩 들어 있는 가방을 들고 교실에 들어왔다. 선생님은 교실 중앙에 있는 한 책상에 그 가방을 내려놓고 여자아이들에게 와서 보라고 했다. 선생님이 가방을 거꾸로 들자 교실의 기다란 형광등 아래로 반짝거리는 보물들이 쏟아져 나왔다. 선생님이 끼고 다니는 반지는 항상 나를 매료시켰는데, 그것들이 전부 있었다. 그뿐 아니라 팔찌와 목걸이, 브로치도 있었

다. 은과 금, 광택이 나는 청동, 윤이 나는 백랍 등으로 만든
것들이었다. 금속들 안에는 교실에서 쓰는 포스터물감에서
보기 힘든 색채의 반짝이는 작은 보석들이 박혀 있었다.

"집을 대청소하다가 내게 더는 필요하지 않은 것들을 발
견했지 뭐니." 마타 선생님이 말했다.

나는 마타 선생님의 옷이나 교실에 퍼지는 스카프 향기
에서 힌트를 찾아 선생님의 집이 어떤 모습일지 상상해보곤
했다. 골동품, 진귀한 보석, 아프리카 여행에서 구해온 가면
과 공예품들이 가득한 알라딘의 동굴이 떠올랐다. 또한 다채
로운 흙빛 톤의 페인트로 칠해진 벽을 상상했다. 할머니의 아
파트에 칠해진 순백색 쿠션들 대신, 선생님이 우리 독서 공간
에 있는 쿠션들을 위해 고른 색깔이었다. 아니, 마타 선생님
의 집은 훨씬 더 이국적일 터였다. 향신료와 사향 냄새로 가득
차 있고, 선생님은 립톤 홍차 대신 박하차나 사과차를 마실 것
이었다.

"하나씩 가져가렴. 옷을 갖춰 입어야 할 때 쓸모가 있을
거야." 마타 선생님이 장신구를 가리키며 우리에게 권했다.

우리는 선생님이 진심으로 말한다고 확신이 들 때까지
숨 죽인 채 기다렸다. 선생님은 이 보물들을 증여할 사람으로
정말 우리를 선택한 것이었다. 친구도, 심지어 자식도 아닌
자기 학생들을 선택한 것이었다. 우리는 잠시 머뭇거리다가

각자 시선을 사로잡은 장신구를 집어 들기 시작했다. 모든 장신구에는 각자 이야기가 있고, 우리는 그 이야기에 흠뻑 빠졌다. 마침내 나는 쌓인 장신구들 사이에서 두 줄의 원형 금속이 위아래로 붙어 있는 두꺼운 은색 반지를 골랐다.

"아프리카에서 그걸 샀던 기억이 나는구나. 내가 매우 아끼는 것 중 하나란다." 마타 선생님이 말했다.

아프리카는 책에서나 읽어본 대륙이었다. 나는 손에 반지를 꽉 쥔 채 자리로 돌아가서 앉았다. 그 반지는 너무 커서 어떤 손가락에도 맞지 않았지만, 나는 그것을 검지에 끼고서 계속 거기에 있는지 하루 종일 확인했다. 집에 돌아가서 어머니에게 반지를 보여주었다.

"선생님이 그걸 너한테 주셨다고? 정말 다정하시구나." 어머니가 말했다.

나는 은색 반지에 끈을 휘휘 감아 손가락에 더 꼭 들어맞게 했다. 학창 시절 대부분의 일은 지워졌지만, 그 기억만은 오래오래 남았다.

아홉 살인가 열 살 때 학교에서 소풍을 갔다. 학교에서 2~3킬로미터 떨어진 곳에 있는 켄트풍 마을의 교회였다. 화창하고 더운 날 우리는 길게 줄을 지어 그 교회까지 걸어갔다. 도로를 건널 때면 두 명의 선생님이 맨 앞과 맨 뒤에서 우리를 보호했다. 돌아오는 길에 우리는 지역 공영주택 단지를 통과해 우리 담임인 키네인 선생님 집 현관에 다다랐다. 키네인 선생님은 우리 학교에 근무하는 대부분 선생님보다 나이가 더 많았다. 마치 선생님이 1000년 동안 거기에 계셨던 것처럼 느껴졌다. 키네인 선생님은 얼굴에 주름이 지고 키가 작고 온화한 성품을 지닌 아일랜드 가톨릭계 여성이었다. 선생님은 자신이 가르쳤던 우리 친척들을 한 명 한 명 또렷이 기억했다.

그날 선생님이 현관문을 열쇠로 열자 30명의 아이와 두 명의 교사는 선생님의 자그마한 집으로 줄줄이 걸어 들어갔다. 우리는 거실 안에 꽉 들어찬 채 사이드보드(주방에서 상에 내갈 음식을 얹어두는 작은 탁자. 서랍이 달려 있어 그 안에 나이프, 포크 등을 넣어둔다_옮긴이)에 몸을 붙이고 벽에 걸린 종교 물품들과 테이블 위 장식용 덮개 위에 놓인 선생님 친척들의 흑백 사진이 담긴 액자들을 둘러봤다. 우리가 눈을 크게 뜨고 소곤거리면서 기다리는 동안 선생님은 냉장고에서 부드러운 바닐라 아이스크림 두 통을 꺼냈다. 선생님은 냄비와 프라이팬들 사이에서 찾을 수 있는 그릇을 모조리 찾아 아이스크림을 한 숟갈씩 담아 우리에게 하나씩 주었다. 따닥따닥 붙어 무릎이 서로 닿을 정도였지만 우리는 거실 카펫 위에 책상다리로 앉아 우묵한 그릇, 유리잔, 머그잔, 접시 등에 담긴 시원한 아이스크림을 먹었다.

어린 나이에도 키네인 선생님의 행동이 특별한 의미를 지닌다고 생각했다. 내 차례가 올 때 필요하다면 포크로 아이스크림을 먹어야겠다고 속으로 약속했다. 모든 아이가 아이스크림을 먹고 나자 그리스인 할머니에게 잘 훈련받은 나는 벌떡 일어서서 모두의 그릇을 모았다. 그러고는 키네인 선생님에게 설거지를 도와드려도 되느냐고 물었다.

"오, 아냐, 아냐, 아냐." 선생님은 이렇게 말하고 나서 제시간에 학교로 돌아갈 수 있도록 우리를 바닥에서 일으켜 세워 불러 모으기 시작했다.

오늘날에는 학생 보호 정책, 규칙, 규정들이 있기 때문에, 교사들이 절대로 이렇게 할 수 없다. 하지만 나는 정확히 마타 선생님이나 키네인 선생님과 같은 교사가 되기 위해 교육계에 뛰어들었다. 선생님들은 규칙을 어겼을지 모르지만, 그렇게 함으로써 우리가 무언가 느끼도록 만들었다. 다른 누구도 하지 않은 일이었다. 선생님들 덕분에 우리는 난생처음 자신이 특별한 존재라고 느꼈다.

크리스 클라크는 특수교육이 필요한 11학년 학생이었다. 그는 훌륭한 농구선수였다. 크리스에게는 교실에서 보내는 1분 1초가 농구 코트에서 빼앗긴 시간으로 느껴질 게 틀림없었다. 농구 코트에서 크리스는 두뇌 회전이 빠르고 움직임이 민첩했다. 공을 만질 기회만 보이면 잠시도 주저하지 않고 덤벼들었다.

크리스는 키가 무척 커서(족히 2미터가 넘었다) 교실로 들어오려면 몸을 굽혀야만 했다. 크리스의 몸은 마치 꿈을 실현하는 데 필요한 만큼 저절로 커진 듯 보였다. 크리스의 꿈은 내 수업 시간에 교실에 앉아 있는 게 아니었다. 크리스는 교실에서 심각한 인지 지연cognitive delay을 겪었다. 모든 학생이 몇 분이면 쓸 수 있는 문장을 한 시간 동안 썼다. 하지만 크리스는 그 문장을 매우 아름답게 썼다. 또한 너무 느긋했기 때문에 크리스를 지켜보고 있노라면 복장이 터졌다.

교실에 들어오면 크리스는 아예 신경 스위치를 끈 채 무념무상으로 앉아 있었다. 그는 프로젝트를 끝마치거나 숙제를 제출하려는 시도조차 하지 않았다. 나는 그를 지켜보기가 힘들었다. 크리스에게는 재능이 있었기 때문이다. 크리스는 11학년(곧 있으면 GCSE 시험을 쳐야 할)이었다. 내가 조금만 이끌면 크리스가 E등급에서 D등급으로 올라갈 수 있을 거라고 확신했다. 크리스가 시간을 들여 작품 두 개만 더 완성한다면 말이다. 나는 이 이야기를 셀 수 없을 만큼 자주 했다. 5피트(152cm)도 안 되는 나는 크리스를 올려다본 채 손가락을 까닥거리면서 제발 분발해서 받을 수 있는 최고 성적을 받으라고 거듭거듭 말했다.

"다음 주 부활절 연휴 동안 교실을 개방할 거야. 그때 와서 두 작품을 완성하면 좋겠어." 내가 크리스에게 말했다.

"하지만 선생님, 전 농구를 해야 하는걸요."

"변명은 필요 없어." 내가 크리스에게 말했다. 하지만 학교 쉬는 날 크리스가 자발적으로 농구 코트 대신 교실에 올 가능성은 거의 없다는 사실을 잘 알고 있었다. 창의력을 발휘해야 했다. 그래서 최후의 수단을 쓰기로 했다.

"만약 동의하지 않으면 엄마에게 전화 걸어서 널 데려오게 할 거야. 그런 다음 네가 작품을 완성할 때까지 엄마를 네 옆에 앉아 있게 하는 거지."

크리스가 고개를 떨궜다. "설마요, 선생님."

아이들을 가르치면서 한 가지 배운 사실은 정말 그럴 작정이 아니라면 부모에게 전화를 걸겠다고 협박해서는 절대 안 된다는 것이다. 하지만 크리스에게 너무 좌절한 나머지 다른 방법을 찾을 수가 없었다. 정말로 크리스 어머니에게 전화를 걸어 아들을 데려오라고 요청해야 한다면, 그리고 수업 시간 내내 옆에 앉아 크리스를 도우라고 요청해야 한다면, 그렇게 해서라도 아이가 GCSE에서 괜찮은 성적을 받을 수만 있다면, 나는 기꺼이 할 터였다. 하지만 한 가지 문제가 있었다. 어떤 교사도 이런 방법을 시도해본 적이 없었다. 나는 크리스의 특수교육 코디네이터와 이야기해보기로 했다.

"효과 있을 것 같으면 그렇게 하세요." 그녀가 말했다.

크리스가 여전히 연휴 보충수업에 참여하지 않겠다고 버텼기 때문에 선택의 여지가 없었다.

학부모 상담 시간에 한두 번 만난 적이 있는 크리스 엄마에게 전화를 걸었다. 카리브해 지역 출신인 사랑스러운 그의 엄마는 혼자서 키우는 아들에게 완전히 헌신하고 있었다. 그들에게는 세상에 오직 서로밖에 없었다. 많은 싱글맘이 그렇듯이 그녀는 온갖 역경을 이겨내며 크리스를 키웠다.

"클라크 부인, 부탁드릴 게 있어요. 이렇게 하면 크리스는 아마 저를 미워할 거예요. 아마 부인도 미워질 거고요. 하지만 부인이 뭔가 해주셨으면 해요." 내가 말했다.

"뭐든지요. 제 아들에게 도움이 된다면 뭐든지 괜찮아요, 자피라쿠 선생님." 그녀가 말했다.

나는 그녀에게 계획을 설명했다.

그다음 주 부활절 연휴 기간에 학생들이 미술실에 줄지어 들어왔다. 나는 미술실 입구를 쳐다보며 크리스가 오기를 기다렸다. 하지만 크리스는 코빼기도 내밀지 않았다. 대신 몇 분 뒤 크리스의 엄마가 미술실로 걸어 들어왔다.

"클라크 부인, 만나서 반갑습니다. 그런데 크리스는요?" 나는 양팔을 벌려 그녀를 환영하며 말했다.

"오, 걱정하지 마세요. 곧 올 거예요." 그녀가 나를 안심시켰다.

아이들은 고개를 숙인 채 아랫입술을 깨물었다. 몇몇 아이가 소곤거리더니 내가 미술실을 돌아다니기 시작하자 말을 건넸다.

"선생님, 너무 심하신 거 아니에요?" 아이들이 말했다.

"상관없어. 나는 크리스가 좋은 성적을 받게 해야만 해." 내가 아이들에게 말했다.

"하지만 선생님은 선을 넘으셨어요. 크리스의 엄마를 오게 하시다니요."

아이들은 그런 극단적인 조처를 도저히 믿을 수 없다는 눈치였다. 사실 나도 이 방법이 효과를 거둘 거라는 확신이 없었다.

30분 후, 친숙한 얼굴이 문틀 아래에서 고개를 숙였다가 미술실 안으로 들어왔다.

"크리스." 내가 말했다.

크리스의 얼굴이 모든 걸 말해주었다. 크리스는 엄청 화가 나서 얼굴이 붉으락푸르락했다.

크리스가 내 책상으로 걸어왔다.

"정말 엄마를 부르실 줄은 몰랐어요, 선생님."

"크리스, 선생님은 네가 지금 나를 얼마나 미워하든 상관 안 해. 내가 널 얼마나 곤란하게 만들었는지도 상관 안 해.

넌 이 작품들을 완성할 거야. 그러면 곧바로 여기서 떠날 수 있어. 너를 더는 귀찮게 하지 않을게. 어때?"

크리스는 아무 말도 하지 않은 채 엄마가 조수 역할을 하기 위해 앉아서 기다리는 책상 앞으로 걸어갔다.

나는 그녀에게 가위와 종이 몇 장을 건넸다.

"어머님, 이것들을 가위로 잘라 저기 놓으시면 됩니다."

"알겠습니다, 자피라쿠 선생님." 그녀가 말했다.

크리스는 계속 고개를 숙인 채 들지 않았다.

나는 수업 시간 내내 크리스에게서 눈을 떼지 않았다. 이 키 큰 소년은 다리가 매우 길어 무릎이 책상 밑면에 닿을 정도였다. 크리스는 엄마가 조심스레 종이에서 모양들을 잘라 건네주면 자기 작품에 붙였다. 그 역할을 끝마치자 크리스 엄마는 자리에서 일어나 다른 아이들을 돕기 시작했다. 그러더니 소매를 걷어붙이고 내게 뭐 도울 일이 없는지 물었다. 그녀는 나를 대신해서 모든 싱크대를 청소하고, 아이들이 항상 물감으로 얼룩덜룩한 채 내버려두는 팔레트들을 깨끗하게 씻었다. 그녀는 조수 역할을 톡톡히 해냈다. 마치 자신의 특별한 하루를 즐기는 것 같았다. 크리스는 고개를 푹 숙이고 자기 프로젝트에 집중했다. 빨리 끝내고 나와 엄마에게서 벗어나기 위해서 말이다.

하루가 끝나갈 무렵 크리스는 인사말도 없이 미술실을

떠났다. 그의 책상 위에는 D등급을 받을 수 있는 두 개의 작품이 놓여 있었다.

운명적인 그날 이후 2년이 흐른 어느 날 클라크 부인이 전화를 걸어, 크리스와 함께 학교에 가도 되냐고 물었다. 그들이 학교에 도착했을 때 나는 7학년 학생들을 가르치고 있었다. 크리스는 늘 그랬듯 고개를 수그리고 교실 문을 지나 걸어 들어왔다. 학생들은 이 거인을 멀뚱멀뚱 쳐다봤다.

"자피라쿠 선생님, 크리스에게 특별 뉴스가 있는데 선생님께 알려드리고 싶어서 왔어요. 크리스가 장학금을 받고 미국에 있는 큰 대학에서 농구를 할 수 있게 됐어요." 클라크 부인이 말했다.

"어머나. 크리스, 정말 축하해. 원하던 목표를 이뤘구나!" 나는 한때 내 인생의 골칫거리였던 거대한 남자아이를 꽉 껴안으며 말했다.

"선생님이 크리스를 위해 애써주신 모든 일에 감사드려요." 클라크 부인이 말했다. 그녀는 아들에 대한 자부심이 넘쳐 보였다.

나는 서 있는 크리스를 바라봤다.

"날 용서했니, 크리스?" 내가 물었다.

"거의요, 선생님." 크리스가 활짝 웃으며 대답했다.

나는 특별 뉴스를 알려주고 싶어 안달 난 채 학생들을

향해 몸을 돌렸다.

"얘들아, 이 사람은 한때 내 제자였던 크리스란다. 이제 장학금을 받고 미국 대학에 가서 농구선수가 될 거래." 내가 말했다.

"헉!" 하는 소리와 "우와!" 소리, 의자가 바닥에 긁히는 소리로 교실이 터질 듯했다. 이제 막 중학교 생활을 시작한 열댓 명의 어린 남자아이가 손에 연습장을 든 채 자리에서 일어나 크리스에게 사인을 부탁했다. 크리스는 몸을 구부린 채 펜을 들고 참을성 있게 한 명 한 명에게 사인해주었다. 정말 아름다운 순간이었다.

"어이 친구, 내 책에도 사인해줄 수 있나?" 한 아이가 쿨한 척하려고 애쓰며 말했다.

나는 농구선수가 되고 싶어 하는 크리스의 열망을 항상 알았다. 그리고 크리스에게 그걸 성취할 재능이 충분하다는 사실도 알았다. 다만 크리스는 다른 기술들 또한 배울 필요가 있었다. 규율, 헌신, 끈기, 노력 같은 기술 말이다. 크리스가 미국 대학에 진학하기 위해서는 이 모든 기술이 필요했다. 교사가 학생을 가르치는 목표는 아이들이 특정한 과목 영역에서 발전하도록 하는 것만이 아니다. 아이들에게 인생의 많은 다른 영역에서 도움이 될 수 있는 기술들을 갖춰주는 것도 중요하다.

이 장 서두에서 대략 이야기한 대로 교사들은 업무량이 점점 늘어나고 있고, 특히 수업에 지장을 많이 주는 학생들에게 대처해야 하는 경우가 빈번해졌다. 리엄 아미르도 그런 학생 중 하나였다. 나는 교사로 일한 지 3년 만에 9학년 학년부장 교사로 승진했다. 교사는 별도의 책임을 맡으면 승진할 수 있다. 그 책임은 크게 두 가지 종류로 나뉜다. 하나는 교과 과정과 관련된 책임(학과목의 부장 교사나 차장 교사)이고 다른 하나는 생활지도와 관련된 책임(학년의 부장 교사나 차장 교사)이다. 이런 역할을 맡으면 급여 등급이 높아진다. 하지만 교실에서 학생들을 가르치는 시간이 줄어들고, 책임의 무게는 기하급수적으로 증가한다.

생활지도 분야에서 승진하고 싶다는 생각에는 변함이 없었다. 동료 교사들을 대하는 시간이 줄어들고 아이들을 대하는 시간이 늘어나기 때문이다. 하지만 내가 마주칠 새로운 유형의 문제와 이야기들에 아직 준비가 덜 되어 있었다. 학년부장 교사는 그 학년 학생 한 명 한 명과 그들의 성과에 책임을 져야 한다. 그뿐만 아니라 그 학년 학생들이 가는 모든 현장학습이나 수학여행을 조정해야 하고, 학부모 상담이나 사회복지 사업, 그리고 필요하다면 경찰이나 의사, 기타 전문가들과 관련된 일들도 처리해야 한다. 학년부장 교사는 어떤 학생에 대한 개인정보에 훨씬 더 많이 접근한다. 앨퍼턴 공립학교에서는 이런 정보를 반드시 기밀로 유지해야한다. 교사들에게도 누설해서는 안 된다. 그 결과, 학년부장 교사들은 항상 학생 정보에 대한 부담을 짊어질 수밖에 없다.

리엄은 평균 키에 머리가 갈색이고, 다른 남학생들보다 몸집이 약간 컸다. 항상 후줄근해 보였지만 리엄 자신은 전혀 개의치 않았다. 셔츠를 바지 속에 집어넣어 입는 법이 없고, 넥타이는 너무 짧은 데다가 항상 삐딱했다. 수업에 지장을 주는 일부 학생들과 달리 리엄은 특수교육이 필요하지 않았다. 어떤 아이들은 교사의 취약점을 이용하는 특유의 기술을 가지고 있는데, 리엄도 그랬다. 리엄은 코왈스키 선생님을 특별히 목표물로 삼은 것처럼 보였다. 코왈스키 선생님은 손으로 머리를 감싸 쥔 채 나를 찾아와서 리엄에게 대처할 수 있게 도와달라고 수없이 간청했다. 리엄이 '오직' 코왈스키 선생님 수업에서만 말썽을 부리는 것은 아니지만, 그녀의 수업에서는 단한 번도 그냥 넘어가는 법이 없었다. 만약 그녀가 어떤 것을 하라고 요청하면 리엄은 거부했다. 그 결과, 징계를 내리면 리엄은 자기만 부당하게 괴롭힌다며 그녀가 인종차별주의자라고 비난했다.

자기 학생들에게 해를 끼치고 싶은 교사는 없겠지만, 가끔 이런 순간들이 있다. 루니 툰 만화에 나오는 장면처럼, 전체 수업을 방해하는 학생의 머리 위로 100톤짜리 거대한 모루

(대장간에서 뜨거운 금속을 올려놓고 두드릴 때 쓰는 쇠로 된 대_옮긴이)가 느닷없이 하늘에서 뚝 떨어지기를 바라는 순간 말이다. 리엄이 바로 그런 행동을 하고 있었다.

리엄이 교실 한복판에 서서 버릇없이 굴며 소리를 지르고 교사가 자신을 괴롭힌다고 비난할 때면, 다른 학생들도 공부에 집중할 수가 없었다. 교사가 요청한 것은 그저 제자리에 앉아서 다른 학생들처럼 공부에 집중하라는 것뿐인데 말이다. 나 또한 이런 학생들을 가르쳐본 적이 있었다. 믿을 수 없을 정도로 좌절감을 주는 경험이다. 코왈스키 선생님은 어찌할 바를 몰랐다. 학부모에게 연락해야 하는 상황이었다. 하지만 리엄의 아버지 아미르 씨에게 전화를 걸어 상황을 이야기하자 그는 도저히 이해할 수 없다는 반응이었다.

"가정에서 일어나는 일 중에 저희가 알아야 할 어떤 일이 있지는 않나요, 아미르 씨? 리엄이 교사들에게 남달리 공격적이기 때문에 여쭙니다." 내가 물었다.

처음에는 전화기 저편에서 침묵만이 흘렀다. 나는 많은 학부모를 만나봤기 때문에, 대부분 부모는 자기 아이가 문제를 일으킨다는 사실을 부정하려 든다는 점을 잘 알았다. 그렇지만 아미르 씨는 유난히 단호했다.

"자피라쿠 선생님, 선생님 말씀을 믿을 수가 없네요." 아미르 씨가 말했다.

"알겠습니다. 그럼 학교에 방문해서 아드님이 어떻게 하는지 직접 보시는 건 어떨까요?" 내가 말했다.

"언제 가면 좋을까요?"

우리는 이 일을 우리끼리만 알기로 했다. 나는 리엄의 시간표를 확인한 뒤 아미르 씨의 방문 시간이 영어 수업 시간과 일치하도록 조정했다.

그다음 주에 아미르 씨가 학교에 왔다. 접수처에서 만났을 때 아미르 씨는 자신이 왜 여기에 와야 하는지 잘 모르겠다는 표정이었다. 하지만 함께 영어과로 가서 수업을 듣고 있는 리엄을 살펴보겠다는 데 동의했다.

나는 영어과 복도로 들어가는 출입문을 열면서 말했다. "먼저 들어가세요." 우리가 들어서자 마치 신호를 기다렸다는 듯이 특정한 한 교실에서 대혼란이 벌어진 듯한 소리가 들렸다. 아미르 씨는 안색이 약간 바뀌었지만 아무 말도 하지 않았다. 아마도 복도까지 쩌렁쩌렁 울리는 목소리가 절대 자기 아들 목소리일 리 없다고 확신하는 것 같았다. 하지만 교실에 가까워지자 그의 얼굴에서 마지막 희망이 떠나는 것이 보였다.

우리는 그 교실 창문에 다다랐다. 아니나 다를까 리엄 아미르가 가방을 책상 위에 팽개친 채 코트도 벗지 않고 교실 한복판에 서서 가련한 교사를 질책하고 있었다. 수업을 시작한 지 겨우 10분밖에 지나지 않았는데 그녀는 이미 진이 다 빠진 것처럼 보였다.

"선생님, 너무하셨어요. 어떻게 저한테 그런 말을 하실 수 있죠?" 리엄이었다.

우리는 천천히 창문을 지나 교실 출입구로 향했다. 아미르 씨는 한마디도 하지 않았다. 그저 가만히 서서 창문을 통해 화가 잔뜩 난 아들을 지켜봤다. 바로 그 순간, 그는 우리가 매주 겪는 일을 목격했다. 교사의 얼굴뿐만 아니라 모든 학생의 얼굴에 피로감이 역력했다. 오직 한 학생 때문에 수업 전체가 혼란에 빠지고, 아이들은 급속도로 주의력을 잃고 문제집 모서리를 엄지로 잡고 휘리릭 튕겼다. 교사는 허리를 손으로 짚은 채 자기 앞에 서 있는 이 분노의 토네이도를 가라앉히려 필사적으로 애썼다. 아미르 씨는 여전히 아무 말도 하지 않고 그저 교실 안을 응시할 뿐이었다.

바로 그때 기적이 일어났다. 리엄이 교실 출입문 쪽으로 고개를 돌리다가 아버지가 창문 저편에 서 있는 모습을 보았다. 마치 벽에 걸린 시계의 초침이 갑자기 느려진 것처럼 느껴졌다. 리엄이 고개를 떨구더니 자기 의자에 털썩 주저앉아 한마디도 하지 않고 가방에서 책을 꺼내 책상 위에 놓은 뒤 순식간에 세상에서 가장 학구적인 학생으로 돌변했다. 그러고는 충격에 휩싸여 얼어붙은 채 꼼짝도 하지 않았다.

마치 리엄을 흉내 내는 듯 코왈스키 선생님은 리엄과 비슷한 표정을 지으며 리엄을 쳐다봤다. 도대체 무엇이 이 남자아이 내면의 폭풍을 곧바로 가라앉혔는지 어안이 벙벙해 보였다. 리엄과 달리, 코왈스키 선생님은 아직 교실 출입문에 서 있는 우리를 발견하지 못했다. 내 차례였다. 내가 출입문을 열자 교실에 있던 모두가 고개를 돌려 나와 아미르 씨를 쳐다봤다. 그의 아들만 빼고.

"안녕하세요, 코왈스키 선생님. 오늘 우리에게 방문객이 오셨어요. 리엄이 선생님 수업을 잘 듣고 있는지 참관하러 아버님인 아미르 씨가 오셨어요. 리엄은 어떤가요?" 내가 경쾌한 목소리로 밀했다.

"음, 네……."

순간적으로 그녀는 우리를 봤다가 리엄을 쳐다봤다. 리엄은 여전히 의자에 앉아 앞을 똑바로 응시하고 있었다. 교과서도 올바르게 펴놓은 상태였다. 리엄 주변의 모든 학생이 흥미진진하다는 듯이 의자에서 몸을 내민 채 무슨 일이 벌어질지 기다리고 있었다. 뒤에 앉은 일부 아이들은 이미 킬킬거리기 시작했다. 코왈스키 선생님은 숨을 깊이 들이마셨다. "음, 만나서 반갑습니다, 아미르 씨. 리엄에 대해 어떻게 말해야 할까요? 오늘 리엄은 평소보다 약간 더 양호한 상태인 것 같습니다. 저는 리엄이 수업을 들을 때 조금 더 집중하기를 바랍니다. 어떻게 생각하니, 리엄? 집중할 거니?"

리엄은 고개를 돌려 나를 쳐다본 다음 코왈스키 선생님에게 재빨리 고개를 끄덕였다. 교실 뒤편에서 한 무리의 아이가 학교 점퍼에 얼굴을 파묻고 킥킥거렸다.

"고맙습니다, 코왈스키 선생님. 그럼 선생님에게 맡기겠습니다."

나는 출입문을 닫고 아미르 씨와 함께 복도를 다시 걸어갔다. 그는 여전히 아무 말도 없었다. 하지만 그의 턱은 잔뜩 긴장해 있고, 관자놀이에서는 굵은 맥박점이 세게 뛰었다.

리엄의 아버지를 학교에 부른 것은 내가 그 아이에게 가할 수 있는 가장 굴욕적인 일이었다. 하지만 그것은 최후 수단이었다. 28명으로 이루어진 수업에서, 오직 한 아이 때문에 다른 27명이 방해받게 내버려둘 수는 없었다.

"선생님은 제 영웅이에요." 코왈스키 선생님이 수업이 끝난 뒤 내 사무실에 들러 말했다.

"리엄과 다시 문제가 생기면 제게 알려주세요."

리엄은 그 후 순한 양처럼 얌전해졌다. 그리고 내가 아미르 씨에게 다시 전화 걸 일은 생기지 않았다.

리엄과 같은 아이들에게는 단순히 그들의 행동 문제 때문에 교사의 관심이 요구된다. 하지만 어떤 아이들은 교사의 전파 탐지기에 걸리지 않기 위해 최대한 노력을 기울인다. 하지만 이런 아이들은 대개 도움이 많이 필요하다. 리로이 윌리엄스에게는 적절한 책가방이 없었다. 리로이는 JD 스포츠 비닐 가방에 소지품을 넣어 가지고 다녔다. 소지품은 간소한 편이었다. 연필 한 자루, 자 한 개, 축구공과 축구화가 전부였다. 또한 그 가방은 리로이가 방과 후 남는 벌칙을 받을 때마다 베고 잘 수 있는 베개 역할도 훌륭히 해냈다. 게다가 리로이는 이 벌칙을 매우 자주 받았다. 거의 매일 방과 후 내 교실에는 리로이와 나 둘밖에 없었다.

그 당시 앨퍼턴 공립학교는 아침 등교 시간에 늦는 학생들에게 방과 후 45분 동안 학교에 남게 하는 벌칙을 내렸다. 이 말인즉슨 한 주의 대부분, 리로이의 학교생활은 하교 시간을 넘어 오후 4시까지 이어졌다는 의미다.

어느 날 나는 근신 시간 내내 쿨쿨 자고 있는 리로이에게 걸어가서 팔을 잡고 부드럽게 흔들었다. 리로이는 꿈쩍도 하지 않았다.

"리로이?" 내가 말했다.

아무런 반응이 없었다. 나는 리로이를 조금 더 세게 흔들고 이름을 조금 더 크게 부르면서 다시 시도했다. 마침내 리로이가 눈을 깜박이더니 잠에서 깼다.

"죄송합니다, 선생님." 리로이가 말했다.

나는 리로이의 책상 모서리에 걸터앉았다.

"무슨 일이니, 리로이? 내 말은, 네가 여기에 있는 게 싫지는 않지만 매일 우리 둘밖에 없잖아. 나도 할 일이 많단다." 내가 말했다.

"알아요, 선생님."

"왜 매일 지각하는지 말해줄 수 있니?" 내가 물었다.

"오, 그냥 늦게 일어난 것뿐이에요. 제 알람 시계가 제대로 울리지 않았어요." 리로이가 말했다.

"지난주에도 그 말을 들은 것 같은데……." 내가 말했다.

"맞아요. 어젯밤에 늦게 잤어요. 그래서 알람 소리를 듣지 못했나 봐요."

리로이가 거짓말하는 게 분명해 보였지만, 내가 할 수 있는 일은 많지 않았다. 물론 리로이의 집에 전화를 수백 번 걸었지만 엄마와 한 번도 통화할 수 없었다. 내가 엄마에 관해 언급하면, 리로이는 금세 방어적인 태도를 취하며 정각에 도착하도록 열심히 노력하겠다고 단단히 약속했다. 이것이 리로이의 특징이었다. 리로이는 상대를 설득시키는 멋진 미소를 짓는 다정하고 매우 호감 가는 남자아이였다. 그래서 매번 그 아이가 약속을 지키려고 노력하리라 믿지 않을 수 없었다.

게다가 항상 얼마 동안은 약속을 지켰다. 전화 걸기를 단념하기에 충분한 시간이었다. 하지만 얼마 지나지 않아 평소 패턴으로 돌아갔다. 대부분의 아이는 왜 학교에 지각하느냐고 물으면 공격적으로 변한다. 대개 더 이상의 말을 일축하는 대답이 나온다. "제 잘못이 아니에요." 하지만 리로이는 그러지 않았다. 자기 책임이라고 말했다. 너무 많이 그랬다. 나는 리로이의 기록 파일을 확인해보기로 했다.

"지역 초등학교에서 여기로 전학왔네요. 공식 서류는 우리에게 하나도 없는 것 같아요. 하지만 다른 모든 사무 처리는 제대로 되어 있어요." 입학 담당 교직원이 말했다.

리로이는 그 당시 7학년이었고, 내가 앨퍼턴 공립학교에 부임한 첫해에 나와 함께 시작한 학급의 일원이었다. 리로이의 누나인 사만다는 11학년이었고, 리로이와 마찬가지로 나뭇가지처럼 바짝 말랐다. 하지만 깡마른 체구에도 불구하고 리로이는 뛰어난 운동선수였다. 운동장의 우사인 볼트이자 야망 넘치는 리오넬 메시였다. 항상 가지고 다니는 너덜너덜한 축구공은 리로이가 가장 아끼는 물건이었다. 그뿐만 아니라 근신 시간에는 비닐 가방 안에서 베개 역할을 톡톡히 했다.

내가 아는 바에 따르면 리로이의 엄마는 배우자 없이 홀로 두 아이를 키웠다. 나는 한 번도 그녀를 보지 못했다. 어느 날 리로이의 집에 전화 걸었다가 사만다와 통화하게 되어, 리로이가 걱정된다고 말했다.

"알겠어요, 이번 주말에 엄마를 만나면 직접 말할게요." 사만다가 말했다.

나는 혼란스러운 표정으로 수화기를 내려다봤다. "하지만 오늘은 월요일이야. 왜 주말까지 엄마를 만나지 못하는 거니?" 내가 말했다.

"아, 엄마는 간호사라서 야간 근무를 하세요."

당연히 그럴 만했다. 실제로 우리 학교에 다니는 많은 가난한 학생의 부모가 야간 근무를 했다. 더 많은 돈을 주기 때문이었다. 나는 리로이가 학교를 둘러싸고 있는 가장 낙후된 공영주택 단지에 살고 있다는 사실을 알았다. 또한 입고 다니는 옷을 보면 생활비가 넉넉하지 않은 게 분명했다. 새학기가 시작되면 학생들은 새로 구입한 교복을 입고 있어 말끔해 보였다. 하지만 리로이의 옷은 이미 많이 해져서 올이 다 드러나 있었다. 힙합 스타일 신발인 왈라비는 너무 낡아 걸을 때마다 밑창이 펄럭거렸다. 마치 신발들이 말할 수 있는 것처럼 보였다. 그것들은 리로이의 가정생활에 대해 뭐라고 말할까? 특히 화장지에 미술 숙제를 해서 제출한 경우에는 말이다.

"저거 아니면 맥도날드 종이봉투밖에 없어요, 선생님." 리로이가 어깨를 으쓱하며 말했다.

"괜찮아, 네가 창의적일 뿐만 아니라 자원을 잘 이용한다는 사실을 보여주니까." 내가 리로이에게 말했다.

그렇지만 나는 속으로 다시 한번 충격을 삼켰다. 어떤 아이들에게는 도화지와 펜조차 사치품이다.

한번은 쉬는 시간에 리로이가 거의 울 것 같은 표정으로 미술실에 급히 뛰어 들어왔다.

"선생님, 축구 도중에 바지가 찢어졌어요." 리로이가 말했다.

리로이가 겁에 질린 이유는 그것이 유일한 바지였기 때문이다. 나는 재봉틀로 재빨리 바지를 수선해주었다. 그 후로 남자아이들은 쉬는 시간이면 미술실에 줄 서서 찢어진 옷이나 솔기가 터진 옷을 수선해달라고 부탁하곤 했다.

다음 해가 시작되자 같은 학년 아이들과 함께 리로이도 학교에 왔다. 모두가 맵시 있게 새 장비를 갖추었지만, 리로이는 여름이 끝날 무렵 입었던 옷을 여전히 입고 있었다. 심지어 신발도 그대로였다. 그리고 리로이는 뛰어난 운동선수임에도 불구하고 체육복을 입지 않는다는 이유로 계속 방과 후 근신 처분을 받았다.

"체육복에 무슨 문제가 있니, 리로이?" 내가 물었다.

"아, 선생님. 가져오는 걸 또 깜박했네요." 리로이가 활짝 웃으면서 자기 머리에 꿀밤 먹이는 시늉을 했다. 마치 그렇게 하면 주의력이 높아지는 것처럼 말이다. 그렇지만 이런저런 이유로 리로이는 늘 방과 후에 남는 처벌을 받아 또래 친구들보다 학교에 오래 머물러야 했다.

"괜찮아요, 선생님. 상관없어요." 리로이는 내가 이 문제에 관해 대화를 나누려 할 때마다 이렇게 말했다.

마침내 나는 더 이상은 안 되겠다고 결론 내렸다.

"리로이, 정말 체육복을 가지고 있니?" 내가 물었다.

리로이가 자신의 해진 신발을 내려다봤다.

"체육복이 없다고 해도 괜찮아. 그냥 내게 솔직하게 말해줘. 왜냐하면 자신이 어쩔 수 없는 일 때문에 계속 벌을 받는 건 정당하지 않기 때문이야."

리로이는 얼굴을 붉힌 채 당황스러운 표정을 지었다. 나는 그 의미가 뭔지 알았다.

나는 체육 교사에게 가서 학생들이 찾아가지 않아 남은 분실물을 좀 살펴봐도 되겠느냐고 물었다. 우리는 리로이에게 딱 맞겠다고 확신이 드는 빨간색 티셔츠와 검은색 운동복 하의를 발견했다. 나는 그걸 집에 가져가 세탁한 뒤 안쪽에 리로이의 이름을 적었다.

나는 리로이가 곤란해할까 봐 일을 크게 벌이고 싶지 않았다. 그래서 다음번에 리로이를 봤을 때 다림질한 체육복이 들어 있는 비닐봉지를 무심히 건넸다.

"엄마가 사주실 때까지 임시로 입으렴." 내가 리로이에게 말했다.

나는 리로이가 어떤 말을 해야 한다고 느끼지 않도록 재빨리 뒤돌아서 뚜벅뚜벅 걸어갔다.

학기는 그럭저럭 흘러갔다. 내가 담당한 학년 학생들은 신체가 성장하면서 교복이 작아져 새로운 교복으로 갈아입었다. 아이들 모두 9학년에 올라가면서 새롭고 말끔한 차림새로 등교했지만, 리로이는 똑같은 낡은 교복 그대로 나타나, 나는 가슴이 철렁 내려앉았다. 다 해진 신발은 매우 더럽기까지 했다. 게다가 호르몬 활동이 왕성해지면서 체취가 짙어지기 시작해 흰색 반소매 셔츠의 칼라는 찌든 때로 시커멨다. 교복 점퍼의 소맷단은 거의 다 닳은 데다 여기저기 실밥까지 풀려 있고, 바짓단은 발목 위로 껑충 올라와 있었다. 더욱 심각한 문제는 다른 학생들이 리로이의 외관과 체취에 관해 지적하기 시작한 것이었다.

"빨래방 같은 것도 못 들어봤냐?" 더 나이 많은 일부 남자아이가 복도에서 리로이 옆을 지나가면서 놀려댔다.

"닥쳐." 리로이가 그 아이들의 비꼬는 말투를 싹 무시하며 허세를 부렸다.

리로이의 진짜 친구들은 늘 그랬던 대로 의리를 지켜 리로이가 옆에 앉아 있을 때도 절대 악취에 관해 언급하지 않았다. 그 아이들은 가끔씩 점심 사 먹을 돈을 리로이 책상 위에 건네주거나, 구내식당에서 리로이가 자기들 접시에서 음식을 슬쩍슬쩍 먹도록 했다. 마치 감자튀김을 찾아 날아다니는 갈매기처럼 말이다.

"점심 식사는 하지 않는 거니?" 나는 이런 일을 알아챌 때마다 리로이에게 물었다.

"아, 선생님. 아침을 푸짐하게 먹어서요." 리로이는 자신의 홀쭉한 배를 두드리면서 말하곤 했다.

나는 확신할 수 없었다. 나는 점점 더 자주 아침에 페이스트리 빵을 두 개 사서 리로이가 출석 확인을 하러 올 때면 그 아이의 손에 그중 하나를 쥐여주었다.

"주방장 선생님이 남았다고 하나 더 주셨어." 나는 거짓말을 했고, 리로이는 군말 없이 받아 들었다. 우리는 다 안다는 듯한 표정을 주고받았다.(신규 임용 교사에게 유용한 팁을 하나 주자면 학교 구내식당 주방장과는 항상 친하게 지내는 것이 좋다. 이들은 항상 여러분을 돌봐줄 것이고, 더 중요하게는 여러분이 염려하는 학생들을 돌봐줄 것이다.)

하지만 리로이의 교복 상태는 여전히 문제로 남아 있었다. 결국 나는 리로이 엄마가 교복에 대해 아무런 조치도 취하지 않는다면 내가 개입할 수밖에 없겠다고 생각했다. 그다음 주 리로이의 시간표를 확인했다. 화요일 마지막 교시 수업이 체육이었다. 나는 학생들이 체육복으로 갈아입고 나간 뒤 탈의실로 달려갔다.

"괜찮으세요?" 체육 교사가 마지막 남자아이들을 탈의실 밖으로 내보내며 내게 물었다.

"네, 혹시 리로이의 교복이 어디 있는지 알려주실 수 있나요?"

체육 교사는 내가 정확히 무슨 일을 하려는지 알겠다는 듯 고개를 끄덕인 뒤 리로이의 옷걸이를 가리켰다.

"수업이 끝나기 전에 제자리에 돌아와 있을 거예요, 약속해요."

나는 가정 과목 구역으로 황급히 뛰어갔다. 거기에 있는 세탁기가 15분마다 가동한다는 사실을 알고 있었다. 나는 손톱을 잘근잘근 씹으며 세탁기가 멈추기를 기다렸다.

"선생님은 가셔서 업무 보세요. 건조기에 잘 들어가는지 제가 확인할게요." 가정 과목 보조 교사가 말했다.

나는 학생들이 운동장에서 돌아오기 몇 초 전에 가까스로 그것을 접어서 리로이의 비닐봉지 책가방에 넣었다.

리로이는 그날 저녁 방과 후에 남는 처벌을 또 받았다. 교실 반대편에 앉은 리로이는 이따금 팔을 얼굴 옆으로 들고서 킁킁거리며 점퍼 냄새를 맡았다.

"선생님, 제 옷이 어떻게 된 거죠?" 리로이가 말했다.

나는 리로이를 민망하게 만들고 싶지 않아서 입술을 깨물었다. "음, 내게 빨랫감이 좀 있었어. 게다가 나는 리로이 네가 걱정됐어. 개인 위생은 정말 중요하단다. 네가 청년이 되고 여자들이 널 지켜보게 되면 특히 중요하지." 내가 작은 선의의 거짓말은 문제가 되지 않기를 바라며 말했다.

리로이가 얼굴을 붉혔다.

"불편해하지 않으면 좋겠다." 내가 말했다.

"아니에요, 선생님. 그럼요, 괜찮아요."

나는 몇 주에 한 번씩 리로이가 체육 수업을 듣는 동안 리로이의 교복을 세탁한 다음 수업이 끝나기 전에 가져다놓았다. 하지만 세탁을 자주 하자 교복이 훨씬 더 너덜너덜해졌다. 그래서 학교 분실물 보관소를 뒤져 리로이에게 맞을 만한 새 교복 세트를 발견한 뒤 집에 가져가서 세탁한 다음 안쪽에 리로이의 이름을 적었다. 리로이가 자기 교복이라는 것을 알게 하기 위해서였다. 다음번에 리로이의 교복을 세탁할 때 나는 리로이의 신발 밑에 새 교복이 담긴 봉지를 두었다.

그날 오후에 리로이가 방과 후 근신 처벌을 받기 위해 왔다. 이제껏 그 어느 때보다 멋져 보였다.

"어머, 엄청 깔끔해 보이는구나, 리로이." 내가 리로이를 놀렸다.

"선생님!" 리로이가 미소를 지으며 말했다.

"만약 불편하다면 솔직하게 말해줘. 하지만 어쨌든 버릴 것들이었어."

"불편하지 않아요, 선생님. 전 중고품에 익숙한걸요." 리로이가 말했다.

다행스럽게도 리로이와 같은 학생들은 이제 거의 없고, 있다 해도 아주 드물다. 지금으로부터 13년도 더 전 내가 교직에 몸담기 시작한 초창기에 있었던 일이다.

세월이 흐르면서, 우리는 학생들이 요구되는 방식대로 교복을 입지 않는다고 느껴지면 학교 전체 차원에서 적극적으로 개입하고 있다. 한번은 너무 많은 아이가 운동화를 신고 등교해서 아네트와 내가 지역 신발 가게에 가서 가죽 밑창이 있는 신발을 다양한 사이즈로 사다 놓은 적도 있다. 우리가 학년 교실에 보관할 수 있을 만큼 최대한 많이 말이다. 학생들은 매일 아침 등교해 우리 교실로 와서 자신의 낡은 운동화를 더 단정한 신발로 갈아 신었고, 하루가 끝나면 돌아와서 다시 자기 운동화로 갈아 신었다. 우리는 악취가 나는 서른 켤레의 운동화와 같은 공간에서 하루 종일 앉아 있어야 한다는 사실을 깨닫고 방법을 바꾸었다.

심각한 빈곤을 겪으며 사는 학생을 돕는 일과 그 학생을 방치하는 일은 종이 한 장 차이다. 교육학 석사 학위 과정을 밟을 때 나는 학생 보호 절차에 대해 충분히 훈련받지 못했다. 하지만 이 일은 교직 생활에서 많은 부분을 차지하고 있다. 요즘 리로이와 같은 사례는 즉시 사회복지기관에 보고된다.

지난 10년 동안 교사들은 학생 보호가 염려될 경우 문제를 해결하는 최전선에서 분투했다. 하지만 이 문제는 교사들이 받는 훈련 과정에 반영되지 않았다. 많은 일에서와 마찬가지로 교사들은 본능에 의존해야 한다.

2017년 아동학대방지협회National Society for the Prevention of Cruelty to Children, NSPCC에서 진행한 정보 공개 요청에 따르면 교육학 대학원생들은 1년이 걸리는 석사 학위 과정 동안 평균 8시간 미만으로 학생 보호 훈련을 받았다. 한 교사는 요크 대학교에서 교육학 석사 학위 과정을 이수하는 동안 학생 보호에 대해 오후 반나절 훈련받았을 뿐이라고 조사관에게 진술했다. 하지만 일단 업무 현장에 발을 들이면, 학생의 안전에 대한 책임을 오롯이 교사가 떠맡아야 한다.

2018년 아동복지협회Association of Directors of Children's Services, ADCS는 2017/18분기에 아동 사회복지 분야에서 약 2400만 건의 최초 신고가 이루어졌다고 밝혔다. 이는 10년 동안 78퍼센트나 증가한 수치다. 학대와 방임은 아이들에 대한 염려의 주요 원인이었다. 이런 신고의 다수는 앞으로도 학생들을 염려하는 교사들에 의해 이루어질 것이다. 이 사실은 2020년 코로나19로 봉쇄되어 있던 동안 더 명백해졌다. 이 시기에 영국의 일부 지역에서는 아동 보호 신고 수치가 50퍼센트 이상 곤두박질쳤다. 아이들이 매일 학교에 출석하지 않았기 때문에 교사들은 아이들의 복지에 관해 확인할 수 없었고, 아이들이 어떤 조건에서 살아가는지 알 방법이 거의 없었다.

리로이는 앨퍼턴 공립학교에 7학년으로 입학한 첫날 신었던 신발을 11학년에도 신고 있었다. 믿을 수 없게 말이다. 리로이가 학교에 다니는 내내 그의 엄마와는 거의 연락이 닿지 않았다. 아네트가 어떤 질문을 던지자 리로이가 묘한 반응을 보인 적이 있었다. 아네트는 리로이에게 '합법적으로' 앨퍼턴 공립학교에 다니기로 되어 있느냐고 물었다. 그러자 리로이는 고개를 떨군 채 낡디낡은 그 신발만 내려다봤다.

어쩌면 리로이 가족은 불법 이민자였을지도 모른다. 그래서 리로이가 오랫동안 자기 엄마를 보호하기 위해 그렇게 애썼던 것 아닐까? 자신의 결함에 대한 모든 비난과 책임을 어린 어깨에 짊어진 채 말이다. 리로이는 학교가 자기 가족에게 덜 관여할수록 더 좋다고 생각했을 것이다. 그러므로 브렌트구 의회 명부에 이름을 올리고 무료 급식 신청을 하는 일이 리로이에게는 불가능했을 것이다. 그 대신 리로이는 굶주려야 했다. 리로이가 학교를 졸업할 때까지 우리는 여전히 리로이의 가정생활에 관해 아는 바가 거의 없었다.

모든 사람은 '정상normal'이 어떤 것인지 자신만의 견해를 가지고 있다. 아이들에게 '정상'은 그들의 가정생활이 무엇으로 구성되어 있느냐에 따라 달라진다. 앨퍼턴 공립학교에서는 어떤 물품들 없이 지내는 학생들을 보는 일이 자주 있었다. 한 해 어느 시기든 코트는 사치품이다. 학교에서 제공하는 블레이저가 이런 아이들을 추위로부터 지켜주는 유일한 보호막이다. 겨울에 오전 7시 45분경 교문에 도착하면 이미 많은 학생이 길게 줄 서서 학교에 들어가려 기다리고 있다. 학교에 들어가면 아이들은 가장 가까운 라디에이터로 앞다투어 달려간다. 그러고는 수업이 시작될 때까지 머무르면서 얼어붙은 뼈를 녹인다.

신발도 마찬가지다. 앨퍼턴 공립학교의 많은 부모는 신발에 경비를 쓸 여유가 없다. 아이들이 너무 큰 신발을 물려받으면 부모들은 구긴 신문을 채워 발에 맞게 만든다. 남자아이가 쉬는 시간에 운동장에서 축구를 하다가 신발에서 구겨진 신문 덩어리가 날아가는 일은 흔하다.

나는 학생들의 가정을 방문해 빈곤 풍경을 직접 목격한 적이 있다. 앨퍼턴 공립학교에서 근무를 시작한 초기 몇 년 동안 학교 근처에 살아, 토요일이면 시내 중심가에서 학생들과 우연히 마주칠 때가 많았다. 아이들은 내가 '평상복'을 입은 모습을 보며 신나했다. 그럴 경우 아이들이 중심가에서 얼마 떨어지지 않은 자기 집으로 나를 데려간 적이 몇 번 있었다. 그 아이들의 집은 네다섯 가족이 하나의 집을 나눠 쓰고 있었다. 그들은 당번표를 만들어 차례대로 주방에서 요리했고, 대개 각 가정에 할당된 한두 시간 동안 하루 전체의 음식을 만들어 그 음식을 플라스틱 용기에 담아 지정된 조리대 구역에 쌓아놓았다.

한번은 GSCE 과정 10학년 학생인 아키라 데사이가 내 수업에 계속해서 빠졌다. 나는 놀라지 않을 수 없었다. 아키라는 조용하고 성실한 학생이었다. 하지만 3교시에 출석을 부를 때마다 몇 주 동안이나 대답이 없었다.

"땡땡이치나 봐요, 선생님." 한 학생이 말했다.

하지만 납득이 되지 않았다. 아키라는 모든 교과에서 모범을 보이는 학생이었다. 나는 아키라가 내 수업에 빠졌다는 사실에 약간 모욕감을 느꼈다.

그래서 10학년을 담당하는 학생 생활지도 보조 교사를 찾아가 내가 알아챈 사실을 그대로 말했다. 그는 아키라를 가르치는 모든 교사에게 아키라의 출석을 추적 관찰해보라는 공문을 보냈다. 일주일 뒤 어떻게 된 일인지 알기 위해 그를 찾아갔다.

"선생님 걱정이 맞았어요. 아키라는 매일 아침 등교했지만 3교시에서 4교시 동안 허락도 없이 사라졌어요." 그가 말했다.

"왜 그랬을까요?" 내가 물었다. 아키라의 평소 행실과 전혀 들어맞지 않았기 때문이다.

그가 어깨를 으쓱했다. "어쨌든, 우리는 이 문제를 해결해야 해요.”

그다음 주에 아키라는 내 미술 수업을 듣기 위해 나타났다. 수업이 끝날 무렵 나는 아키라에게 그동안 빼먹은 수업을 따라잡을 수 있도록 별도의 숙제를 내주겠다며 잠시 남으라고 했다.

“모든 게 괜찮니, 아키라? 내 수업이 너무 힘드니, 아니면 너무 지루하니? 재미를 못 느끼겠니?” 내가 물었다.

아키라는 충격을 받은 듯한 표정을 지었다.

“아뇨, 선생님. 전혀 그렇지 않아요. 전 미술을 좋아해요. 정말 죄송해요.”

“그렇다면 무슨 일이니? 왜 허락도 없이 학교에서 없어지는 거니?” 내가 물었다.

“그때 집에 가야만 했어요. 저희 가족에게 정해진 요리 시간이 오전 11시거든요.” 아키라가 말했다.

나는 그제야 어떤 일이 벌어지고 있는지 정확히 깨달았다. 많은 집과 마찬가지로 아키라의 집에도 주방을 사용하는 당번 시스템이 있어, 정해진 시간에 하루 동안 먹을 음식을 요리해놔야만 했던 것이다. 아키라의 부모님은 직장에서 일해야 했기 때문에, 아키라가 그 시간에 집에 가서 모든 가족을 위해 요리를 해야만 했다. 그러지 않으면 가족 모두가 아무것도 먹을 수 없었다.

"그래서 이제 어떻게 됐니?" 내가 물었다.

"부모님이 학교와 상담을 했어요. 부모님은 제가 수업을 들을 수 있도록 당번 시간을 바꾸려 애쓰고 계세요." 아키라가 말했다.

충격적인 이야기였지만, 나는 어떻게 집안의 의무가 딸들에게 떨어질 수 있는지 개인적 경험상 어느 정도 짐작할 수 있었다. 그렇다고 여자아이들만 이런 책임의 타격을 받는 것은 아니다. 너무나 자주 양쪽 성별 모두 오후 3시 20분이 되면 학교 밖으로 달려나가 지역 초등학교에서 동생들을 데려오거나 집에 가서 나이 많은 친척들, 혹은 알코올과 약물 남용에 시달리는 부모를 돌봐야 한다. 아이들은 이런 어른들에게 처방약을 나눠주고, 얼굴을 씻겨주고, 목욕을 시켜주고, 옷을 갈아입힌다. 이런 학생들에게는 방과 후에 자전거를 타고 자유롭게 내달리거나 축구 동아리 일원이 될 기회가 전혀 주어지지 않는다. 심지어 어떤 아이들은 구멍가게에서 선반 정리 아르바이트를 해서 가족 부양을 돕기도 한다. 이런 아이들에게는 유년기 자체가 사치다.

지난 14년 동안 나는 교직 생활에서 많은 변화를 목격했다. 많은 교사가 영국 교육기준청의 체제를 이해하려 애썼지만, 자신이 어떤 일도 충분히 해내지 못한다는 무력감만 느껐다. 또한 자신이 아무리 열심히 노력하더라도 결코 교육기준청의 기대에 미치지 못하리라고 느꼈다. 과제물 검사와 성적 채점 업무는 끊임없이 계속되고, 그에 따라 업무 시간은 늘어만 간다. 장담컨대, 만약 앨퍼턴 공립학교가 지금처럼 매일 저녁 6시 30분에 교사들을 일제히 쫓아내지 않는다면, 많은 교사가 밤 10시까지 학교에 남아 채점을 하거나 밀린 서류 업무를 하거나 수업 계획을 짤 것이다.

하지만 교사들은 그렇게 하는 대신 업무를 집으로 가져간다. 남편 존은 내가 저녁에 학교 업무를 하지 않는 모습을 본 적이 없다. 때로는 밤늦도록 동료 교사나 교과목 부장 교사가 보낸 이메일에 답장을 쓰기도 한다. 남편은 침대에 누워 잠을 청하는데, 나는 여전히 노트북을 두드리며 동료들에게 이메일을 보낼 때도 많다. 한번은 남편이 몸을 돌려 나를 보며 이렇게 물었다. "왜 아직도 일하는 거야?"

나는 늘 있는 일이라서 대수롭지 않게 생각했고, 일에 대한 헌신을 보여줄 뿐이라고 여겼다.

"매니저에게 이메일을 쓰고 있어." 내가 말했다.

"하지만 당신은 자신에게 언제든 연락해도 된다고 본을 보이고 있는 거야. 지금은 당신의 가정생활 시간이야. 그만 노트북 덮고 잠자리에 들어." 남편이 말했다.

남편의 말은 절대적으로 옳았다. 내가 다른 교사들에게

자주 경고하는 일이었다. 하지만 신입 교사들에게 교직 생활을 하면서 번아웃을 조심하라고 조언하면서, 정작 나는 남편이 자주 깨우쳐줘야만 했다. 2017년에 '유고브'가 교육 지원 파트너십Education Support Partnership의 의뢰를 받아 실시한 조사에 따르면, 교사 중 47퍼센트가 일과 삶의 균형이 좋지 않아, 사적 인간관계에 문제를 겪는다고 답했다.

이것이 교사들의 현실이다. 교사는 다른 사람들의 아이를 잘 돌봐야 한다는 기대가 지나치게 높다. 매우 당연한 일처럼 말이다. 하지만 때때로 스트레스와 긴 업무 시간 때문에 교사의 자녀는 간과되는 것처럼 느껴지기도 한다. 교직원의 76퍼센트가 여성으로 이루어져 있는 현재 상황에서는 더욱 그렇다. 다른 모든 산업과 마찬가지로 교직에서도 일과 삶의 균형은 정책 결정권자들의 태도에 의해 좌우된다.

필수 직무를 훌쩍 뛰어넘어, 학생들을 돌보고 보호하는 일은 교사의 업무 중 가장 많은 부분을 차지한다. 하지만 정부가 학교에 요구하는 어떤 데이터에도 이런 사정은 포착되지 않는다. 교육부 장관들은 학습 영역에서 오로지 시험 성적에만 초점을 맞춘다. 만약 교사의 업무가 교실 안에서 일어나는 일들만 다룬다면 시험 성적이 상당히 높아질 것이다. 하지만 현실은 그렇지 않다. 우리의 업무 시간을 구성하는 다른 모든 측면을 계산에 넣지 않는다 해도, 교사들의 업무량은 매년 계속 늘어나고 교사들의 업무 시간은 기본 수업 시간보다 훨씬 더 길어지고 있다.

2019년도 '유고브' 조사에 따르면 영국의 교사 중 4분의 3이 일과 삶의 균형이 자신이 예상했던 것보다 더 나쁘다고 응답했다. 이것은 그리 놀라운 일이 아니다. 젊은이들에게 교직을 추천하고 싶지 않은 이유에 대해서 묻자, 교사 중 93퍼센트는 과도한 업무량이라고 말했다. 그리고 84퍼센트는 긴 업무 시간이라고 응답했다.

그렇다면 왜 우리는 이 일을 하는 걸까? 많은 교사가 교직을 하나의 직업으로 여기지 않고, 대신 하나의 삶의 방식, 자신의 DNA에 새겨져 있는 하나의 소명이라고 생각한다. 우리가 가르치는 이유는 가르쳐야만 하기 때문이며, 이 일 대신 하고 싶은 일이 하나도 없기 때문이다. 다음과 같은 특별한 순간은 단순한 말로 표현하기가 힘들다. 학생이 어떤 개념을 이해하느라 몇 주 동안 씨름하다가 마침내 눈빛이 반짝이는 순간, 혹은 몇 달 동안 철벽을 두르고 있다가 결국 마음을 열고 다가오는 순간 말이다. 모든 것을 가치 있게 만드는 것은 바로 이런 순간들이다. 자신이 뭔가 변화를 일으켰다는 사실을 알게 될 때, 자신이 어린 영혼을 고양해 더 나은 일을 하거나 더 나은 사람이 되도록 도왔다는 사실을 알게 될 때보다 더 짜릿한 감정은 존재하지 않는다. 교사들에게는 이것이 전부다.

5장

힘겨운 삶과
싸워 나가야만 하는 아이들

내가 아이들을 가르치면서 거듭
배우는 한 가지 교훈은
누구에게나 가끔 자신을 진정으로
믿어주는 단 한 사람이 필요
하다는 사실이다.

알렉스 호퍼는 교실 안에서 한시도 가만히 앉아 있지 못했다. 또한 새로운 학년이 시작될 때 모든 교사가 자신의 학생등록부에서 찾아보는 아이이기도 했다.

"오, 안 돼. 알렉스 호퍼가 우리 반이야." 이런 말이 들리곤 한다.

"행운을 빌어요." 이제 막 알렉스와 한 학년 생활을 마친 다른 교사가 이렇게 말한다.

알렉스는 특수교육이 필요한 학생이었다. 난독증이 심해 열두 살이 됐는데도 아직 글을 읽거나 쓸 줄 몰랐다. 백인 영국인인 이 아이의 가정생활은 매우 혼란스러워 보였다. 알렉스는 공영주택 단지에 있는 작은 집에서 여러 동물 집단과 함께 살았다. 쥐 9마리, 거북 2마리, 게르빌루스쥐 3마리, 그리고 이 모두를 합친 것보다 더 많은 고양이와 함께.

　　하지만 정작 통제하기 힘든 것은 알렉스의 공격적인 행동이었다. 알렉스는 아무렇지 않게 교사들에게 욕설을 내뱉거나 의자를 집어 들어 교실 앞으로 던졌다. 반 친구들은 한없이 알렉스에게 인내심을 발휘했다. 아이들은 알렉스의 분노 표출을 견뎠다. 알렉스에게는 친구가 한 명도 없었지만, 아이들은 항상 알렉스에게 인사를 건넸고 기분이 어떠냐고 물었다. 알렉스는 거의 어떤 대답도 하지 않았지만 말이다. 알렉스의 분노에 찬 고함 소리가 교실을 뒤흔들면 아이들은 움찔 놀랐지만 이내 하던 작업을 계속했다. 반면 알렉스는 결코 어떤 작업도 하는 법이 없고, 모든 과목 수업에서 마찬가지로 굴었다. 알렉스의 기분은 늘 똑같았다. 교사들은 알렉스의 집에 수없이 전화를 걸었지만, 알렉스의 엄마는 처음에는 전화를 받았다가 끊더니 결국에는 아예 받지도 않았다.

　　알렉스가 중등 2학년이 됐을 때 드디어 내 차례가 왔다. 가장 큰 문제는 알렉스를 교실에 머무르게 하는 것이었다. 때로는 다른 아이들의 건강과 안전에 위험을 초래하기 때문에 알렉스가 교실을 떠나게 내버려두는 편이 더 나았다.

　　어느 날 학생들에게 입체파에 대해 가르치며 피카소의 그림들을 함께 보고 있었다. 나는 학생들에게 자신만의 입체파 초상화를 그려보라고 했다. 나는 수업을 자주 멈추면서 아이들에게 서로의 작품을 보고 그것을 비평하는 기회를 주는 편이다. 친구에게 그다음에 어떻게 그리면 좋을지 제안하거나 그림에서 뭐가 부족한 것 같은지 이야기하게 한다. 이 방법은 학생들이 기법을 얼마나 이해하고 있는지 가늠해보는 좋은 방법인 데다, 학생들의 비평적 시각 발달에도 도움이 된다. 수업이 끝난 뒤 평소처럼 학생들의 그림을 한데 모았다. 그런데 그림 한 장이 뭉치 밖으로 빼꼼히 삐져나와 있었다. 마치 피카소가 우리 학교 학생이 되어 그린 듯한 그림이었다. 재빨리 종이를 뒤집어봤지만 아무 이름도 적혀 있지 않았다. 나는 한숨을 내쉰 뒤 그림을 머리 위로 흔들었다.

"이 그림 좀 보자. 이 사람의 작품이 어떤 것 같니?" 내가 학생들에게 말했다.

아이들은 그림을 보자마자 숨이 턱 막힌 듯했다. "우와!" 하는 감탄의 물결이 교실을 건너 내게까지 밀려들었다. 나는 아이들과 비평을 시작했다.

"나는 이 그림의 구성 방식이 맘에 들어. 완벽하게 일관성이 있어. 또 다른 의견 있는 사람?" 내가 물었다.

한 학생이 손을 들었다. "저는 그림의 배경이 맘에 들어요, 선생님."

"디자인이 맘에 들어요. 정말 독창적이에요." 다른 학생이 말했다.

"정말 훌륭하다고 생각해요." 또 다른 학생이 말했다.

"그래 좋아, 진짜로 대단한 작품이야. 그런데 누구 작품이지?" 내가 말했다.

교실 뒤편에서 누군가 팔을 드는 게 보였다. 학생들의 머리가 홍해처럼 갈라졌다. 놀랍게도 그 끝에 알렉스가 있었다. 내가 충격을 받은 듯한 표정을 짓자 아이들이 이유를 알아내려 재빨리 고개를 뒤로 돌렸다.

"알렉스, 네가 그린 그림이니?" 내가 물었다.

알렉스가 고개를 끄덕였다.

반 전체가 환호를 터뜨렸다. 자신을 위한 환호라는 것을 알렉스가 알기까지 잠깐의 시간이 걸렸다. 그런 다음 알렉스의 얼굴에 커다란 미소가 번졌다.

나는 거의 숨이 막혀 말을 할 수가 없었다. 일단 목을 가다듬었다. "정말 아름다운 작품이구나, 알렉스. 친구들이 한 말을 기억하니?"

여전히 싱글벙글 웃으며 알렉스가 고개를 끄덕였다. "네, 선생님."

"부탁인데, 다음번엔 작품 뒤에 이름을 꼭 써주렴."

그날 이후 알렉스 안에서 무언가 바뀌었다. 알렉스는 내 수업 시간에 가장 먼저 도착했다. 일찌감치 도착해서 내가 스케치북 나눠주는 것을 도왔다. 또한 더 집중력이 높아지고 더 차분해졌다. 심지어 내 수업 시간 전에 수업했던 수학 교사가 알렉스의 태도가 얼마나 좋아졌는지 칭찬할 정도였다. 알렉스는 태어나서 처음으로 자신도 다른 아이들만큼 뭔가 잘할 수 있다는 사실을 느낀 것 같았다.

알렉스는 축하를 받았다. 아무도 그것이 알렉스의 작품이라는 사실을 몰랐기 때문에 순도 100퍼센트의 진짜 축하였다. 아이들은 진심으로 칭찬했고, 칭찬의 파급 효과는 알렉스의 학교생활을 완전히 바꿔놓았다. 하지만 몇 달 뒤 예전의 알렉스가 슬금슬금 다시 나타났다. 알렉스는 점심시간이 끝나고 흥분한 채로 수업에 들어와 내내 집중하지 못했다.

"알렉스, 어서 작업을 시작해." 내가 교단에서 알렉스를 재촉하며 외쳤다.

그러자 알렉스가 자리에서 벌떡 일어섰다. 한동안 보지 못했던, 분노에 가득 찬 표정으로 얼굴이 일그러져 있었다.

"닥쳐, 뚱뚱한 암소." 알렉스가 내게 소리 질렀다.

그런 다음 두 주먹을 꽉 쥔 채 교단을 향해 성큼성큼 걸어왔다.

"이 작업은 똥 같아. 난 당신이 미워, 당신이 미워."

그러고는 교실 밖으로 뛰쳐나갔다. 알렉스가 떠나고 나자 침묵이 교실을 휘감았다. 모든 아이의 시선이 내게 꽂혀 있는 게 느껴졌다. 나는 그 일이 정말로 벌어졌는지 어안이 벙벙한 채로 아이들을 돌아봤다. 침묵을 깨기 위해선 무슨 말이든 해야 했다.

"괜찮아, 얘들아. 선생님은 괜찮아. 알렉스가 가끔 어떤 상태가 되는지 알고 있잖아. 우리 하던 거 계속하자." 내가 말했다.

나는 학년부장에게 급히 문자 메시지를 보냈다. 무슨 일이 벌어졌는지 알리기 위해서였다. 그가 내 교실로 뛰어 들어왔다.

"무슨 일이에요? 알렉스는 선생님의 수업을 좋아하지 않습니까?"

"저도 알아요." 내가 어깨를 으쓱하며 말했다.

학교 경비원들이 알렉스를 붙잡았다. 알아보니, 알렉스는 내 교실에 도착하기 전 기분이 좋지 않은 몇 교시를 보냈고, 내게 올 때까지 그걸 꾹 누르고 있었다. 많은 어른이 그렇듯이 아이 또한 압력솥처럼 한계에 다다르면 폭발할 수 있다. 알렉스는 자기 행동에 대해 처벌을 받았다. 며칠 뒤 다시 교실로 돌아왔을 때 알렉스가 점심시간에 내게 다가왔다.

"선생님, 그런 끔찍한 말을 해서 정말 죄송해요." 알렉스가 점퍼 소매로 눈물을 닦으며 말했다.

나는 알렉스에게 손을 내밀었다. "사과하지 않아도 돼, 알렉스. 누구나 안 좋은 날이 있기 마련이니까…… 근데 정말 내가 그렇게 뚱뚱하니?"

우리 둘은 동시에 웃음을 터뜨렸다.

알렉스의 학교생활은 미술 수업 시간에 인정받은 덕분에 완전히 바뀌었다. 알렉스가 살면서 대처해야 했던 온갖 문제를 생각해봤을 때 인정을 받은 한순간만으로 삶의 방향이 바뀌었다는 사실은 정말 놀라웠다. 내가 아이들을 가르치면서 거듭 배우는 한 가지 교훈은 누구에게나 자신을 진정으로 믿어주는 단 한 사람이 필요하다는 사실이다.

알렉스와 같은 학생은 교직 생활에서 늘상 있다. 행동 문제가 있는 아이들은 주위 사람들과 완전히 다른 렌즈로 삶을 보기 때문에 오해나 의사소통 문제가 생길 수밖에 없다. 하지만 최소한 우리는 같은 언어를 쓴다는 편의성을 가지고 있다. 영어를 할 줄 모르는 학생들은 훨씬 더 큰 좌절감을 느낄 수밖에 없을 것이다. 나 또한 그런 학생들과 비슷한 좌절감을 느꼈다. 학생들과 의사소통하고 싶은 것이 많을 때, 그리고 학생들을 학습 과정에 여러 가지 방법으로 참여시키고 싶을 때 특히 그랬다.

우리 학교는 학생들의 전학이 잦았다. 학생들이 일관적으로 중등 1학년에 입학했다가 중등 5학년에 졸업하지 않았다는 의미다. 한 학년 중간에 전학왔다가 몇 주 뒤에 떠나는 학생도 있었다. 이렇게 되면 견고한 교육을 받지 못하고, 많은 학습 기회를 놓칠 수 있다. 이들의 예정된 낮은 성적은 우리 학교의 결과에 불리한 영향을 미칠 수 있다. 게다가 영어가 모국어가 아닌 학생도 많았다. 이들은 자신만의 온갖 이야기와 트라우마를 가진 채 우리에게 온다. 대부분 그것을 말로 표현하지 못하지만 누구보다 희망과 열망이 넘친다.

칼린디 샤는 그런 학생 중 하나였다. 칼린디는 영어를 단 한마디도 할 줄 모른 채 소심하고 수줍어하는 모습으로 내 교실에 도착했다. 칼린디는 인도의 '디우'라는 섬에서 이 나라로 왔다. 우리 학교에는 이 섬에서 온 아이가 몇 명 있었다. 디우는 1961년까지 포르투갈 식민지였기 때문에 유럽으로 이주하기가 수월했다.

앨퍼턴 공립학교에 다니는 이런 학생 중 많은 아이가 이전에 정규 교육을 받은 적이 없었다. 그 대신 이 아이들은 집안이나 농장에서 부모와 함께 일하며 자랐고, 길거리에서 또래 친구들에게 교육을 받았다. 또한 모국어에 대한 이해가 깊지 않았고 속어를 많이 사용했다. 다른 아이들을 놀리거나 때리면서 돌아다니기도 했다. 하지만 이 아이들은 자신감이 넘쳤다. 세상 물정에 밝았고 찰스 디킨스의 《올리버 트위스트》에 나오는 소매치기범 아트풀 도저만큼 약삭빨랐다. 칼린디는 인도 서부의 구자라트어를 사용하는 같은 반 여자아이와 어울려 다녔다. 따라서 우리의 의사소통은 오로지 그 여자아이를 통해야만 했다. 처음 칼린디가 내 교실에 걸어 들어왔을 때 나는 독학으로 배운 구자라트어 몇 마디로 환영 인사를 했다. 그런 다음 학습용 연습 문제지를 건넸다.

"여기에서 네가 그릴 수 있는 걸 그려봐. 그러면 내가 잠시 후에 와서 볼게." 내가 말했다.

나는 칼린디의 친구가 통역하기를 기다렸다.

"알았지?" 내가 물었다.

칼린디가 고개를 끄덕였다.

나는 교실을 돌아다니면서 칼린디가 제대로 하고 있는지 확인했다. 하지만 매번 통역을 거쳐야 했기 때문에 칼린디는 자신이 정말 환영받고 있다고 느끼기 힘들었다. 수업이 끝난 뒤, 자신에게 영감을 주는 사람을 그려오라는 숙제를 내주었다.

"누구든 좋아. 연예인이든, 아는 사람이든……."

시끌벅적한 소음 사이로 남자아이들이 어떤 축구선수를 그릴 것인지 이야기하는 소리가 벌써 들렸다. 이런 숙제를 내줄 때마다 비욘세 같은 연예인 혹은 축구선수, 크리켓 선수의 그림을 잔뜩 되돌려받았다.

칼린디의 친구가 내게 다가왔다.

"선생님, 칼린디를 위해 종이와 미술용품을 빌릴 수 있을까요?"

"물론이지." 나는 서랍에서 비닐봉지를 꺼내 스케치북에서 찢은 종이와 오일 파스텔 몇 개를 넣어주었다.

"이해했니? 누구든 좋아하는 사람을 그리면 돼. 프리양카 초프라 같은?" 내가 칼린디에게 다시 물었다.

두 여자아이는 자신들이 사랑하는 여자 배우의 이름을 듣자 킥킥거리며 웃었다.

다음 날 아침 8시 30분쯤 교실에 도착하니, 칼린디가 혼자서 기다리고 있었다. 복도에 서 있는 모습을 보니 매우 자그마해 보였다. 120센티미터나 될까, 또래들보다 훨씬 더 작고 더 말랐다.

"안녕, 칼린디, 기분 어때?" 내가 말했다.

하지만 칼린디는 멀뚱멀뚱 나를 쳐다보기만 했다.

자그맣고 가냘픈 손으로 칼린디는 접힌 종이를 가방에서 꺼내 내게 건넸다. 종이를 펼치자 그 안에 먼 곳을 응시하고 있는 한 아이가 있었다. 매우 놀라운 그림이었다. 천천히 뜯어보자 더욱 놀라웠다. 공허한 시선이 완벽하게 포착되어 있고, 얼굴 윤곽 곳곳의 명암 처리와 톤 처리가 훌륭했다.

"네 거니? 네가 그렸니?" 내가 물었다.

칼린디는 내가 무슨 말을 하는지 알아들을 수 없다는 표정이었다.

학생들이 수업을 들으러 도착하면서 복도가 가득 찼다. 나는 구자라트어를 할 줄 아는 학생을 발견했다.

"산제이! 이리 와봐. 네가 통역을 해줘야겠어. 칼린디에게 이걸 직접 그렸는지 물어봐줘." 나는 어떤 정보라도 알고 싶어 안달이 나서 재빨리 말했다.

나는 산제이가 묻는 것을 쳐다보았다. 산제이가 나를 돌아봤다.

"자기가 그렸다는데요. 이제 가도 되죠, 선생님?"

"잠깐만 기다려." 나는 친구들에게 가려는 그 아이를 붙잡기 위해 손을 뻗으며 말했다.

나는 칼린디의 자그마한 손과 가느다란 손가락들을 다시 내려다보았다. 그러자 다양한 색깔의 오일 파스텔 잔여물이 손톱 밑에 아직 끼어 있었다.

"세상에! 정말로 이걸 직접 그렸어." 나는 산제이를 꽉 붙잡으며 말했다.

"선생님, 가도 될까요?" 안달하면서 산제이가 다시 물었다. 내가 엄청나게 흥분한 것에는 아무 관심도 없어 보였다.

"얘에게 말해줘……. 내가 평생 본 그림 중 가장 놀랍다고 말이야."

산제이는 마치 내가 완전히 정신 나간 것 아닌가 하는

표정으로 잠깐 나를 쳐다봤다. 그런 다음 칼린디를 돌아보며 뭔가 매우 빠르게 말하고 나서 (축소해서 말한 것 같았다) 친구들에게 뛰어갔다.

"이리 와봐." 내가 칼린디에게 미술실로 들어가자는 뜻으로 손짓하며 말했다. 칼린디는 주변을 두리번거리며 어리둥절한 표정으로 내 뒤를 따랐다. 나는 칼린디를 위해 폴더를 꾸리기 시작했다. 폴더 안에 스케치북, 더 많은 오일 파스텔, 수채화 그림물감 한 판, 붓 몇 개를 집어넣은 뒤 여러 권의 잡지에서 사진들을 왕창 찢어 폴더 안에 모두 넣고 칼린디의 손에 쥐어주었다.

"아무거나 그려, 아무거나. 알았지?" 나는 양팔을 들어 원을 그려 보이며 말했다.

칼린디는 빙그레 웃고서 수업을 듣는 학생들이 도착하기 시작하자 자리를 떴다.

"괜찮으세요, 선생님?" 내가 싱글벙글 웃으며 서 있자 한 여자아이가 물었다.

"최고야." 내가 대답했다.

나는 칼린디가 그린 그림을 벽에 붙여놓았다. 그날 오전 내내 그 그림에 온 정신을 빼앗겼다. 색채 사용, 길고 대담한 파스텔 선들, 조합, 선명도, 걱정이 가득한 어린아이의 눈. 중등 2학년인 칼린디가 이 정도 그림을 그렸다면 GCSE를 치르는 해에는 어떤 걸 그려낼지 상상조차 되지 않았다.

쉬는 시간에 나는 곧장 EAL(English as an Additional Language) 부서(영어를 제2외국어로 사용하는 학생들을 지원하는 부서_옮긴이)로 달려갔다.

"칼린디가 그린 걸 보셔야 해요." 내가 그들 앞에 있는 벽에 그림을 내세우며 말했다.

그들의 입이 쩍 벌어졌다.

"이 여자아이는 엄청난 재능이 있어요." 내가 말했다.

"그 애가 학교에 한 번도 다닌 적이 없다는 사실을 감안하세요." EAL 부서장이 말했다.

나는 고개를 저었다. "그 사실은 칼린디를 더 특별하게 만들 뿐이에요."

몇 주가 지나고 몇 달이 지나면서 칼린디는 미술실의 단골손님이 되었다. 칼린디는 영어를 매우 빠르게 습득했고, 구자라트어 말씨와 런던 토박이 말씨가 섞인 귀여운 억양으로 말했다. 칼린디는 학교생활 전반에 걸쳐 뛰어난 학생이었지만, 특히 미술 부서를 위한 홍보 대사 역할을 톡톡히 했다. 학교의 모든 사람이 칼린디에게 특출난 재능이 있다는 사실을 알았다. 그 당시는 GCSE 성적 표기 방법이 문자에서 숫자로 바뀌던 때였는데, 칼린디는 미술 과목에서 9등급을 받았다. 영국의 전체 학생 중에서 오직 4퍼센트만이 이 등급을 받았다. 사실 칼린디는 모든 개별 과목에서도 8등급이나 9등급을 받았다.

"A레벨 과정에서는 미술 과목을 선택하는 게 좋을 거야. 안 그러면 내가 참가신청서를 엉망으로 만들어버릴 거야." 내가 칼린디에게 말했다.

칼린디가 깔깔대며 웃었다. "알겠어요, 선생님. 알겠습니다."

EAL 학생들이 높은 성적을 받는 일은 그리 특이한 일이 아니다. 실제로, 2018년에 교육부에서 발표한 자료에 따르면 영어 외에 한 가지 언어를 더 사용하며 사라는 아이들은 열여섯 살이 되면 자기 또래들보다 더 높은 성적을 받는다. 이 아이들은 영어를 전혀 알지 못한 채 이 나라에 와서 얼마 지난 뒤 영어가 모국어인 아이들을 능가하는 것이다. 이 점이 내가 EAL 학생들을 가르치는 것을 사랑하는 이유다. 이 아이들은 엄청 불리한 상태에서 학교에 들어오고, 그중 많은 아이는 교육기관에 다녀본 적이 거의 없다. 하지만 이 아이들은 자신의 기대조차 뛰어넘고 있다. 일단 학교에서 인정받는다고 느끼면 아무도 이들을 막을 수 없다.

나는 2005년에 처음 앨퍼턴 공립학교 정문을 통과해 들어왔다. 그때는 창유리가 군데군데 나가고 페인트는 벗겨지고 실내에는 먼지가 잔뜩 쌓인, 낡디낡은 빅토리아식 건물이었다. 교장 선생인 매기 라피는 '개선이 필요하다'고 여겨지는 학교를 물려받았다. 그 당시 앨퍼턴 공립학교는 아버지가 경고한 대로 자치구에서 가장 안 좋은 학교였다. 그렇지만 매기는 에너지가 넘치고 학교의 재건에 열정적으로 임할 신입 교사들을 대거 채용하고 싶어 했다.

"우리는 걸출한 학교를 만들어야 합니다." 그녀가 몽상보다는 맹세에 가깝게 느껴지는 목소리 톤으로 말했다.

매기는 신입 교사들에게 교실을 가지고 원하는 무엇이든 할 수 있게 전권을 주었다. 나는 휴일 이틀 내내 이리저리 왔다 갔다 하며 오래된 것들을 버리고 새로운 것들을 들여놓았다. 하지만 그 작업을 끝마치고 나자 내 야망은 복도까지 뻗어나갔다. 처음에는 학생의 작품을 복도 벽에만 걸었으나 곧 학교 건물 전체 곳곳에 걸었다.

네 명으로 구성된 미술 부서에는 신입 교사가 두 명(나와 아르만도) 있었다. 미술부장 교사는 우리가 교실을 재배치하고 수납장에 미술 재료들을 채워 넣는 방식에 전혀 개의치 않았다. 정년 퇴임이 얼마 안 남은 그녀는 우중충한 환경에서 오랫동안 일하느라 쇠락한 자기 대신 갓 임용된 신입 교사 두 명의 손에 부서를 넘길 수 있어 매우 행복해했다.

그러나 교무실에서 우리는 다른 부서 사람들이 분개하

며 귓속말하는 것을 들었다. 그들은 단순히 우리를 교장 선생이 예뻐하는 새로운 교사 정도로만 생각하지 않았다. 특히 잔업에 자원하는 사람은 항상 우리였다. 교무실 정치는 신입 교사가 가로지르기에 매우 까다로운 영역일 수 있다. 교무실의 자리와 주차 공간은 위계 서열에 따라 정해졌다. 우리는 이런 비공식적인 규칙들을 전부 배워야만 했다. 하지만 매기는 앞으로 나아가는 과정에서 한발짝도 뒤로 물러서지 않았다. 그녀는 자신의 새로운 아이디어가 마음에 들지 않는 사람은 다른 학교를 알아보라고 선언했다. 나는 그녀의 강인함과 대담함에 찬탄했다. 교직 생활을 시작한 첫해에 그녀보나 너 훌륭한 멘토를 만나기는 불가능했을 것이다.

신입 교사 시절을 보내면서 나는 딱 1년만 이 학교에서 교수법을 배운 다음 더 나은 학교로 옮기겠다고 아버지에게 약속한 것이 떠올랐다. 그렇지만 해야 할 일이 너무 많아 앨퍼턴 공립학교를 떠날 수가 없었다. 2년도 안 되어 나는 방과 후 미술 동아리를 만들었다. 그 동아리가 즉시 꽉 차버리자 점심시간 미술 동아리를 만들었고, 그런 다음 토요일반도 하나 만들었다. 이전에는 인정받지 못했던 학생들을 미술대회에 내보냈고, 박물관과 미술관, 심지어 테마파크로 현장학습을 갔다. 게다가 나와 함께 이 학교에 입학한 중등 1학년 학생들이 있는 내 교실을 떠나고 싶지 않았다.

매기 또한 자신이 채용한 신입 교사들이 떠나는 것을 원하지 않았다. 그녀는 각 부서 내부에 책무를 새로 만들어 교사들이 학교를 떠나지 않도록 추가적인 장려책을 마련했다. 나는 부학과장 교사를 맡아 우리 부서를 이끄는 법을 배웠고 학교 전체 학생들의 미술 프로그램을 책임졌다.

교직 생활을 시작할 때만 해도 나는 커리큘럼 분야에 더 관심이 쏠려 있다고 확신했다. 하지만 학생들을 더 잘 알게 되고 그들의 학교생활을 더 수월하게 만드는 재미있는 방법들을 찾으면서, 내가 생활지도 측면에 훨씬 더 관심이 많다는 사실을 깨달았다. 한 멘토는 내게 여성들은 자신이 기준을 100퍼센트 충족해야만 어떤 일에 지원할 수 있다고 느끼는 반면, 남성들은 오직 60퍼센트만 충족해도 지원한다고 말해주었다. 그래서 학년장 자리가 생기자 곧바로 도전했다. 나는 중등 2학년 학년장으로 승진했다. 내가 담임을 맡은 학급과 같은 학년이었다. 이제 담임을 맡은 학급 학생들의 행복과 학업적 성취뿐 아니라 225명의 다른 학생도 책임져야 했다.

그해 중간에 나는 임신 사실을 알았다. 나는 소피아를 돌보기 위해 5개월 육아 휴직을 받았다. 소피아는 잘 자고 잘 먹었다. 세상에서 가장 순한 아기였다. 하지만 내 삶에서 뭔가 빠진 듯한 느낌이 들었다. 바나나를 으깰 때나 젖병을 소독할 때, 혹은 TV 프로그램 〈꼬꼬마 꿈동산In the Night Garden〉

에 나오는 캐릭터 이글피글 앞에서 소피아를 놀려줄 때면 두 뇌가 녹아내리는 듯한 느낌이 들었다.

나는 새로운 도전과제를 제시하는 아이, 혹은 색채 이론을 설명해줘야 하는 수업을 놓치고 있었다. 미술 재료 수납장의 냄새, 엄지와 검지로 꽉 움켜잡은 오일 파스텔의 느낌, 소음으로 와글거려 훈계가 필요한 교실, 심지어 교실 바닥에서 집어 든 이름이 안 적힌 작품까지, 모든 게 간절히 그리웠다. 나는 학교가 그리웠다. 학교생활이 던지는 도전과제, 그 도전과제의 예측 불가능성, 오르락과 내리락, 환희와 절망이 그리웠다. 한 명의 아이가 있었지만, 24명의 다른 아이도 원했다. 나는 학교로 돌아가고 싶어 안달이 났다.

학교로 돌아간 날, 한 동료 교사가 아기가 미치도록 보고 싶으면 자기 사무실에 와서 잠시 울어도 된다고 속삭였다. 하지만 소피아는 아무 문제 없었다. 내 할머니만큼이나 무사카(얇게 썬 가지와 다진 고기를 켜켜이 놓고 맨 위에 치즈를 얹은 그리스 요리_옮긴이)와 플라우나(치즈가 채워진 일종의 페이스트리_옮긴이)를 좋아하는 그리스인 보모가 잘 돌보고 있었다. 나는 학생들, 교직원, 중재해야 할 말다툼, 말려야 하는 운동장 싸움, 그리고 일상적 학교생활의 모든 도전과제 사이로 돌아왔다. 나는 집에 돌아왔다.

파티마 칼브는 영어가 모국어가 아닌 또 다른 학생이었다. 사실 우리 학교에 도착했을 때 파티마는 영어를 거의 한마디도 하지 못했다. 시리아 난민인 파티마는 조용하고 소심했다. 파티마는 교실에 앉아 있는 내내 고개를 떨구고, 새로 친구가 된 여자아이와도 소곤소곤 이야기했다. EAL 학생이자 난민인 파티마에게 카운슬러, 통역사, 심리치료사 등 모든 지원을 아끼지 않는 것이 우리 학교의 정책이었다. 나는 파티마의 배경에 대해 거의 아는 바가 없었지만, 매우 고통스러운 여정을 겪고 영국에 도착했다는 사실만은 알았다. 내 임무는 파티마에게 유년기를 돌려주는 것이었다. 교실 안에 있는 여느 아이들에게 하듯 단순히 미술을 가르치는 방법으로 말이다.

파티마가 학교에 온 첫날, 우리는 연필로 정물화를 스케치하고 있었다. 나는 파티마에게 종이와 연필 몇 자루를 준 뒤 어떻게 해야 하는지 알고 있는지 확인했다. 나는 교실을 걸어다니면서 모든 학생의 작품을 관찰했다. 교실은 종이에 연필심이 부드럽게 스치는 소리로 가득 찼다. 나는 걸음을 멈추고 학생들에게 명암을 더 잘 표현하는 방법이나 윤곽을 더 선명하게 만드는 방법을 직접 보여주었다. 바로 그때 교실 반대편에서 다른 소리, 아니 매우 큰 소리가 났다. 나는 교실을 가로질러 걸어갔다. 파티마의 책상에서 나는 소리였다.

내가 옆에 서자 파티마가 나를 올려다봤다. 내가 괜찮다며 미소를 지어 보이자 파티마는 작업을 이어나갔다. 내가 파티마에게 준 종이는 커다랗고 분노에 찬 연필 자국들로 뒤덮여 있었고 너덜너덜해져 거의 바닥이 찢어질 지경이었다. 나는 작업을 하는 파티마를 들여다봤다. 작업에 집중하느라 얼굴은 굳어 있고 이마를 찡그린 모습이었다. 파티마는 어금니를 앙다문 채 주먹으로 연필을 꽉 쥐고 있었다.

그 그림은 정물화와 조금도 비슷하지 않았지만, 나는 파티마의 내면에 표출하고 싶은 무언가가 있다는 것을 알 수 있었다. 어쩌면 이 수업이 파티마가 감정을 표출할 수 있는 유일한 배출구일지도 모른다는 생각이 들었다. 수업이 끝난 뒤 나는 작품을 모두 모았다. 그러고는 파티마의 작품을 다시 봤다. 긁힌 자국들이 마치 점자點字처럼 느껴졌다. 파티마가 무슨 말을 하고 싶은지 읽을 수 있다면 얼마나 좋을까.

몇 주가 지난 뒤 파티마에게 다른 미술 재료를 주었다. 항상 파티마가 원하는 대로 무엇이든 그리도록 내버려두었다. 그 당시에는 파티마의 그림 뒤에 숨어 있는 이야기를 알지 못했지만, 이 수업이 파티마에게 일종의 심리치료에 더 가깝다는 사실은 알고 있었다. 나는 목탄을 준 뒤 파티마가 종이를 가로질러 굵은 선들을 그리는 모습을 지켜보았다. 그 다음 주에는 다른 학생들이 그림물감을 칠하는 동안 파티마에게 철사를 주고 무엇이든 만들어보라고 말했다. 파티마는 고요한 세상에서 커다랗고 복잡한 구조물을 만들고 다듬으며 행복해 보였다. 마치 자기 자신에게-아직 우리에겐 아니더라도-자신이 정확히 어떤 일들을 겪었는지 이야기하고 있는 것 같았다.

몇 주가 지나고 몇 달이 지나자 파티마는 학교에 대한 신뢰와 믿음이 커졌다. 파티마의 EAL 지원팀은 파티마가 학교 수업을 들으며 얼마나 많은 것을 습득하고 있는지 말해줬다. 그들은 파티마가 '생초보 학습자'라고 했다. 영어를 생전처음 배운다는 뜻이었다. 나는 내 미술 수업이 파티마에게 얼마나 큰 탈출구가 됐을지 짐작되었다. 말을 사용할 필요 없이 자기 자신을 표현할 유일한 기회이니 말이다.

미술을 통해 서서히 교감하고 영어를 더 잘하면서 파티마는 내게 자신이 이 나라에 도착하기 전에 겪었던 일들에 관해 조금씩 털어놓기 시작했다. 파티마는 단독 소아 여객(최초 여행일 기준 만 3개월 이상 만 12세 미만 유아나 소아가 성인 동반 없이 혼자 여행하는 경우_옮긴이)으로 영국에 도착했다. 파티마의 아버지는 자기 아이들을 위한 안전한 탈출 방도를 마련했지만, 그의 부모는 아이들과 함께 탈출할 수 없었다.

"남동생과 여동생, 저만 여기에 왔어요. 우리는 여기에 오는 줄도 몰랐어요. 그냥 아빠가 어느 날 한밤중에 우리를 깨우더니 '당장 가야 한다'고 말했어요." 파티마가 내게 말했다.

옷가지 몇 벌만 등짐에 멘 채 파티마와 형제들은 깜깜한 밤중에 집에서 나와 낯선 사람들이 타고 있는 트럭에 올라탔다. 파티마가 받은 거라고는 영국에 사는 이모의 주소가 전부였다. 일단 영국에 도착한 뒤 아이들은 사회복지기관으로 인도되었다. 파티마는 그곳에서 살다가 이 학교에 들어왔다.

파티마는 엄청난 불확실성을 안고 살아온 게 분명했다. 시리아에서 전쟁을 목격했다. 폭탄 투하와 총격 소리는 파티마의 일상이었다. 그러다가 갑자기 알고 있던 모든 것이(얼마나 무서운 것이었든 간에) 한꺼번에 사라졌고 부모를 다시 볼 수 있을지 없을지, 언제쯤 볼 수 있을지 알지 못하는 채 이국땅에 도착했다. 파티마는 총명하고 똑똑한 아이였다. 영어를 더 많이 습득할수록 이 사실은 여러 과목에 걸쳐 증명되었다. 나는 파티마가 이런 새로운 일상에 적응하는 데 미술 과목이 큰 도움이 됐다고 생각한다. 창작 활동은 파티마에게 새로운 단어들을 발견하는 즉시 사용하도록 자신감을 심어주었다.

그해 '영령 기념일Remembrace Day'(1·2차 세계대전 전사자들을 기리는 날로, 매년 11월 11일이다_옮긴이)에 중등 1, 2, 3학년 학생들을 대상으로 기념행사를 준비하는 일을 맡았다. 나는 뭔가 직설적이고 묵직한 방식을 원했다. 학생들이 과거 사건들을 이해하고 공감하는 데 도움이 되는 행사를 만들고 싶었다. 그래서 슬라이드와 음악 작업을 도와주는 ICT팀에 미리 부탁했다. 그들에게 공습경보 사이렌 소리와 기관총 난사 소리가 담긴 음악 파일을 전달하고 내가 신호를 보내면 매우 큰 소리로 그걸 틀어달라고 했다.

기념행사일에 나는 1차 세계대전과 2차 세계대전을 주제로 한 시선집을 낭독했다. 그런 다음 600명의 아이에게 두 눈을 감고 그런 상황에서 살았던 사람들이 어떻게 느꼈을지 상상해보라고 했다. 스피커에서 소리가 나오기 시작했다. 학교 전체가 떠나갈 정도로 커다란 소리였다. 정확히 내가 부탁한 대로였다. 하지만 학생들로 빽빽이 들어찬 강당에서 나는 주위를 둘러보다가 바닥에 책상다리를 하고 앉아 있는 파티마와 우연히 눈이 마주쳤다. 파티마의 눈이 사나워져 있었다. 동공이 커질 대로 커져 마치 공포에 가득 찬 검은색 웅덩이 같았다. 무릎 위에 놓인 두 손이 벌벌 떨고 있었다. 그 순간 나는 수백 명의 학생이 감정을 상상해보도록 돕기 위해 사용한 그 소리가 파티마에게 예전의 삶을 떠올리게 한다는 사실을 깨닫고 끔찍한 기분이 들었다.

기념행사를 계속 진행해야 했기 때문에, 행사가 끝난 뒤 곧바로 파티마에게 달려갔다.

"파티마, 미안해. 정말 미안해."

"괜찮아요, 선생님. 그런 소리는 제게 무척 익숙한걸요."

"선생님 생각이 짧았어." 내가 말했다.

교사로서 모든 학생을 위해 완벽하게 행동하기란 불가능하다. 내가 어떤 특권들을 누렸는지 새삼 떠올릴 때가 많다. 내가 경험한 것은 우리 학생들이 경험한 것과 같지 않다.

파티마의 이야기는 일부 우리 학생들이 싸워나가야만 하는 힘겨운 삶을 서늘하게 상기시켜준다. 파티마와 같은 학생들이 처한 온갖 역경을 생각할 때, 이들이 그렇게 많은 일을 계속 성취할 수 있다는 사실 자체가 기적에 가깝다. 나는 파티마가 얼마나 힘든 여정을 겪었는지 상상조차 할 수 없었지만 파티마가 해냈다는 사실에 깊은 감사를 느꼈다. 그리고 마침내 파티마의 부모가 이 나라에 무사히 도착했을 때, 파티마는 태어나서 처음으로 안전하게 살게 되었다.

6장

예술은 가치 없다는
편견과의 싸움

매년 예술가가 되고 싶은 열정에
관해 부모에게 말하기를 두려워하는
아이가 한 그룹에 서너 명씩 있다.
이런 아이들에게 나는 예술 분야의
모든 직업과 연봉이 망라된 그 종이로
무장한다. 또한 집에 가서 부모와 나눌
대화에 대해서도 조언한다. 내가 직접
부모와 통화하겠다고 제안하기도 한다.
가끔은 이기고 가끔은 진다.

바이날 카푸르는 모든 과목에서 A⁺를 받는 학생이었다. 바이날의 가족은 인도 출신이었다. 그들은 교육이 매우 중요하고 다른 그 어떤 것보다 가치 있다고 여겼다. 그렇지만 바이날은 사회적으로 어려움을 겪고 있었다. 나는 바이날이 친구들에게 둘러싸여 있는 모습을 한 번도 보지 못했다. 바이날은 품행이 단정하고, 예의 바르고, 조용하며, 수줍음을 많이 타고, 친절하고, 학업에 충실했다. 바이날의 부모님은 바이날에 대해 걱정할 거리가 하나도 없어 보였다.

하지만 어떤 이유에서인지, 아이들이 모두 교실을 떠난 뒤에도 바이날은 항상 더 오랫동안 머물러 있었다.

"선생님, 제가 그거 도와드릴게요." 바이날은 내가 싱크대로 물감 묻은 팔레트들을 씻으러 갈 때면 한 무더기의 팔레트를 가져가며 이렇게 말했다.

"그럴 필요 없어, 바이날." 내가 바이날에게 말했다.

하지만 바이날은 고집을 굽히지 않았다. 팔레트를 다 씻고 나자 오후 4시가 다 되었다. 하지만 바이날은 가방을 메고 교실을 떠나는 대신, 내 책상을 정리하고, 미술실 구석구석을 정돈한 뒤, 물감이 떨어져 있는 싱크대를 청소했다. 바이날은 내가 미술용품 보관함 열쇠를 어디에 숨겨놓는지 아는 몇 안 되는 학생 중 한 명이었다. 나는 그만큼 바이날을 신뢰했다. 게다가 바이날은 내가 퇴근 준비를 마치고 모든 전등을 끌 때까지 남아 있는 유일한 학생이었다.

바이날은 쉬는 시간과 점심시간에 미술실 뒤편에서 수업 시간에 못 다한 작업을 마저 하고, 가는 연필로 그림을 그렸다. 바이날의 삽화는 엄청난 잠재력을 보여주었다.

"넌 정말 재능이 뛰어나구나." 내가 바이날에게 말했다.

"고맙습니다, 선생님." 바이날이 말했다.

나는 바이날이 대학교에 진학하리라는 사실을 알고 있었다. 바이날은 어떠한 과목을 선택해도 잘 해낼 테지만, 내심 A레벨 과정에서 미술 과목을 선택하기를 바랐다.

바이날은 항상 학교에 일찍 도착했고, 거의 매일 미술실로 바로 와서 그림을 그리며 나와 함께 수다를 떨었다. 바이날을 가르친 5년 동안 나는 이 아이의 삶 세세한 부분에 대해 조금씩 알게 됐다. 차림새로 보아 매우 가난한 가정 출신 같았다. 여러 사람을 거친 중고 옷을 입는 게 분명해 보였다. 어쩌면 교실 안 다른 학생이 입던 것일지도 몰랐다.

"남자 형제나 여자 형제가 있니?" 어느 날 작업을 하면서 내가 물었다. 나는 교실 한쪽 끝에서, 바이날은 반대쪽 끝에서 작업하고 있었다.

바이날이 고개를 끄덕였다. "여동생 두 명과 남동생 한 명이 있어요." 바이날이 말했다.

"집에서 그림을 많이 그리니?" 내가 물었다.

"그림을 그릴 수 있는 곳이 없어요. 때로는 밤중에 계단에 앉아서 그림을 그리기도 해요." 바이날이 말했다.

내가 고개를 끄덕였다. 아이들에게는 그들이 사는 방식이 정상적인 삶이다. 따라서 과잉 반응을 하거나 아이들이 자신의 가정생활을 지나치게 의식하지 않도록 해야 한다. 하지만 나는 바이날의 가정환경이 궁금했다. 바이날의 삶이 매우 힘겨워 보였기 때문이다. 그렇지만 바이날이 스스로 더 많은 이야기를 해줄 때까지 잠자코 기다리기로 했다.

한번은 학생들에게 자기 침실을 그려보라고 했다. 그런데 평소와 달리 바이날은 곧장 연필을 집어 들지 않았다. 나는 이야기를 나누기 위해 바이날에게로 걸어갔다.

"선생님, 저는 제 침실을 그리기가 너무 힘들어요. 우리

가족은 모두 같은 방에서 잠을 자거든요." 바이날이 말했다.

"남동생, 여동생들과 방을 함께 쓰는 거니?" 내가 물었다.

"아니요, 부모님까지 모두가 함께 써요. 우리 집에는 방이 하나밖에 없어요." 바이날이 말했다.

몇몇 아이가 고개를 드는 게 보였다. 나는 재빨리 자세를 바꿔 그 아이들의 시야를 가렸다.

"음, 괜찮아. 선생님은 그냥 너희가 3차원으로 그림을 그릴 수 있는지 알아보려는 거야. 그렇다면 상상 속 네 방을 그려보는 건 어떨까?" 내가 말했다.

바이날이 안도하며 빙그레 웃었다. "알겠어요. 그렇게 할게요, 선생님." 바이날이 말했다.

우리 학교에는 바이날과 유사한 학생이 많다. 침실이 3개인 집을 빌려 다른 세 가정, 네 가정, 심지어 다섯 가정이 사용하는 경우도 있다. 거실과 식사 공간은 한 가정의 구성원이 꽉 꽉 채우는 침실로 변모한다. 그러한 집에서 주방과 욕실과 통로는 공용 공간이다. 모두 함께 공유한다. 함께 사는 다른 가정이 삼촌네나 이모네가 되기도 하고, 때로는 전혀 모르는 사람들인 경우도 있다. 어떤 아이들은 상자로 만든 방에서 부모와 나란히 비좁게 지냈다. 이런 아이들에게 공부에 집중할 조용한 공간은 거의 불가능에 가깝다. 왜 바이날이 학교에 일찍 도착하고 늦게 떠나는지 완벽하게 이해되었다.

우리 학교가 있는 브렌트 자치구는 전체 가정 중 33퍼센트 정도가 빈곤한 것으로 추정된다. 또한 런던의 자치구 중 저소득층 수에 비해 민간 임대주택의 가격이 매우 높은 편이다. 그래서 집에서 쫓겨나는 일도 비일비재하다. 실제로 2019년에 '트러스트 포 런던Trust for London'이라는 단체에서 조사한 바에 따르면, 브렌트 자치구는 집에서 쫓겨나는 사람의 수가 런던에서 두 번째로 많다. 이런 환경에서 살아가는 사람들이 아이들만은 더 나은 삶을 살기를 바라면서 자녀가 학교에서 공부 잘하기를 갈망하는 것은 그리 놀랍지 않다. 내 경험상, 많은 가정은 그 어떤 것보다 교육을 더 중요하게 여길 것이고, 부모들은 자녀에게 사교육이 필요하다면 기본적인 음식마저 희생할 것이다.

바이날의 가족은 바이날이 학교에서 열심히 공부하리라 기대했다. 그들은 오직 그것만이 바이날이 이곳에서 탈출할 유일한 기회라고 믿었다. 나 역시 바이날이 다른 학생들에 비해 학습 속도가 빠르다는 사실을 알아차렸다. 그리고 이제는 왜 그런지 이해되었다. 바이날은 GCSE 과목을 12과목 이상 공부하는데, 집에 따로 공부할 공간이 없었다. 그래서 효율적으로 공부하게 되었고, 최대한 많은 일을 학교에서 끝내려 노력했던 것이다.

바이날의 GCSE 과정 마지막 해, 방과 후에 바이날이 직물 공예 작품을 마무리하는 동안 우리는 함께 교실에 앉아 이야기를 나눴다.

"이 과정이 끝나면 A레벨 과정에서 미술 과목을 선택할 거니?" 내가 바이날에게 물었다.

바이날은 나를 올려다보더니 어떻게 대답할지 잠시 머뭇거리다가, 이내 자신의 직물 공예 작품에 시선을 떨구었다.

"부모님은 제가 GCSE 과정에서 '미술'과 '직물 공예' 과목을 공부한다는 사실조차 모르세요. 만약 알게 되시면, 엄청 화내실 거예요." 바이날이 말했다.

나는 얼굴에 어떠한 반응도 내비치지 않으려고 애쓰면서 잠깐 바이날을 응시했다.

"하지만 네가 지금까지 해온 모든 작업은……." 내가 말을 꺼냈다. 나는 그동안 바이날이 어떻게 작업해왔는지 알지 못했다. 바이날의 작품은 그저 놀라움 그 자체였다.

"비밀리에 작업해왔어요. 가족 모두 잠자리에 들면 통로에 앉아서 그림을 그렸어요. 휴대전화를 손전등 삼아서요." 바이날은 직접 보여주려는 듯 휴대전화를 위로 들었다.

이전에도 이런 이야기를 들은 적이 있었다. 집에 앉아 있을 곳이 없어서 비어 있는 욕조에 앉아 공부했다는 아이들에 관한 이야기였다. 갑자기 바이날처럼 엄청난 재능을 가진 여자아이가 부모에게 비밀로 한 채 자기 열정을 실현해왔다는 사실이 믿을 수 없이 슬펐다.

바이날과 같은 아이에게 이런 비밀들은 흔한 일이다. 매일같이 이 아이들은 자기 야망과 부모에 의해 결정된 꿈 사이에서 줄타기를 하고 있다. 하지만 궁극적으로, 바이날은 자기의 바람이 아닌 부모의 바람을 실현할 것이다. 돈을 벌기 시작하자마자 자신을 양육했던 가정을 부양해야 할 터이기 때문이다. 주변 사람들은 이 아이들이 잘 해내리라 엄청 기대하고 있다. 그래서 이 아이들에게는 성공하고, 의사나 변호사나 약사가 되고, 많은 돈을 벌고, 자기 집을 소유하고, 자기 차를 소유하고, 부모보다 더 잘살아야 한다는 생각이 깊이 박혀 있다.

많은 부모는 아이가 예술 과목을 선택하는 것이 가치 없는 일이라고 생각한다. 그림을 그리거나 색을 칠하거나 악기를 연주하는 일을 사치스러운 일로 여긴다. 모든 문화권은 예술 면에서 부유하다. 인도의 직물 공장에서 만들어지는 매우 아름다운 사리만 봐도 알 수 있다. 하지만 어떤 부모들에게는 그토록 아름다운 직물을 만들어내는 공장이 노동력 착취 현장이다. 죽어라 일하고 쥐꼬리만 한 돈을 받는 끔찍한 환경일 뿐이다. 만약 바이날이 패션 디자인 업계에서 일하고 싶다고 말한다면, 바이날의 가족은 아마 그런 모습을 상상할 것이다. 나는 이민자의 이런 사고방식을 충분히 이해할 수 있다. 내가 어렸을 때 우리 부모님도 그런 사고방식을 가졌었기 때문이다.

기억하기로, 나는 매우 어릴 때부터 미술을 사랑했다. 어린 시절, 어머니는 나를 어린이집에서 데려오면서 이렇게 묻곤 했다. "왜 옷을 안 더럽히고 집에 오는 날이 하루도 없니?" 내 옷은 항상 포스터물감과 왁스 크레용, 반짝이풀로 얼룩덜룩했다. 집에는 항상 도화지가 많았다. 주말에 캠던 하이 스트리트로 쇼핑 갈 때마다 우리는 대형 마트인 울워스에 들렀다. 어머니가 집에 필요한 것을 사느라 정신없이 돌아다니는 동안, 나는 공예 코너에 머무르면서 파이프 청소도구와 반짝거리는 스티커 종이 묶음을 선반에서 꺼냈다.

언젠가 어머니가 직장에서 〈라디오 타임스Radio Times〉 (영국의 주간 텔레비전 및 라디오 프로그램 안내 잡지_옮긴이)를 갖다 주었을 때, 나는 몇 시간 동안 거기 나와 있는 그림과 사진들을 따라 그렸다. 정원의 나무들, 전구, 장식탑 광고들을 보며 정물화를 그렸고, TV 프로그램을 광고하는 유명 인사들을 보면서 인물 그리는 법을 독학으로 배웠다.

열 살이 되자, 어머니는 주간지 〈헬로Hello!〉를 정기 구독했다. 나는 잡지를 휙휙 넘겨 뒤쪽을 편 뒤 새로운 패션 스타일을 따라 그리고, 모델이 취한 자세와 천이 모델의 뼈대에서 드리워지는 특정한 방식을 연필로 스케치했다. 게다가 이런 잡지에는 더 커다란 보물이 숨겨져 있었다. 유명 인사들의 연말 홀리데이 사진은 온갖 색깔의 대잔치였다. 나는 어머니의 주방가위를 가져다가 잡지에서 코발트블루 색깔 바다나 쪽빛 하늘을 잘라내 모두 모았다. 그리고 어머니가 직장에서 가져다준 플라스틱 폴더 안에 아이디어 콜라주를 보관했다.

생일이면 어떤 선물을 받을지 기대됐지만, 그게 다는 아니었다. 선물 포장지를 잘 두었다가 정사각형으로 잘라서 나중에 콜라주 작품을 만들었다. 할머니는 오랜 세월 임시변통 물건을 만들고 수선했다. 마가린 통을 깨끗하게 씻어 음식을 보관하는 데 사용했고, 꿀병은 비눗물에 푹 담갔다가 말린 뒤 혼합 향신료를 보관했다. 할머니에게서 절약 정신을 배워 미술 프로젝트에 쓸모 있을지 모르는 어떠한 것도 절대 함부로 버리지 않았다. 처음에는 집 주방에 있는 서랍에 미술용품을 보관했다. 몇 년 뒤에는 작은 찬장 한 칸을, 그러고 나선 학교 쓰레기 수거장에서 가져온 커다란 마호가니 캐비닛을 이용했다.

열한 살 때 어머니는 카페 파셋이 쓴 《장엄한 영감Glorious Inspiration》이라는 책을 가져왔다. 자연 세계의 색깔과 패턴, 그리고 그것들이 현대 디자인에 사용된 사례가 가득 담긴 A3 크기의 책이었다. 그 책에는 새들의 모습과 깃털이 만들어내는 복잡한 패턴들, 해변에서 발견되는 조개껍데기 모습과 조개들이 바다 물결에 따라 이리저리 움직이면서 생긴 무늬들이 그려져 있었다. 또한 다양한 동물들과 파충류, 비늘과 털이 그려져 있고, 그림 옆에는 예술가의 해석이 적혀 있었다. 나는 이 책을 어디든 항상 가지고 다녔다. 내 모든 숙제의 참고서이기도 했다.

부모님은 미술에 대한 나의 사랑을 이해하고 육성해주셨다. 부모님은 가치 있는 취미일 뿐 그 이상은 아닌 것을 내가 마음껏 즐기도록 내버려두었다. 내가 GCSE 과목을 선택할 때도 미술 과목을 선택하라는 어떠한 제안도 없었다. 나는 선택 과목들이 적힌 노란색 용지를 손에 쥐고 집에 왔다. 부모님의 도움을 받아 작성할 생각이었다. 영어, 수학, 과학 같은 필수 과목들 옆에 선택 과목 후보가 있었고 세 개의 칸 중 하나에 체크 표시를 하면 되었다. 역사 과목 옆에 미술 과목이 있었는데, 내가 쥔 펜이 그 위를 빙글빙글 맴돌았다. 그때 갑자기 아버지가 용지를 가져가더니 자세히 들여다보았다.

"네 언니는 역사를 선택했어. 공부를 도와줄 수 있을 거야." 아버지가 말했다.

"하지만 전 미술을 하고 싶어요." 내가 말했다.

"미술은 GCSE가 아니야, 그건 취미지. 미술 분야에선 직업을 구할 수가 없단다." 어머니가 고개를 절레절레 흔들며 말했다.

현재 알고 있는 것을 그때는 몰랐다. 하지만 본능적으로 부모님의 판단 기준이 무엇인지는 알았다. 우리 근처에는 성공하고 부유한 예술가가 없었다. 다니는 교회에도 건축가나

화가는 한 명도 없었다. 직물 공장을 운영하는 삼촌들이 있었지만, 고급 패션을 다루는 곳이 아니라 그저 평범한 의류 사업체였다. 부모님은 삼촌들이 톱숍Topshop(영국의 다국적 의류 소매 브랜드_옮긴이)에 옷을 대기 위해 하루에 18시간씩 일하는 것을 봤다. 삼촌들은 가족과 시간을 보내지 못했다. 괜찮은 직업인가? 할아버지는 옹기장이였다. 할아버지는 마을 뒤편에서 진흙과 점토를 가지고 종일 일했다. 괜찮은 직업인가? 할머니의 직조 기술과 할머니가 키프로스에 버리고 온 누에 공장은 어떤가? 괜찮은 직업인가? 물어볼 필요도 없었다.

우리 가족은 그들이 먹고살기 위해 했던 일보다 우리 세대가 더 나은 일을 하기를 항상 희망하지 않았던가? 인간은 자신이 한 번도 보지 못했던 존재가 될 수 없다는 격언이 이 순간만큼 들어맞을 때가 없었다.

"안 돼, 너는 역사와 지리를 공부할 거야." 아버지는 이렇게 말하고 나서 각각의 칸에 커다랗게 체크 표시를 했다. 그래서 그렇게 결정되었다.

"한가한 시간에 미술 활동을 할 수 있을 거야." 어머니가 나를 달랬다.

다음 날 지도교사에게 용지를 제출했다. 집에 돌아오는 길에 사촌 안드리아나가 내게 미술 과목을 선택했느냐고 물었다.

"부모님이 못 하게 하셔." 내가 심각한 표정으로 말했다.

"세상에, 농담하는 거 아냐? 넌 미술에 재능이 뛰어나잖아. 네 운명이라고."

그래봤자 아무 소용 없다는 걸 잘 알았다. 하지만 안드리아나의 격분이 내 안의 무언가를 움직였다. 그녀는 내가 소리 내어 말할 수 없었던 부당함을 말로 표현했다.

6개월 뒤 10학년이 시작되었을 때, 나는 역사 수업 교실에 앉아 멍하니 벽을 응시하고 있었다. 역사에 아무런 관심도 없었다. 역사 선생님을 좋아하지 않아, 내가 그녀와 충돌을 일으키리라 생각했다. 게다가 또래 친구들처럼 역사에 친근감도 없었다. 날짜에도 관심이 없었고 날짜를 암기하는 재능도 없었다. 2주 뒤 안드리아나가 전화를 걸어왔다.

"집에 갈 때 지하철에서 드롬굴 선생님을 만났어. 네가 미술을 선택하지 않았다고 하니까 믿지 못하셨어. 선생님이 말씀하길, 다른 모든 학생과 비교해 너는 수준이 다르다고 하셨어." 안드리아나가 말했다.

이전에는 그런 말을 한 번도 들어본 적이 없었다.

"그게 무슨 뜻이야?" 내가 물었다.

안드리아나가 수화기를 집어 든 이모에게 어깨 너머로 외치는 소리가 들렸다.

"네가 다른 누구보다 뛰어나다는 뜻이야, 안드리아. 네가 다른 차원에 있다는 말이라고." 사촌이 설명했다.

그렇다면 왜 미술 선생님들은 자기 수업을 계속 들으라고 더 열심히 싸워주지 않은 걸까? 선생님들이 부모님을 설득하려는 노력만 했어도.

전화기를 내려놓기 전 내 머릿속에는 이미 계획이 서 있었다. 다음 날 나는 학년부장 교사 앞에서 눈물을 줄줄 흘리며, 강제로 내려진 선택 때문에 내가 얼마나 불행한지 설명했다. 드롬굴 선생님을 찾아갔더니, 선생님은 내가 부모님의 동의를 얻을 수만 있다면 자기 수업으로 옮겨주겠다고 했다. 만반의 준비를 한 뒤 부모님에게 말해야 했다. 내가 2층 계단에서 내려왔을 때 부모님은 식탁에서 저녁 식사를 하고 있었다. 말을 꺼내기도 전에 가슴속에서 심장이 미친 듯이 쿵쾅거렸다. 마지막 순간까지 내 방에 머무르면서 마음의 준비를 했다. 거울 앞에서 차분하게 말하는 연습도 했다. 하지만 막상 말할 순간이 되자 갑자기 감정이 북받쳐, 나는 한 번도 멈추지 않고 미술에 대한 내 열정을 와르르 쏟아냈다.

"……그래서 월요일부터 미술 수업을 들을 거라는 사실을 알려드리는 거예요." 나는 기나긴 독백 끄트머리에 가쁘게 숨을 쉬며 말했다.

부모님은 포크와 나이프를 손에 든 채 내 말을 들었다. 포크에 꽂힌 음식이 차갑게 식어갔고, 부모님은 한마디도 하지 않았다. 그 대신 부모님은 다시 저녁 식사를 하기 시작했다. 나는 부모님이 내 결정을 받아들였다고 생각했다.

나는 그 주말에 지난 2주 동안 놓친 분량을 공부했다. 그리고 월요일에 꿈에도 그리던 물감과 파스텔 사이로 돌아갔다.

바이날이 자신이 듣는 GCSE 과목을 부모님에게 비밀로 했다는 사실을 나는 전혀 몰랐다. 하지만 A레벨 과목을 선택하려면 더는 숨길 수 없다는 것을 바이날도 잘 알았다. 바이날은 자신이 속한 공동체 출신 아이들이 택하는 정상적인 루트를 따라 화학, 생물학, 수학, 물리학을 선택했다. 내가 생각했던 대로 바이날은 모든 과목에서 A등급을 받았고 런던에 있는 명문 대학에 합격했다. 나는 다시는 바이날을 볼 수 없으리라 생각했다. 그런데 바이날이 대학에 입학한 첫해 2월에 이메일이 도착했다. '선생님, 찾아뵈도 될까요?'라고 적혀 있었다.

일주일 뒤 바이날은 내 미술실에 앉아 있었다. 바이날은 익숙한 주변을 둘러보다가 어깨를 축 떨어뜨리더니 소리 내어 울기 시작했다.

"바이날, 무슨 일이니?" 내가 바이날의 손을 잡으며 물었다.

"지난 몇 년이 얼마나 끔찍했는지 몰라요. 저는 부모님이 원하는 대로 의학을 공부했죠. 하지만 대학에 입학하자 완전히 딴 세상이었어요." 바이날이 잠시 말을 멈췄다. "한 남자 아이를 만났어요. 예술가였죠. 제가 들었을 수도 있는 과정을 이수하고 있었어요. 그 친구를 보니 제가 이 모든 걸 얼마나 사랑했는지 떠올랐어요." 바이날이 미술실을 가리키며 말했다. "부모님은 우리 관계를 알고 엄청 화를 내셨어요. 저는 집을 나와 그와 동거하기 시작했고, 부모님은 저와 의절했어요. 현재 전 모든 걸 잃었어요. 하지만 그와 함께 있고 싶어요. 그리고 미술을 전공하고 싶어요. 제가 포트폴리오 만드는 걸 도와주실 수 있으세요?"

바이날은 의대를 그만두고 지금은 웸블리 하이스트리트에 있는 한 가게에서 일하고 있다고 했다.

"매일 저녁 그림을 그려요. 선생님이 제 포트폴리오를 한번 봐주실 수 있을까요? 미대에 지원해도 될 만한지요." 바이날이 말했다.

나는 GCSE 작품 정도만 있어도 충분히 괜찮을 거라고 말하고 싶었지만, 요청받은 대로 바이날의 스케치북을 휙휙 넘기면서 어떤 작품을 버리고 어떤 작품에 공들일지 고르는 것을 도와주었다. 또한 바이날이 조사할 수 있도록 몇몇 예술가도 추천했다. 자기 작품과 그들의 작품을 관련지어 비교해본 뒤 비평적 이해도를 설명할 수 있도록 말이다. 나는 모의 면접도 함께 연습하자고 말했다.

"잘될 거야." 바이날이 떠날 채비를 하자 내가 말했다.

바이날은 코를 훌쩍이며 작품들을 한데 모았다. 얼마나 많은 일을 겪었을지, 부모님과 인연을 끊고 얼마나 고통스러웠을지 알 것 같았다. 나는 바이날의 부모님이 바이날이 미술을 전공하도록 허락했다면, 혹은 바이날이 더 필사적으로 싸웠다면, 그리고 내가 바이날을 위해 더 열심히 싸웠다면 상황이 어떻게 달라졌을까 생각해봤다. 그 순간 나는 앞으로 미술을 전공하고 싶어 하는 모든 아이를 위해 기꺼이 싸우겠다고 속으로 약속했다. 또한 아이들이 부모에게 미술의 가치를 더 쉽게 보여줄 수 있도록 돕겠다고 마음먹었다.

바이날은 결국 미대에 진학했다. 그리고 그때 이후 나는 서랍 속에 지금껏 수백 번은 복사한 종이 한 장을 간직하고 있다. GCSE 과정이나 A레벨 과정에서 미술 과목을 선택하면 나중에 가질 수 있는 직업 목록이다. 그리고 각 직업 옆에는 그 특정한 직업의 초봉도 함께 기록해두었다. 거기에는 건축가, 크리에이티브 디렉터, 사진가, 그래픽 디자이너, 도자기 공예가, 일러스트레이터 등이 있다.

많은 가정, 특히 소수민족이나 저소득층 출신 가정에, 예술은 절대 뚫고 들어갈 수 없는 분야처럼 느껴질 수도 있다. 백인 중산층이 지배하는 것 같고, 이 계통에 종사하는 젊은이들은 먹고살 걱정 없이 부모에게 충분히 지원받는다고 생각할 수도 있다. 우리 부모님도 그렇게 느꼈을 것이다.

이런 경우에 처한 학생은 바이날만이 아니었다. 해마다 7학년에 입학하는 아이 중 뛰어난 재능을 가진 예술가가 몇 명은 존재한다. 그리고 이 아이들의 부모는 아이가 쉽게 A등급을 딸 수 있는 과목을 선택하지 못하게 막는다. 이런 경우 나는 학기 첫 번째 학부모 모임에서 아이 부모에게 곧바로 말한다. "따님은 매우 뛰어난 재능을 가진 예술가 중 한 명입니다. 그러니 GCSE 과정에서 미술 과목을 선택해야 합니다."

그들의 얼굴에 퍼지는 것은 자부심이지, 갈등이 아니다. 어느 부모가 자기 아이가 매우 뛰어난 재능을 가졌다는 말을 듣고 기뻐하지 않겠는가? 내 말을 듣고 나서 그들은 말한다. "이모한테서 재능을 물려받았나 봐요. 언니가 바느질을 참 잘했거든요." "아이 할아버지가 취미로 그림을 즐겨 그리셨죠." 그들이 자기 가족, 그리고 유전자와 정서적으로 교감하는 모습을 보면 항상 사랑스럽다. 심지어 이렇게 말하는 부모도 많다. "제가 아이 나이였을 때 그림밖에 안 그렸어요. 미술을 전공하지 않은 건 제 인생 최악의 결정입니다." 대부분의 부모는 자기 아이를 통해 대리적 삶을 살기를 갈망한다. 자신이 허락받지 못했던 기회를 아이가 누리기를 원한다.

많은 부모는 건축가가 1년에 8만 파운드 이상 벌 수 있다는 사실을 알지 못한다. 그런데 왜 그들에게 맡겨야 하는가? 아이들이 GCSE 과정 과목을 선택할 때면 나는 학생들에게 분명하게 말한다. 만약 미술 과목을 선택하는 것이 걱정된다면 솔직하게 말하라고. 매년 예술가가 되고 싶은 열정에 관해 부모에게 말하기를 두려워하는 아이가 한 그룹에 서너 명씩 있다. 이런 아이들에게 나는 예술 분야의 모든 직업과 연봉이 망라된 그 종이로 무장한다. 또한 집에 가서 부모와 나눌 대화에 대해서도 조언한다. 내가 직접 부모와 통화하겠다고 제안하기도 한다. 가끔은 이기고 가끔은 진다.

바이날에게는 자기 꿈을 좇겠다는 확신이 있었다. 하지만 부모를 거역할 만큼 용감하지 않은 아이도 많다.

지타는 GCSE 과정 직물 과목을 실수로 신청하지 못했다. 우리가 그 수업을 개설한 첫해였다. 신청한 학생이 너무 많아 책상과 의자가 복도까지 쏟아져 나왔다. 나는 지타가 수업에 간절히 합류하고 싶어 창문을 통해 교실 안을 뚫어져라 들여다보는 모습을 보곤 했다. 하지만 우리에게는 또 다른 학생을 수용할 공간이 없었다.

몇 주 뒤 나는 출산 휴가를 떠났다. 그런데 어떻게 된 일인지 내가 떠나 있는 동안 동료가 지타를 내 수업에 슬쩍 밀어넣었다.

"당연히 제가 탐탁지 않으실 거예요." 그가 말했다.

하지만 지타의 작품을 슬쩍 보고는 그가 올바른 일을 했다고 생각했다. 지타는 재능이 매우 뛰어나고 모든 과목에서 A등급을 받는 또 다른 인도 여학생이었다. 이 아이 앞에 원대한 미래가 펼쳐지리라는 것이 분명해 보였다. 바이날처럼 지타도 A레벨 과정에서 공부할 과목을 선택해야 했다. 하지만 지타는 미술 과목 선택을 두려워하지 않았다. 당연히 지타는 GCSE 과정 직물 과목에서 A+ 등급을 받았다. 그런데 새로운 학년이 시작되었을 때, 지타가 12학년에 등록하지 않았다. 나는 9학년인 지타의 남동생에게 찾아가서 누나에게 무슨 일이 생겼느냐고 물었다.

"누나는 결혼했어요, 선생님." 지타의 남동생 살림이 함박웃음을 지으며 말했다. 지타의 부모가 성사시킨 중매 결혼이었다. 살림은 눈을 휘둥그레 뜬 채 호화로운 결혼식, 색상, 장식, 음식을 묘사했다. 아직 몇 번밖에 만나지 않은 새신랑에게 손이 넘겨질 때 누나가 얼마나 아름다웠는지도 말했다.

"누난 아주 행복해요, 선생님." 살림이 의기양양하게 말했다.

"정말 잘됐구나." 내가 싱글벙글 웃으며 서 있는 살림에게 말했다. 하지만 그 엄청난 재능을 가진 열여섯 살 아이가 갑자기 교육을 중단하고 어떤 사람의 아내가 되었다고 생각하니 마음이 아팠다. 지타는 부모가 자신을 위해 세운 계획을 기꺼이 이행한 것처럼 보였다.

"지타에게 안부를 전해주렴. 우리가 그리워하고 있다는 말도 전해주고." 내가 지타의 남동생에게 말했다.

학교에서는 한 명의 특정한 학생을 매우 오래 바라볼 시간이 결코 없다. 계속해서 학기가 돌아오고, 미처 알아차리기도 전에 1년이 지나버린다. 2년 뒤, 살림에게 누나에 관해 다시 물었다. 그러나 이번에는 살림의 얼굴에 웃음기가 없었다.

"결혼 생활이 좋지 않았어요, 선생님. 지타 누나는 이혼 절차를 밟고 있어요." 살림이 말했다. 살림은 마지막 부분을 말하며 목소리를 낮췄다.

나는 살림을 한쪽으로 데려가서 물었다. "무슨 일이니?"

하지만 살림은 설명하는 게 힘들어 보였다. 더는 캐묻지 않았는데, 다음 날 지타에게서 이메일이 왔다. 지타는 읽기 고통스러운 상황을 설명했다. 결혼한 뒤 전통에 따라 남편 가족과 함께 살았는데, 그 집에서 형편없는 취급을 당했다. 지타가 가게에서 일해 번 돈을 모두 뺏기고, 집에서 한순간도 쉴 틈 없이 가족을 위해 요리와 청소를 해야 했다. 지타의 남편은 비협조적일 뿐만 아니라 폭력적이기까지 했다.

이메일에서 지타는 자기 자신을 노예라고 지칭했다. 최악은 지타가 돈을 뺏기면서 학대까지 당한다는 사실이었다. 지타의 부모는 지타를 다시 데려왔다. 그들은 딸을 부끄러워하지 않았고, 딸의 이혼을 위해 싸우고 있었다. 새로 찾은 자유와 함께 지타에게는 또 다른 세상이 열렸다. 지타는 대학교에서 패션 디자인을 전공할 수 있도록 일단 미술 기초 과정을 이수하고 싶다며 이메일을 끝맺었다.

"도와주실 수 있나요, 선생님?" 지타가 간곡히 부탁했다.

바이날의 경우와 마찬가지로 나는 지타의 포트폴리오를 함께 살펴봤다. 이 아이들이 현재 학교에 재학하지 않는다는 사실은 내게 전혀 중요하지 않았다. 어떻게 이 아이들을 돕기 위해 최선을 다하지 않을 수 있는가. 지타는 인근에 있는 대학에서 면접을 제안받아, 부모님과 함께 살면서 공부할 수 있게 되었다. 그리고 마침내 대학교에 진학해 미술 학위 과정을 밟았다. 현재 지타는 어린이책 일러스트레이터로 일하고 있다. 얼마 전에 찾아왔을 때는 자신이 삽화를 그린 모든 동화책을 보여주었다. 지타 자신의 작품만큼 강렬한 그림은 없었지만 말이다.

지타와 바이날 같은 여자아이들이 미술을 전공하는 것의 장점과 중요성을 더 일찍 깨닫지 못했다는 사실이 놀랍지 않은가? 교육 당국이 창의적인 과목들은 투자할 가치가 없다는 메시지를 계속 보낸다면, 이런 과목들이 특별하고 성공적인 커리어로 이어질 수 있다고 아이들이 어떻게 부모를 설득할 수 있겠는가? 학교에서 창의적인 과목들을 더 중요시한다면 분명 학부모와 학생 모두에게 영향을 미칠 것이다.

예술을 가치 없는 것으로 여기는 사회 풍토가 변해야 한
다. 그러지 않으면 재능이 뛰어난 어린 예술가들이 모두 그
물에서 빠져나갈 것이다. 지타와 바이날은 그들의 공동체에
서 빛나는 사례가 될 것이다. 그리고 인간은 자신이 한 번도
보지 못했던 존재가 될 수 없다는 격언을 상기시켜줄 것이다.
지타와 바이날, 그리고 이들 같은 학생은 자기 마음을 따랐
고, 그 결과 다른 아이들에게 커다란 영감을 주었다.

7장

한 명의 아이가 품에서
떠나갈 때

교사에게 속마음을 털어놓는 학생은
매우 드물다. 그러므로 아이들의
삶에서 어떤 일이 벌어지고 있는지 더
잘 이해하기 위해서는 아이들이 수업을
들으러 교실을 옮겨 다닐 때 복도에서
나누는 얘기들에서 많은 정보를 얻어야
한다.

정부가 오늘날 학생들의 삶을 이해하고 향상하고 싶다면 장관들이 현직 교사들과 직접 대화를 나눌 필요가 있다. 교사들은 부여된 의무를 훨씬 넘어서는 일을 한다. 교사들의 임무는 단지 교실에서의 학습에 그치지 않는다. 우리는 아이들의 섭식 장애, 약물 중독, 무시와 학대 문제에 대해 알아차리고 이에 대처한다. 아동 보호 문제, 심각한 빈곤 문제, 경찰 개입 부재 문제 등에 대해 사회복지기관에 위험을 알린다. 또한 아이의 천식과 눅눅하지 않은 주택을 제공하지 않는 의회에 대해 염려하며 지역 보건의에게 편지를 쓴다.

정부는 우리에게 커리큘럼을 어떻게 바꿔야 하는지 물어보는 대신 21세기를 살아가는 아이들의 삶이 어떤지 물어야 한다. 아이들의 정신건강 문제 혹은 자해 문제에 관해, 아이들이 점점 굶주리는 문제나 아이들이 가정에서 목격하는 학대 문제에 관해 물어야 한다. 이런 정보는 정부가 학교에 요구하는 팩트와 숫자에 의해 포착되지 않는다. 하지만 이는 교사가 매일 대처해야 하는 가장 기본적인 문제들이다. 이런 문제들이 해결된 뒤에야 비로소 가르침과 배움을 시작할 수 있다.

젬마는 당돌한 아이였다. 젬마의 이야기는 교사와 학생 사이의 의사소통이 얼마나 중요한지 잘 보여준다. 이 글을 쓰고 있는 현재 개빈 윌리엄슨이 새로운 교육부 장관으로 취임했다. 그리고 그가 강하게 밀어붙이는 정책 중 하나는 조용한 복도를 만드는 것이다. 이 장관은 규율이야말로 좋은 교육의 핵심이라고 믿고 있다. 하지만 내 경험상 현실은 이와 정반대다. 교사와 학생 사이에(혹은 심지어 학생들 사이에) 대화를 열어주는 일은 그 어떠한 것이라도 유익하다. 적어도 내게는 말이다. 교사에게 속마음을 털어놓는 학생은 매우 드물다. 그러므로 아이들의 삶에서 어떤 일이 벌어지고 있는지 더 잘 이해하기 위해서는 아이들이 수업을 들으러 교실을 옮겨 다닐 때 복도에서 나누는 얘기들에서 많은 정보를 얻어야 한다.

우리 학교에서 5분 거리에 있는 한 학교는 침묵을 강요하는 이 새로운 정부 정책을 이미 시행하고 있다. 아이들은 조용하게 복도를 걸어 다닐지 모르지만, 이런 방법이 정말 학생들을 더 바르게 행동하도록 할까? 혹은 진짜 문제를 무시한 채 단지 일회용 반창고만 붙이는 것은 아닐까? 사실 학교에서 일어나는 행동 문제는 학생들의 책임이 아니라, 자원 부족이 원인이다.

많은 것에 변화가 필요하다. 가령, 교사들은 안전 부적격 판정을 받아야만 하는 건물에서 일하고 있다. 우리는 지붕을 수리할 형편이 안 되고, 필요한 교육 장비들을 조달할 재정이 충분하지 않다. 게다가 결정적으로, 학습 장애나 행동 문제가 있는 학생들을 가르치는 데 필요한 특별 훈련을 제대로 받지 못하고 있다. 이에 대한 답은 교직원과 학생들 사이 대화를 차단하는 것이 아니다. 경험상, 가장 필요한 것은 이해와 '상호mutual' 존중이다. 우리의 매우 제한된 자원으로 수백 명의 학생을 힘겹게 관리하는 대신 학생들의 생활지도와 돌봄 분야에 투자하는 것이 옳다. 생활지도와 돌봄 시간 동안 교사는 아이에게 자기 행동에 대해 혹은 자신이 세상과 상호 작용하는 방법에 대해 생각해보도록 씨앗을 심을 수 있다.

우리 학교가 도입한 많은 계획은 의사소통 창구를 열었다. 우리 학교의 경우, 많은 학생에게 아침 식사는 당연히 주어지는 어떤 것이 아니다. 교직 생활을 시작하고 얼마 지나지 않아 나는 점심시간에 아이들이 텅 빈 도시락 상자를 여는 모습에 익숙해졌다. 아이들은 집에서 점심 식사비를 받을 만큼 운이 좋은 아이들 주변에 몰려서 감자튀김을 집어 먹고 남은 게 더 없느냐고 물었다. 굶주림은 아이들의 피로에 먹이를 주었고, 결국 아이들의 분노에 기름을 부었다. 점심시간이 되기 전에 이런 아이들을 가르치기란 불가능하다. 체육 시간에 한두 명의 아이가 기절하는 일도 드물지 않았다.

우리가 무료 아침 식사 클럽을 시작하자 아이들의 행동 문제가 해결되었을 뿐만 아니라 출석률도 높아졌다. 아이들은 단순히 배가 고파 학교에 제시간에 도착했다. 어떤 사람들은 우리가 아이의 부모가 짊어져야 할 책임을 대신 짊어지고 있다고 생각할지도 모른다. 하지만 내 생각에 학교는 일종의 공동체다. 이 사실은 막대한 변화를 일으킬 수 있다.

아침 식사 클럽을 시작할 때 아이들과 대화를 나누리라 기대한 것은 아니다. 하지만 아이들은 마음을 열고 자신의 가정생활이 어떠한지, 왜 자신에게 피난처가 필요한지, 그리고 우리가 제공하는 음식이 왜 필요한지 솔직하게 말했다. 우리는 학교 예산에서 학생당 하루에 1파운드를 지출함으로써 이 모든 사실을 알게 됐다. 더는 배가 고프지 않자 아이들의 행동 문제가 개선되었을 뿐만 아니라, 아이들의 학습 능력 또한 향상되었다. 아침 7시 45분이면 100여 명의 아이가 줄 서서 학교에 들어가기를 기다린다.

아침 식사 클럽에서 나는 젬마 베이커를 알게 되었다.

젬마는 거친 여자아이여서 통제하기가 불가능했다. 하

지만 젬마에게는 내가 감탄하는 정확한 지점이 있었다. 젬마는 이미 온갖 고난을 이겨내고 우리 학교 교문을 통과한 또 다른 아이이자 한 명의 개인이었다. 처음 만났을 때 젬마는 열한 살이었다. 멋진 아프로 헤어스타일의 아름다운 혼혈 소녀 젬마는 학교 안에서 악명이 높았다. 많은 교사가 이미 젬마의 집에 전화를 걸어 젬마의 행동 문제를 지적했다. 우리는 젬마의 모습을 발견하기 전에 젬마가 오는 소리를 들을 수 있었다. 젬마는 입을 마음대로 놀리는 것을 두려워하지 않았다. 젬마가 교사에게 욕설을 퍼붓는 모습이나 교실에서 쫓겨나면서 문을 세게 닫는 모습을 보는 것은 그리 이례적인 일이 아니었다. 젬마는 별것 아닌 문제를 두고 아무하고나 말다툼을 벌였다.

하지만 젬마의 배경을 고려하면 이런 행동을 이해하기 어렵지 않다. 젬마는 '돌봄 대상' 아동이었다. 즉, 위탁 가정에서 살고 있었다. 젬마는 나와 대화를 나눌 때마다 한 꺼풀씩 껍질을 벗으며 몇 년에 걸쳐 자신의 삶을 조금씩 보여주었다. 마약 중독자였던 젬마의 부모는 아기 때 젬마를 버렸다. 젬마는 한 번도 입양되지 못했다. 그 대신 한 가정에서 다른 가정으로 떠돌아다녔다. 젬마에게는 아무도 없었고, 아무것도 없었다.

"양어머니는 지원금을 위해 저를 돌보는 것뿐이에요."

사실이 아닐지도 모르지만, 그게 뭐 중요한가? 젬마가

그렇게 느꼈다면 말이다.

젬마는 자기감정을 숨기는 법을 배웠다. 또한 삶에 대해 단호한 태도를 보였다. 버텨나갈 다른 방법이 있겠는가? 젬마는 다른 학생들이 두려워하는 존재였다. 당연하게 젬마는 아무것도 두려워하지 않는 것처럼 행동했다. 하지만 나는 젬마가 강인해서 마음에 들었다. 또한 젬마가 내게 사랑받은 이유 중 하나는 항상 약자를 옹호한다는 사실이었다. 한번은 내 수업 시간에 한 인도 소녀가 강한 구자라트어 억양이 섞인 영어로 한 남자아이에게 자를 건네달라고 했다. 남자아이들은 금세 인도 소녀의 억양을 조롱하기 시작했다. 하지만 젬마가 즉각 그들의 사건에 끼어들어 톡 쏘아붙였다.

"뭐 때문에 애를 놀리는 거야? 네 꼬락서니나 잘 봐."

그 남자아이는 즉시 물러났다.

젬마는 비록 입은 거칠었지만 도덕적 잣대가 똑바른 소녀였다. 젬마는 취약한 아이들, 방어력이 없고 고립된 아이들을 항상 도왔다.

내가 젬마를 좋아한 이유는 더 있다. 다른 아이들과 달리 젬마는 자신이 잘못했을 때 그 사실을 순순히 인정했다.

"왜 선생님에게 욕했니, 젬마?"

"그 선생님이 저를 짜증 나게 했어요."

"그 선생님이 너를 어떻게 짜증 나게 했는데?"

"저에게 호통을 쳤어요."

"왜 호통을 쳤는데?"

"그 선생님이 호통을 친 이유는…… 이유는……."

나는 젬마가 사실을 분명히 깨닫기를 기다렸다.

"오, 선생님…… '제' 잘못이었네요."

젬마의 솔직함은 젬마가 가진 취약점 중 일부였다. 게다가 젬마에게는 특수교육이 필요했다. 젬마는 난독증이 심해 가까스로 글을 읽거나 쓸 수 있었다. 아마도 이런 이유로 수업에 집중하기 힘들어하고 쉽게 산만해지는지도 몰랐다. 그렇지만 무엇보다 우리가 친해진 가장 큰 이유는 젬마가 뛰어난 예술가였기 때문이다. 젬마는 패션 디자인을 사랑했고 모델이 입고 있는 매우 복잡한 의상도 거뜬히 그려냈다. 내 수업 시간에는 다른 수업 시간에서처럼 폭발 직전의 화산이 아니었다. 매우 조용하고 바르게 행동했다.

아마도 나는 내가 젬마의 이런 폭풍우를 가라앉힐 수 있는 몇 안 되는 교사 중 하나라는 사실을 즐겼던 것 같다. 아무도 어찌할지를 모를 때 내가 젬마를 진정시키는 모습을 보고 동료들이 감탄하면 내심 우쭐했다. 게다가 젬마 베이커의 어떤 부분은 내 어린 시절을 생각나게 했다.

나는 강인한 여성의 본보기들에 둘러싸인 채 성장했다.

그리스 문화에서 가장 중요한 사람 중 하나는 성모 마리아다. 그래서 나는 항상 여성과 여성의 힘에는 커다란 가치가 있다고 느꼈다. 외할머니는 우리 가족의 여자 가장이었다. 오늘날까지 나는 외할머니보다 더 강인한 사람을 한 번도 보지 못했다. '트라하나' 수프 만드는 방법을 보여줄 때마다 외할머니는 언니인 플로라 할머니의 이야기를 들려주곤 했다. 플로라 이모할머니는 자신을 학대한 망나니 같은 남자와 50년 동안 결혼 생활을 유지했다. 그는 플로라 이모할머니의 이름을 부르지 않고 대신 '여자'라고 지칭했다.

"거기 여자, 커피 갖다줘. 거기 어자, 첵 건네줘."

외할머니는 느리게 혀를 찬 뒤 눈을 굴리며 하늘을 쳐다본 다음 앞치마 속에서 손을 꽉 쥐었다. 외할아버지도 그다지 나은 것은 아니었다. 우리는 자라면서 외할아버지를 많이 보지 못했다. 외할아버지는 세계를 여행했고, 외할머니는 남아서 가족을 부양하고 요리하고 청소했다. 키프로스에 있을 때 외할머니는 직접 기른 누에에서 뽑아낸 명주실로 정교한 레이스 세공을 하는 실력이 뛰어나 유명했다. 전쟁이 발발했을 때는 군대를 위한 낙하산을 만들기 위해 징집되기도 했다. 나는 외할머니가 자신의 기예를 이용해 인간의 생명을 유지할 수 있을 만큼 튼튼한 무언가를 만들었다는 사실이 항상 놀라웠다.

외할머니는 우리에게 니코키리아nikokiria, 즉 집안을 꾸려나가는 기술을 가르쳐주었다. 여자들이 음식을 준비하고, 설거지하고, 온갖 집안일을 하는 동안 남자들은 작은 휴대용 흑백 텔레비전 앞에 앉아 있었다.

"남자들은 왜 일을 안 해요?" 내가 궁금해서 외할머니에게 물었다.

"남자들은 우리가 하는 이런 일을 할 수 있는 머리를 가지고 있지 못하단다." 외할머니는 부당함에 대한 불평을 한 방에 날려버렸다.

나는 외할머니의 대답에 만족했다. 외할머니가 기대했던 대로 말이다. 나는 여성이 남성보다 더 우월하다고 확신하며 성장했다. 외할머니가 레이스를 짜다가 군인들의 낙하산을 만들 수 있다면(그것도 내내 가정을 꾸리면서), 우리 여성은 정말 세상 그 어떤 일도 할 수 있다고 굳게 믿었다. 외할머니는 이미 자기 딸에게 이런 '니코키리아'를 철저히 가르쳤다. 우리 어머니는 강철로 주조하더라도 더 강할 수 없을 만큼 강인했다. 아버지는 교회에서, 먹고살기에 턱없이 부족한 돈을 받아, 어머니가 주부와 가장 역할을 했다.

어렸을 때 어머니는 외할머니의 검은 머리가 희끗희끗해질 만큼 속을 썩였다. 가족의 야생마였던 엄마는 매일 학교로 출발해 모퉁이만 돌면 얼굴에 화장을 하고 허리 밴드를 접어 치마를 짧게 만들었다. 하지만 그리스 남부의 작은 마을에 살 때 외조부모님이 다니는 교회에 배속되어온 아버지가 어머니에게 빵과 포도주가 담긴 성배를 건네주다가 서로 사랑에 빠졌다. 아무도, 특히 외할머니와 외할아버지는 자신들의 딸이 조용히 한곳에 정착하리라 예상하지 못했다. 더군다나 교회의 목사와 함께 말이다. 이 시골 청년은 아마도 어머니와 같은 여자를 한 번도 만나보지 못했을 것이다. 어머니는 누구와도 논쟁을 벌일 수 있는 매우 거침없는 여자였다. 집에서 살림하며 살기를 거부했고, BBC에서 프로그램 관리자로 일해서 번 돈으로 우리는 빚을 지지 않고 살았다.

나는 어머니에게서 권위에 도전하는 법을 배웠고, 사촌들에게 내 권위를 세우는 법을 배웠다. 나는 자라면서 사촌 중한 명 이상에게 코피를 선사했다. 나는 어머니처럼 두려움을 몰랐다. 그리고 착한 그리스 소녀로 성장하기를 거부했다. 우리 가족은 내가 다루기 힘든 아이라는 사실을 잘 알았다. 아버지는 내게 우리 가족의 오랜 친구인 한 아저씨가 어릴 적 나를 보고 말썽꾸러기로 점찍었다는 이야기를 몇 번이나 들려줬다. 내가 마리아 언니와 장난감을 두고 싸우는 모습을 보고 그 아저씨가 아버지를 향해 고개를 흔들면서 경고했단다.

"저 아이, 마리아는 차분해. 어떤 문제도 일으키지 않을 걸세. 하지만 안드리아는 자네의 바다에 폭풍우를 일으킬 걸

세. 골치깨나 썩일 거야. 자네는 저 아이와 사사건건 부딪칠 거야." 그러고 나서 그는 두 손을 하늘로 치켜들었다.

학교에 다닐 때 나는 자신감 넘치고 인기가 많았다. 하지만 어렸을 때부터 사촌들과 드잡이했다는 건 내가 거칠고 억세다는 걸 의미했다. 그래도 선생님들은 나를 좋아했다. 학급에 새로운 아이가 전학오면 내가 잘 보살폈기 때문이다. 게다가 남들과 약간 다른 아이가 있으면 잘 챙겼다.

이브라힘 일진의 아버지는 캠던 지역에서 튀김 가게를 운영했다. 기름 냄새가 둥둥 떠서 마룻장을 지나 튀김 가게 2층에 있는 그들의 집에까지 올라가는 게 분명했다. 왜냐하면 이브라힘에게서 매일같이 기름 냄새가 났기 때문이다. 이브라힘은 배까지 올라오지 않는 갈색 바지와 허리 밴드까지 닿지 않는 작은 티셔츠를 입었다. 그래서 배꼽이 항상 틈 사이로 빼꼼히 보였다. 이브라힘은 친구가 거의 없는 외로운 소년이었다. 학교 운동장에서 라운더스rounders(영국에서 학생들이 주로 하는 야구 비슷한 경기_옮긴이)팀을 뽑을 때면 주장들이 팀원들을 선택하기 시작하자마자 바닥에 주저앉았다. 항상 자기가 맨 마지막으로 뽑힌다는 걸 잘 알았기 때문이다.

어느 날 체육 수업 시간에 선생님이 내게 주장을 맡겼다. 나는 아이들을 훑어보았다. 이브라힘은 아이들 사이에서 운동화 주변에 있는 잔디를 조금씩 뽑으며 조용히 앉아 있었다. 내가 이브라힘의 이름을 부르자 학급 전체가 술렁였다. "뭐라고?" 심지어 선생님조차 깜짝 놀랐다. 이브라힘이 잔디밭에서 너무 급하게 일어서는 바람에 바지가 살짝 내려갔다. 이브라힘의 엉덩이골이 살짝 드러나자 모든 학생이 크게 웃음을 터뜨렸다. 이브라힘은 아랑곳하지 않았다. 그가 맨 처음으로 선택된 유일한 순간이었다.

"매우 잘했구나, 안드리아." 에녹 선생님이 게임이 끝난 뒤 내게 말했다.

나는 다루기 힘들고 성질이 불같았지만, 아버지의 말은 항상 잘 들었다. 그리고 아버지는 내게 누누이 말했다. 친절은 인간의 가장 좋은 자질이라고.

나는 젬마에게 기대가 높았다. 젬마는 성공할 수 있는 능력이 있었다. 비록 제대로 읽거나 쓸 수는 없을지 몰라도, 만약 전념한다면 미술 과목에서 B등급을 받을 수 있었다. 그리고 공부에 집중하고 문제를 일으키지 않으면 예술대학에 갈 정도의 실력을 갖추고 있었다. 나는 젬마가 오직 내 교실에서만 기술을 연마하고 있다는 사실에 자부심을 느꼈고, 다른 교사들의 말은 잘 듣지 않지만 내 말은 잘 듣는다는 사실에 어깨가 으쓱하기까지 했다. 내가 이 아이의 삶을 바꿀 수 있을 거라고 확신했다.

"이건 정말 훌륭한데." 젬마가 집에서 가져온 스케치북을 보여주자 내가 말했다. 젬마는 항상 아름답게 디자인된 옷을 입은 패션모델들을 그렸다. "어떻게 하면 그림이 더 나아지는지 보여줄까?"

젬마는 내게 연필을 건넸고, 나는 치마 모양을 더 정교하게 그리는 방법을 직접 보여주었다.

"옷이 몸에 어떻게 걸쳐 있는지 잘 생각해봐." 내가 연필로 곡선에 덧그리기를 하며 말했다. "이제 어때?"

"우와! 선생님, 정말 훨씬 나아졌어요."

이런 시간에 젬마는 나와 잠깐씩 대화를 나눴고, 가정생활에 대해 조금씩 말했다. 양어머니에게는 돌봐야 할 친자식이 넷이나 있고, 작은 공영 아파트에서 비좁게 살았다.

"저는 집에 있고 싶지 않아요. 그래서 길거리에서 자주 시간을 보내죠." 젬마가 사실을 털어놨다.

나는 젬마가 걱정됐다. 수업 시간에 나는 젬마의 미술용품 폴더에 스케치북, 오일 파스텔, 연필, 수채화 그림물감 등을 채워 넣었다. 이렇게 하면 젬마가 힘을 낼 거라고 생각했다. 아마도 집에서 조용한 한쪽 구석을 찾아 그림을 그리든 길거리에서 멀어지든 할 거라고 여겼다. 지금 생각하면 상당히 순진무구한 생각이었지만 말이다. 나는 젬마가 나를 신뢰한다고 생각해 다른 교사와 말다툼을 벌일 때마다 자주 끼어들었다. 만약 그렇게 하지 않으면 젬마의 성질이 폭발해 나중에 후회할 만한 짓을 또다시 저지를까 봐 걱정되었다. 젬마는 말다툼하는 순간에는 분노를 통제하지 못했지만, 나중에 자기 행동을 후회했다.

교직 생활을 하면서 나는 행동 문제로 고생하는 많은 학생과 마주쳤다. 교사들은 자기감정을 통제하는 법을 배우는 것이 하나의 과정이고, 아이들에게 이 사실을 말로 설명하고 몸소 보여줘야 한다는 사실을 자주 잊는다. 감정 통제 능력은 타고나는 것이 아니다. 나는 내가 가지고 있는 전략들을 아이들과 공유한다. 내가 성질을 억제할 수 없을 것 같다고 느낄 때마다 사용하는 전략이다. 나는 이런 순간들에 관해 아이들에게 솔직하게 이야기한다. 그렇게 해야 아이들과 인간적으로 연결될 수 있다. 아이들은, 어른도 실수를 저지르고, 어른도 자신을 억제하느라 치열하게 싸우며, 어른도 이에 대처하는 전략을 배워야 한다는 사실을 알아야 한다.

"만약 누군가 무례하게 얼굴을 들이대고 소리를 지르면, 알파벳을 떠올린 다음 동물들의 이름을 알파벳순으로 생각해 봐. A는 ant(개미), B는 baboon(개코원숭이), 이런 식으로 말이야. 그들이 너를 그들의 시스템에서 내보낼 때까지 알파벳을 죽 훑는 거야. 그 사람이 친구든 선생님이든 상관없어. 신경 끄고 알파벳을 훑기 시작하는 거지. 그리고 동물을 몇 마리 생각해냈는지 보는 거야." 내가 젬마에게 말했다.

젬마는 고개를 끄덕인 다음 두 눈을 감은 채 이 방법이 어떻게 작동하는지 상상했다.

나는 모든 아이에게 이처럼 말한다. 이 방법이 매우 효과가 좋다는 사실을 알기 때문이다. 그리고 아이들이 약간 멍한 표정을 지으며 이 방법을 사용하는 모습을 본다. 이 방법은 학생들에게 숨 쉴 수 있는 공간을 마련해준다. 그렇지 않으면 아이들은 앞으로 자신을 배제되도록 만들 행동으로 그 공간을 채울 수도 있다. 이 방법은 아이들이 어리석은 행동을 하지 않게 막아준다. 하지만 어떤 아이들은, 교사가 얼마나 깊숙이 개입하는지와 상관없이, 자기만의 길을 갈 수밖에 없다.

젬마가 10학년이던 어느 날 오후, 하교 시간이 다 될 무렵 경찰관들이 학교로 찾아왔다. 교장 선생님과 교감 선생님 모두 자리를 비운 매우 드문 상황이었다. 그 당시 나는 8년 동안 교직 생활을 했고, 얼마 전 부교장 교사로 승진해 있었다. 그날 학교에 있는 중견 교사 중 한 명이었기 때문에 내 사무실 전화기가 가장 먼저 울렸다.

아래층으로 내려가니 제복을 입은 두 명의 경찰관이 기다리고 있었다.

"무슨 일이시죠?" 내가 물었다.

"학생 한 명을 만나러 왔습니다." 더 젊은 경찰관이 대답하고 나서 손에 든 수첩을 휙휙 넘겼다. "젬마 베이커요."

"왜 그러시는데요?" 내가 물었다.

"선생님은 모르셔도 됩니다." 그 경찰관이 대답했다.

펜을 쥐고 있던 주먹에 힘이 들어가 나도 모르게 꽉 쥐었다.

"글쎄요, 젬마는 이 학교에 다니는 학생이고, 학교에 있는 동안은 우리 책임 아래 있습니다. 그러니 무슨 일인지 알아야겠는데요." 내가 말했다.

그는 주말에 사건이 있었는데, 한 여자아이가 폭행당했다고 말했다. 그 여자아이가 폭행 사실을 경찰에 고발했는데, 가해자인 젬마가 우리 학교에 다닌다고 진술했으며, 경찰이 CCTV 영상을 발견했기 때문에 젬마를 경찰서로 데려가 심문하기 위해 찾아왔다는 내용이었다.

"젬마를 체포할 건가요?" 충격에 휩싸여 내가 물었다.

경찰관이 고개를 끄덕였다.

"하지만 아직 어린 학생인데요."

나는 프런트 안내원에게 젬마의 시간표를 확인해달라고 한 뒤 젬마가 어떤 수업을 듣고 있는지 알아냈다. 지리 수업이었다. 하지만 젬마가 달아나거나 또래 친구들 앞에서 굴욕감을 느끼는 일 없이 조용히 교실에서 나오게 하기는 힘들 거라는 생각이 들었다.

"젬마의 배경에 대해 말씀드려야 할 것 같네요." 내가 말했다. 나는 동료 교사 미리엄 선생님에게 전화를 걸어 우리와 함께 회의실에 가달라고 부탁했다. 회의실에서 나는 경찰관들에게 젬마에 관해 내가 아는 모든 것을 들려주었고, 젬마가 얼마나 힘겨운 삶을 살아왔는지 설명했다. 그러고는 젬마를 대신해서 호소하고, 그들에게 젬마가 아직 열다섯 살밖에 되지 않은 여자아이라는 사실을 상기시켰다. 어리석게도, 그렇게 하면 경고 수준의 처벌만 받고 해결되리라 생각했던 것이다. 하지만 경찰관들은 경찰서에 가서 직접 젬마를 심문해야 한다고 주장했다.

"하지만 그 아이는 미성년자예요. 여기 학교에서 선생님 중 한 명이 함께 있는 상태에서 심문하면 안 될까요?" 내가 애원했다.

경찰관들은 인내심을 잃어가는 것처럼 보였다. 한 경찰관이 공무집행 방해 행위에 관해 언급했다. 시간이 다 되어가고 있었다.

"젬마 양어머니에게 연락해서 여기로 오게 할 수도 있어요. 그분이 올 때까지 기다렸다가 젬마를 경찰서에 데려가면 안 될까요?"

경찰관들이 이 계획에는 동의하는 것처럼 보였다. 나는

수업을 듣고 있는 젬마를 데리러 갔다. 인문학 수업 구역에 도착해 출입문 밖에서 잠시 걸음을 멈췄다. 안을 들여다보니 젬마가 앉아 있었다. 무슨 일이 벌어질지 전혀 모른 채 평소처럼 산만한 상태였다. 나는 교실 출입문을 열고, 수업을 진행하던 선생님에게 교실 밖에서 젬마와 의논할 게 있다고 말했다. 젬마가 교실을 가로질러 나오자 교실에 있는 모든 아이가 고개를 돌려 젬마를 쳐다봤다. 우리 뒤에서 출입문이 닫히자 젬마는 혼란스러운 듯한 표정을 지었다.

"전 아무 짓도 안 했어요, 선생님." 젬마가 말했다.

나는 젬마를 데리고 내 사무실로 가서 문을 닫은 뒤 젬마에게 앉으라고 말했다.

"무슨 일이에요, 선생님?"

"옆 회의실에 경찰관 두 명이 와 있어. 그들은 너와……."

내가 미처 말을 끝마치기도 전에 젬마는 사무실 밖으로 뛰쳐나가 비명을 지르며 도망갔다. 나는 젬마를 따라 바로 자리를 박차고 뒤따라 나갔지만, 충분히 빠르지 못했다. 소란이 벌어진 소리를 회의실에서 들은 경찰관들이 밖으로 뛰어나오며 워키토키에 대고 뭐라고 말했다. 모든 선생님이 교실 밖으로 나와 도대체 무슨 소동인지 살폈다. 내가 피하고 싶었던 바로 그 상황이었다.

"젬마!" 내가 젬마를 뒤쫓으며 소리쳤다.

젬마는 경찰서에 끌려갈 수도 있다는 생각에 잔뜩 겁에 질린 채 여전히 복도에서 비명을 지르며 울부짖었다. 마치 덫에 걸린 야생동물처럼 눈을 커다랗게 뜬 채 겁에 질려 화를 냈다. 나는 조심스럽게 젬마에게 다가갔다. 젬마는 하얗게 질려 공포 어린 얼굴로 나를 쳐다봤다. 마치 공황 발작이 온 것처럼 과호흡 상태였다.

"젬마, 지금 양어머니가 이리 오고 계셔. 걱정하지 마. 경찰이 심문할 때 우리가 너와 함께 있을 거야. 여긴 안전해." 내가 이번에는 더 차분한 목소리로 젬마를 향해 양손을 내밀면서 말했다. 내가 위협적인 존재가 아니라는 사실을 알 수 있도록 말이다.

"경찰들이 저를 잡아가게 하지 마세요, 선생님. 제발 그들이 저를 잡아가게 두지 마세요." 젬마가 말했다.

일단 젬마를 진정시켜야 했다. 나는 젬마를 의자에 앉혔다. 그러고는 내게 집중한 뒤 호흡을 따라 하라고 했다.

"좋아, 나와 함께 숨을 길게 내쉬는 거야. 이렇게……."

젬마가 나를 따라 했다.

"그러고 나서 다시 들이마셔, 이렇게……."

젬마의 호흡이 진정되었다.

"무슨 일이 일어나든, 아무 문제 없을 거야. 우리가 여기 함께 있을게." 내가 말했다.

하지만 젬마는 내 어깨 너머로 제복을 입은 두 명의 경찰관이 다가오는 모습을 발견했다. 순식간에 내 모든 노력이 물거품이 되고 말았다. 젬마는 다시 자리에서 벌떡 일어나 소리 지르고 욕을 하며 복도 저편으로 도망갔다.

"아무 말도 하지 않을 거예요!"

"젬마, 진정하고 조용히 해. 그들은 단지 너와 이야기를 나누려는 것뿐이야." 나는 소리치며 젬마를 다시 따라잡으려고 했지만, 평소의 내 능력이 이번에는 통하지 않았다.

그들이 다시 워키토키에 대고 말하는 순간, 나는 그들이 이렇게 말하는 것을 분명하게 들었다. "용의자 발견."

그들이 젬마를 향해 걸어가더니 말했다. "우리와 함께 경찰서에 가야 해."

젬마는 세차게 고개를 저으면서 내게 매달렸다. 마치 이 폭풍우에서 내가 자신의 유일한 구명용품인 것처럼 내 팔목을 힘주어 꽉 잡았다. 경찰관들은 더 가까이 밀고 들어와 젬마를 붙잡고 팔을 등 뒤로 보내 쇠고랑을 채우려 했다.

"아직 어린 아이예요." 내가 눈물이 그렁그렁한 채로 애원했다.

하지만 그들은 내 말을 무시했다. 그들은 젬마를 끌어당겼다. 내 손목 안에서 뭔가 찢어지는 듯한 느낌이 들었다. 나는 비명을 지르고 싶은 충동을 억눌렀다.

"경찰들이 저를 잡아가지 못하게 해주세요, 선생님. 제발요, 선생님." 젬마가 애원하는 눈빛으로 말했다.

하지만 두 명의 경찰관은 우리 둘이 상대하기에 너무 강력했다. 나는 젬마를 놓치지 않으려 애썼지만, 그들은 너무 힘이 셌다.

"선생님!" 젬마의 마지막 울부짖음을 무시하고 그들은 젬마에게 수갑을 채운 뒤 학교 건물 밖으로 빠져나갔다. 그리고 현관 사이로 젬마의 양어머니가 그들이 출발하기 직전 경찰차 뒷좌석에 앉은 젬마 옆에 올라타는 모습이 보였다.

그날 밤 집에서 나는 남편 존에게 자초지종을 말했다. 그는 내 손목에 얼음주머니를 대주면서 내 말을 진지하게 들었다. 손목은 부풀어오르고 멍이 들어 있었다. 젬마의 손끝 자국이 희미하게 보였다. 우리 지역 보건의(병원이 아닌 지역 담당 의료기관에서 일반적인 진료를 하는 의사_옮긴이)는 손목 염좌라고 진단했다. 내가 느끼는 통증은 젬마에게 일어난 일에 대한 걱정에 비하면 아무것도 아니었다.

젬마는 다음 날 학교에 나오지 않았고, 그다음 날도 나오지 않았다. 젬마의 격렬한 성질 부리기와 분노 폭발이 없으니 학교 복도가 더 조용한 것처럼 느껴졌다. 좋은 일인지 안 좋은 일인지 모르지만 말이다. 그 후 젬마에게 무슨 일이 벌어졌는지 듣지 못했다. 다시는 젬마를 만나지 못했다. 교사로서 당연히 우리는 학생들에게 애착을 느낀다. 우리는 우리의 시간과 에너지를 학생들의 삶에 투자한다. 학교에 오는 아이 중 우리가 깊은 인상을 남기고 싶지 않은 아이는 단 한 명도 없다. 동시에 우리 직업의 중요한 부분은 아이들을 세상 밖으로 떠나보내는 것이다. 하지만 젬마와 같은 아이는 결코 잊을 수가 없다.

더 젊은 교사였을 때는 내가 세상을 바꿀 수 있다고 여겼다. 하지만 시간이 흐르면서 배운 가장 어려운 교훈 중 하나는 우리가 모든 아이를 구할 수는 없다는 사실이었다. 계속 앞으로 나아가는 수밖에 선택의 여지가 없지만, 이런 학생들과 그들의 경험은 교사에게 머무른다. 그리고 그들의 이야기는 교사의 마음속 안내서에 남아 교직 생활 내내 간직된다. 그렇지만 구하지 못한 한 명의 아이가 품에서 떠나갈 때, 우리의 관심이 필요한 다른 열 명의 아이가 자기 자리에서 우리를 기다리고 있다.

얼마 전 한 친구가 내게 만화 장면을 보내줬다. 어떤 어머니가 자신의 어린 딸에게 말했다.

"네가 성인이 되면 나는 네가 단호하고 독립적이고 의지가 강한 사람이 되면 좋겠어. 하지만 아이일 때는 네가 수동적이고 순응적이고 말을 잘 들으면 좋겠어."

이 만화를 보니 젬마가 떠올랐다. 그리고 젬마가 많은 상황을 헤쳐나가도록 도운 일들도 떠올랐다. 그게 가능했던 것은 아침 식사 클럽이나 학교 복도에서 마주칠 때 친근하게 수다를 떨면서 친밀감을 쌓았기 때문이다.

결국 젬마의 삶은 자기 경로로 흘러갔다. 나는 내가 모든 아이를 도울 수 없다는 사실을 받아들여야 했다. 하지만 아이들을 정숙하게 하는 정책은 우리가 아이들의 삶에 변화를 줄 여지를 허락하지 않는다. 이런 정책이 아이들에게 대학 또는 직장에서 상호작용하는 방법이나 취직 자리를 찾기 위해 분투하는 방법을 어떻게 가르칠 수 있겠는가? 만약 우리가 아이들에게 수다를 떠는 것이 잘못이라고 가르친다면, 어떻게 속마음을 털어놓겠는가?

내가 볼 때 학교에서 학생들이 수다를 떠는 이유는 그들이 우리를 신뢰하기 때문이고, 우리가 경찰관이 아니기 때문이며, 우리가 그들의 생각을 들어주기 위해 거기에 있기 때문이다. 우리는 이렇게 말함으로써 아이들이 대화를 시작하도록 도울 수 있다. "이것에 관해 생각해봤니?" 혹은 그들이 실수를 저지르고 있다고 솔직하게 말해주는 방법도 있다. 내가 젬마에게 했던 것처럼 말이다. 학생들이 수다를 떤다고 늘 질책하거나 조용히 한다고 상을 준다면 우리는 아이들과 이런 대화를 나눌 수 없을 것이다. 그러면 아이들은 자신만의 삶에 고립되어 있다고 느낄 것이다. 그리고 점점 더 혼자만 남겨졌다고 느낄지도 모른다.

8장

이민자 아이들이
안고 있는 위기

정부는 우리 아이들의 건강과 웰빙에
대해 알고 싶어 하지 않는다. 아이들이
매일매일 살아내야 하는 진짜 위기에
대해서도 알려고 하지 않는다.
그 대신 교육부 장관들은 시험 결과가
저조한 이유, 교사가 자신의 수행
능력을 향상하기 위해 할 수 있는 것들,
자원이나 예산이 잘못 사용되고 있는지
등에 대해서만 알고 싶어 한다.

우리의 공동체는 여러 문화가 역동적이고 다채롭게 뒤섞여 있다. 그리고 우리의 일상적인 교육은 (커리큘럼을 떠나) 우리 사이의 이런 문화적 차이점들을 포괄하는 동시에 학생들 사이에 상호 존중을 촉진하는 일에 주력하고 있다. 그리하여 학생들이 서로의 배경을 존중하고, 이에 관해 배우고, 항상 호기심을 가지도록 돕는다. 우리 학교의 달력은 기독교를 바탕으로 구성되어 있지만 앨퍼턴 공립학교 학생 중 오직 13퍼센트만 자신이 기독교인이라고 말한다.

우리 학교는 최소한 6개의 각기 다른 종교로 구성되어 있고, 각 종교는 자기만의 고유한 축제와 휴일을 기념한다. 힌두교의 디왈리 축제 기간에는 교직원과 학생 모두 거의 자리를 비우다시피 해, 출석률이 80퍼센트 정도 떨어진다. 그래서 우리는 이 시기에 학교를 열어야 하는지 자문하기 시작했다. 이런 현상은 '중요한 것은 학생들이 영국 문화를 얼마나 이해하느냐가 아니라, 교사들이 학생들의 문화를 얼마나 이해하느냐'라는 사실을 상기시켜준다. 학교에서는 내가 학생들을 가르치기보다 학생들이 뭔가 가르쳐줄 때가 더 많다.

학교에 근무하고 처음 몇 년 동안 나는 힌두교의 신과 여신들, 그리고 그들의 아름다움과 특색에 대해 배웠다. 어떤 해에는 GCSE 미술 과목 시험 주제가 '위와 아래Above and Below'였다. 이 주제 덕분에 우리는 하늘, 행성, 땅, 천국과 지옥 등의 소재를 탐색하는 일을 완벽하게 이해할 수 있었다. 많은 학생이 신과 여신들을 그리거나 고국에 있는 작은 사원들을 스케치했다.

학생들은 내가 별도로 시간을 내어 그들의 문화를 조금씩 공부할 때 매우 좋아했다. 내가 힌두교의 락슈미나 가네샤, 이슬람교의 마호메트, 아프리카 문화에서 가면이 가지는 중요성 등에 관해 이야기할 때마다 학생들은 두 눈을 반짝였다. 한번은 수업에서 점토로 직접 자기만의 가면을 만들어보기도 했다. 나중에 그 교실은 창문 옆 천장에 걸린 갖가지 가면들이 햇빛을 받으며 빙글빙글 도는 모습이 장관을 이루었다. 아이들은 어른이 자기들의 관심사를 알아줄 때 존재감을 느낀다. 어른들과 마찬가지다.

나는 자라온 환경 덕분에 이민자 공동체들에게는 자신들의 문화적 관습이나 종교적 관습을 유지하는 것이 얼마나 중요한지 잘 이해한다. 이는 이민자들이 자녀들에게 전달하고 싶어 하는 자기 정체성의 중요한 부분이다. 특히 고향에서 멀리 떨어져 있을 때는 더욱 그렇다.

그리스 문화에서는 사순절에 금식을 한다. 그렇지만 이슬람교도들이 라마단 동안 금식하는 것처럼 심하지는 않다. 나는 금식을 하기로 선택한 학생들에게 커다란 존경심을 품고 있다. 자기 약속을 엄격하게 지키느라 많은 학생이 해 뜰 때부터 해가 질 때까지 물 한 모금 넘기지 않는 경우도 있다. 하지만 이드(이슬람교도들이 금식을 끝내고 여는 축제_옮긴이)가 시험 기간과 겹치면 아이들의 성공에 지대한 영향을 끼칠 수 있다. 아이들이 2년여 동안 노력한 사실을 알면서 가만히 지켜보기란 힘들다. 학생들이 온실만큼 뜨거운 교실 안이나 섭씨 25도의 땡볕 아래에서 체육 수업을 받다가 기절하는 경우도 있다. 라마단 동안 학교 양호실은 복통이나 탈수로 인한 두통 때문에 고생하는 아이들로 북적거린다.

우리는 학부모들에게 전화를 걸어 아이가 물을 마시거나 무언가 먹도록 허락해달라고 애원한다. 하지만 대개 학부모들은 이미 그에 대해 아이들과 대화를 나눈 상태라고 말한다. 매우 엄격하게 규율을 지키는 것은 오히려 아이들 자신이

다. 학교에서 가장 고분고분하지 않은 남자아이들조차 종교
적 휴일 동안에는 훨씬 공손해진다. 하지만 몇 주만 지나면 다
시 싸움질과 난투가 시작된다. 그럴 때마다 나는 그 아이들에
게 마음만 먹으면 자기 자신을 통제할 수 있다는 사실을 보여
주지 않았느냐며 상기시킨다.

　　많은 이민자에게는 문화적 관습이 삶의 중요한 부분이
다. 하지만 주의 깊게 살펴보는 데 그치지 않고 적극적으로 개
입해야 하는 몇 가지가 있다.

　　아프사나 할릴의 가족은 아프가니스탄 출신이었다. 아
프사나는 성적이 평균 정도였지만, 그렇게 해나가기 위해 열
심히 노력했다. 아프사나는 7학년에 입학했다. 아마 지금으
로부터 14년 전일 것이다. 나는 처음 본 날부터 아프사나가
마음에 들었다. 아프사나는 숱이 많고 윤기가 흐르는 아름다
운 머리에 커다란 눈을 가진 소녀였다. 그렇지만 그 아름다움
밑에 화를 잘 내고 변덕스러운 십 대의 성향이 숨어 있었다.

　　어느 날 오전 수업이 끝나고 나서 내가 미술실을 정리하
는데 아프사나가 주변을 어슬렁거렸다. 그러더니 미술용품
보관함까지 뒤따라와서 소매를 만지작거리며 서 있었다. 뭔
가 하고 싶은 이야기가 있는 것 같았다.

　　"괜찮니, 아프사나?" 내가 선반에 그림물감을 집어넣으

며 물었다.

아프사나가 입술을 깨물었다.

"선생님, 선생님과 어떤 문제에 대해 의논하고 싶어요."

나는 아프사나가 양손을 꽉 움켜쥐고 있는 동안 기다리면서 아프사나의 어깨 너머로 누가 엿듣지 않는지 살펴봤다.

"아프사나, 무슨 문제라도 생겼니?" 내가 물었다.

아프사나는 평소에 생각을 또렷하게 표현하는 데 어려워하는 법이 없었다. 하지만 지금은 무슨 말을 해야 할지 찾느라 망설이고 있었다. 아프사나가 숨을 깊이 들이마셨다.

"선생님, 제가 어떤 남자아이와 사귀고 있어요. 그 아이는 파키스탄 출신이고 다른 학교에 다녀요. 그런데 저희가 섹스를 했어요……."

나는 그림물감을 내려놓았다. "안전하니, 아프사나? 예방 조치를 취했니?"

"네, 괜찮아요, 선생님. 그게 문제가 아니에요. 아버지가 제가 파키스탄 남자아이와 사귄다는 사실을 알고는 저를 병원에 데려가서 꿰매버리겠대요……. 아랫도리를요."

나는 잠시 안도했다. 부모들이 제멋대로 구는 십 대들을 통제하기 위해 사용하는 협박의 일종이라고 생각했다. 나는 손을 뻗어 아프사나의 어깨를 토닥였다.

"걱정하지 마, 아프사나. 실제로 그렇게 하실 순 없을 거야." 내가 말했다.

"선생님은 우리 아버지를 모르세요. 아버지는 화가 잔뜩 나서 저를 죽여버리겠다고 했어요."

쉬는 시간이 끝나기 전에 학생들이 미술실 앞에서 줄을 서면서 수다 떠는 소리가 들렸다. 우리에겐 대화를 나눌 시간이 충분하지 않았지만, 아프사나는 정말로 심각하게 걱정하는 것처럼 보였다. 나는 아프사나에게 점심시간에 내 사무실로 찾아오라고 말했다. 그때 차분하게 대화를 나누면 위험에 처할 일은 없을 거라고 아프사나를 이해시킬 수 있을 터였다.

"꼭 오겠다고 약속해." 아프사나가 다음 수업을 들으러 걸음을 옮기자 내가 말했다.

아프사나는 재빨리 고개를 끄덕였다.

아프사나가 찾아오기 전에, 나는 사무실을 함께 쓰는 생활지도 선생님 아네트와 잠시 이야기를 나눴다. 나는 그녀에게 아프사나가 그날 오전에 한 이야기를 들려줬다.

"걱정하지 말라고 했어요. 아버지가 실제로 그렇게 할 수는 없을 거라고……."

하지만 아네트는 고개를 설레설레 저었다.

"안드리아, 그는 그렇게 할 수 있고, 아마 그렇게 할 거예요." 그녀가 말했다.

"무슨 말씀이세요?" 내가 답했다.

나는 그때 처음으로 여성 성기 절제에 관해 들었다. 이는 어떠한 의학적 이유도 없이 여성의 생식기를 고의로 자르거나 손상하거나 변화시키는 수술을 의미했다. 이 수술에는 음핵를 제거하는 것, 음순을 자르고 위치를 옮기고 봉합해 질의 입구를 좁게 만들어 소변을 누거나 생리를 위한 작은 구멍만 남기는 것이 포함된다.

"여자아이들이 성생활을 할 수 없게 만드는 거지요. 결혼을 위해 여자아이를 보호하는 유일한 방법이라는 명목을 내세우면서요." 아네트가 말했다.

얼굴에서 핏기가 사라지는 느낌이었다. 바로 그 순간 아프사나가 사무실 문을 가볍게 노크했다. 내겐 전혀 생경한 이야기였다. 그토록 잔혹한 관행이 이루어질 수 있다고는 상상도 못 했다. 아프사나를 사무실에 들이기 전 몇 초 동안 아네트는 내게 마음을 가다듬으라고 속삭였다. 나는 겨우 정신을 차리고서 아프사나에게 앉으라고 손짓했다.

"아까 내게 말한 내용을 아네트 선생님에게 전부 다시 말해줄 수 있겠니? 우리는 네 아버지가 네게 무슨 말을 했는지 전부 알아야만 해." 내가 아프사나에게 물었다.

경력이 나보다 30년 더 많은 아네트는 어떤 질문들을 던져야 할지 잘 알았고, 이 열여섯 살짜리 여자아이가 아버지를 얼마나 두려워하는지 빨리 파악했다. 아프사나는 내게 해준 것보다 더 자세히 들려주었다. 아프사나의 아버지가 협박을 실제로 실행할지도 모른다는 사실이 드러나자, 아프사나의 이야기는 훨씬 더 중요해지고 염려스러워졌다.

우리는 아프사나에게 우리가 의논하는 동안 잠시 사무실 밖에서 기다리라고 했다. 아네트는 사회복지기관과 경찰이 개입해야 한다고 말했다. 나는 시니어 지도교사팀senior leadership team, SLT에게 연락을 취해야 한다고 생각했지만, 전화기를 들기 전에 잠시 망설였다. 연락을 취하면 아프사나는 그날 저녁, 아니면 이후 계속 가족이 있는 집으로 돌아가지 못할 터였기 때문이다.

그날 들은 이야기의 충격이 잘 가시지 않았다. 아프사나의 고백은 그 아이가 진심으로 믿을 수 있다고 생각하는 사람들 때문에 심각한 위험에 처해 있다는 사실을 의미했다. 이후 나는 이런 종류의 학대 행위가 얼마나 위험한지 신고해야만 하는 모든 전문가가 이와 똑같은 딜레마와 맞닥뜨릴 수밖에 없다는 사실을 알게 되었다. 문제를 해결하기 위해서는 아이를 자신이 알고 사랑하는 모든 것으로부터 떼어놓아야만 한다는 사실 말이다. 이런 관행이 가족 문화에 뿌리 깊이 배어 있어 부모들은 자신들의 행위가 얼마나 심각한지 인지하지 못한다. 하지만 그 순간에는 문제의 무게를 가늠해볼 여지가 없었다. 아프사나의 안전이 최우선이라는 생각에 전화기를 들었다.

우리는 이미 알고 있는 것들에서 안전함을 느낀다. 최소한 이민자 문화의 관점에서는 그러하다. 이미 알고 있는 것들 바깥세상은 위험과 미지투성이다. 이런 불안감은 공포를 낳는다. 어렸을 적에 나는 다양한 문화가 존재하는 런던에 살았다. 우리 가족이 매일 지나치는 수많은 얼굴 중에 우리와 비슷한 사람이 한 명도 없었다. 한편 그중 누구와도 사랑에 빠져서는 안 됐다. 매우 어렸을 적부터 나는 '훌륭한 그리스 여자아이는 커서 그리스 남자와 결혼해야 한다'고 배웠다. 나의 운명은 부모님 중 어느 한 명이 비행기나 보트를 타고 이 나라에 오기 전에 이미 확정되었다.

부모님은 절대 다른 사람들의 결혼에 왈가왈부하지 않았다. 단지 내게 기대하는 것만 확실하게 말했다. 어머니는 몸을 더럽히고 가족들에게 의절당한 여자아이들의 이야기를 명심하라고 했다. 나는 부모님이 노골적으로 말하기 전에 이미 직관적으로 이해했다.

나는 존을 헬스클럽에서 만났다. 그는 거기서 강사로 일하고 있었다. 당시 나는 대학교를 졸업하고 집에 돌아와 부모님과 함께 살고 있었다. 몇 개월에 걸쳐 우리는 서로에 대해 알아갔다. 덤벨 너머로 인사를 나누고 러닝 머신을 하며 서로 미소를 보냈다. 그 후 우리는 데이트를 했고, 나는 그가 사랑할 만한 사람이라고 생각했다.

짐바브웨 출신인 존은 영국에 온 지 몇 년밖에 되지 않았다. 그는 많은 이민자가 그렇듯이 더 나은 삶을 찾고, 돈을 벌어 고향에 있는 가족에게 보내기 위해 영국에 왔다. 그는 엄청난 책임감을 느끼고 있었고, 친척의 수도 많았다. 매주 그는 가진 돈을 탈탈 털어 고향에 보냈다. 그가 보낸 돈은 조카의 교육비, 엄마의 병원비, 집안 식구의 장례비, 혹은 전기요금으로 사용되었다. 나는 솔직해져야 했고, 존에게 진실을 털어놔야 했다. 내가 간절히 그의 손을 붙잡고 싶지만, 부모님은 그 손의 색깔이 잘못되었다고 여긴다는 사실을 말이다.

우리는 떨어져 지내려고 애썼다. 하지만 그것은 불가능했고, 우리는 4년 동안 비밀리에 연애했다. 그러던 중 나는 생리를 건너뛰었다. 다음 날 아침 일어나보니 존이 간밤에 내 손가락에 끼워놓은 반지가 반짝거리고 있었다.

부모님은 예상했던 대로 격노했다. 아버지는 아무 말도 하지 않았고, 어머니는 정말 많은 말을 했다. 어머니는 교회 사람들이 뭐라고 떠들어대겠냐며 큰 소리로 따졌다. 나는 그 사람들이 무슨 말을 하든 상관없다고 말했다.

"걱정하지 마. 언젠가는 노여움이 가라앉으실 거야." 존이 내 손을 꽉 잡으며 말했다.

아버지는 눈에 보일 정도로 크게 실망했다. 우리는 축복의 말을 들을 수 없었다.

9개월 뒤 첫째 딸 소피아가 태어났고, 그로부터 15개월이 지나 둘째 딸 안나 마리아가 태어났다. 시간이 흐르면서 아버지와 존은 친구가 되었다. 내가 항상 기대했던 대로 말이다. 하지만 결혼에 도달하기까지 10년이 더 걸렸다.

그날 오후 아프사나의 아버지가 아프사나를 데리러 학교에 왔다. 그때 아프사나는 밖에서 그를 기다리는 대신 우리 사무실에 앉아 있었다.

"선생님, 아버지가 계속 전화하세요." 아프사나가 휴대전화의 부재중 전화 기록을 보여주며 말했다.

"아버지에게 우리와 면담 중이라고 말씀드리렴." 나는 사회복지기관에서 대답을 듣기까지 시간을 벌기 위해 아프사나에게 둘러댔다.

몇 분 뒤 교감 선생님이 사무실에 도착했다.

"아프사나, 방금 네 아버지와 대화를 나눴어. 그리고 너는 오늘 아버지와 함께 집에 돌아가지 못한다고 말씀드렸어." 그가 부드럽게 말했다.

아프사나는 우리를 정신없이 번갈아 쳐다봤다.

"무슨 말씀이세요?" 아프사나가 말했다.

"아버지에게 네가 우리에게 해준 이야기를 전했어. 그러고는 가정에서 네가 안전할지 염려된다고 설명했어."

"하지만 전 안전해요……. 선생님이 말씀하셨잖아요. 그렇게 할 수 없다고요, 그렇게 하지 않을 거라고요."

교감 선생님이 말을 이었다. "아프사나, 경찰관과 사회복지사가 학교로 오고 있어. 우리는 너를 안전하게 지키기 위해 그들의 지시를 따를 거야."

하지만 아프사나는 이미 자리에서 벌떡 일어서서 출입문을 향하고 있었다. 교감 선생님이 선수를 쳐 아프사나의 앞을 막았다.

"우리는 이렇게 해야만 해." 내가 아프사나에게 말했다.

그제야 아프사나는 자신의 폭로가 지닌 무게를 완전히 깨달았다. 마침내 자신이 엄마와 아버지가 있는 집으로 갈 수 없다는 사실을 인지했다. 아프사나는 증오스럽다는 듯이 사무실에 있는 우리를 노려봤다. 나는 그 이유를 이해했다.

"아프사나, 넌 이 상황에서 빨리 벗어나야만 해. 네가 집에 간다면 그런 일이 벌어질 수도 있어. 내가 근무하던 학교에서 어떤 여자아이가 부모에게 성기를 절제당해 결국 사망했어. 감염 때문이었지. 그런 일이 네게도 일어나길 원하니?" 아네트가 냉정하고 단호한 목소리로 말했다.

아프사나는 슬픔에 잠겼다.

나는 아프사나의 손을 꽉 잡았다. 하지만 그 순간 아프사나에게 필요한 사람은 내가 아니라, 그 아이의 엄마라는 사실을 잘 알고 있었다. 그러나 아프사나의 엄마는 딸의 안전을 보장할 수 없었다. 나는 이 방법이 최선이라고 반복해서 스스로 되뇌었다. 하지만 한순간도 그렇게 느껴지지 않았다.

그날 이후 여성 성기 절제FGM에 관한 교직원 훈련이 학교들 사이에 더 일반화되었다. 우리가 배운 최초 경고 신호는 다음과 같았다. 어떤 여자아이의 성격에 커다란 변화가 생긴다. 더 과묵해지고 더 내성적으로 변한다. 화장실 사용 시간이 더 길어지거나 걸음걸이가 약간 달라지거나 뚜렷한 이유 없이 고열이 반복된다. 나는 FGM을 당했을지 모른다고 생각되는 여자아이들을 떠올리며 끔찍함을 느꼈다. 그 당시 무엇을 경계해야 할지 알았다면 얼마나 좋았을까. A등급을 받을 것으로 예상되던 여자아이들이 왜 연휴를 보내고 돌아와서 그렇게 시험을 망쳤는지 갑자기 이해되었다.

2017년에 아동 보호 자선단체NSPCC가 발표한 보고서에 따르면 브렌트 자치구는 FGM 사례가 런던에서 가장 많다. 2015년 4월에서 2016년 4월 사이 브렌트 자치구에서는 325건의 FGM 사례가 보고되었다. 버밍엄시와 브리스틀시 다음으로 영국에서 세 번째로 높은 수치다.

일부 이민자는 영국에 올 때 이 관습을 함께 가져왔다.

이 관습은 닫아건 문 뒤에서 비밀리에 지켜졌지만, 영국에서 이 시술은 30년 이상 불법이었고 현재도 불법이다. 이 문제는 문화의 문제가 아니라 안전의 문제다.

영국 내무부의 통계에 따르면 급진주의의 위험에 처한 사람들을 위해 만들어진 '프리벤트Prevent' 프로그램에 보고된 개인 중에서 학생이 가장 높은 비율을 차지한다. 이 프로그램을 받기 시작한 5,738명 중에서 33퍼센트가 학생이었다. 몇 년 전까지만 해도 학생들 사이 급진주의에 대한 걱정은 주로 이슬람 극단주의에 중심을 두고 있었다. 하지만 최근에는 극우주의에 동조하는 학생이 늘어났다. 이 사실은 정부에서 발표한 수치에도 나타나는데, 극우주의는 모든 급진주의 보고자 중 가장 높은 비율(45퍼센트)을 차지한다.

야쿠프는 이런 염려를 불러일으키는 남자아이였다. 나는 야쿠프가 신입생으로 입학한 7학년 때 그를 가르쳤다. 야쿠프는 학급에서 두드러져 보였다. 외모가 다른 학생들과 매우 달랐기 때문이다. 야쿠프는 피부가 새하얗고 눈동자가 파란, 폴란드 출신 이민자였다. 야쿠프는 지나치게 적극적이었다. 얼마 지나지 않아 나는 야쿠프가 끊임없이 관심을 갈구한다는 사실을 알아차렸다. 수업 시간에 큰 소리로 노래 부르고, 펜을 바닥에 떨어뜨리고, 항상 손을 들어 교사의 질문에 대답했다. 교사에게 귀여움을 받고자 하는 욕망은 그 나이 또래 남자아이들에게 어울리지 않았다.

처음에는 그런 행동이 그다지 심각한 경종을 울리지 않았다. 하지만 시간이 지나자 야쿠프의 자신감이 점점 더 고조되었다. 나는 야쿠프가 8학년 때 운동장에서 어린 구자라트 남자아이를 놀리는 광경을 목격했다.

"안녕, 야쿠프." 나는 모든 게 괜찮은지 확인하기 위해 그쪽으로 걸어가면서 말했다.

야쿠프는 즉시 그 남자아이를 놓아주었다.

"선생님, 재가 먼저 덤볐어요." 야쿠프가 인도 남자아이를 가리키며 말했다. 그 남자아이는 어리벙벙한 표정으로 흐트러진 목덜미의 깃을 수습하고 헝클어진 머리를 정돈했다.

나는 눈썹을 치켜올리며 두 아이를 각자 다른 방향으로 보냈다. 야쿠프가 걸어가는 모습이 눈에 들어왔다. 학교생활이 쉽지 않을 터였다. 우리 학교 같은 곳에서 자신과 비슷한 배경이나 문화적 신념을 가진 누군가를 찾기란 힘들 것이다. 그런 것은 아이가 고립감을 느끼게 만들 수 있다. 이런 환경에서 뛰어나게 잘해나가는 아이도 많지만, 어떤 아이들은 매우 힘들어하고 어떤 아이들은 결국 자신이 집에서 받는 메시지에 다다른다.

이민자 부모들은 영국에서 환영받는다는 느낌을 갖기

힘들 수 있다. 다문화 환경은 그 자체의 압박을 가한다. 어른들은 일자리를 구하기 위해 분투해야 하고, 어떤 고용주들은 자신과 같은 국적의 사람들을 고용하려 한다. 공급자들은 자신과 같은 국적의 사람들에게 판매하려 하고, 소비자들은 그들로부터 구입하려 한다. 돈이 온몸을 꽉 죄고, 긴장도 마찬가지로 숨통을 죈다. 집에서 우연히 들은 이야기를 운동장에 쏟아내는 것이 그리 놀랍지 않다. 하지만 교사로서 우리는 어떠한 인종차별주의나 심한 편견도 근절하고, 학생들에게 우리가 하나의 공동체라는 사실을 상기해야 할 의무가 있다.

야쿠프에게 가장 걱정스러운 점은 자신이 소수자인 학교에 다니면서 겁이 하나도 없다는 점이었다. 그때쯤 나는 승진해 SLT에 합류했고, 야쿠프가 수업 시간에 쫓겨났다거나, 벌컥 화를 냈다거나, 예측 불가능하다는 이야기를 자주 들었다. 또한 야쿠프는 점점 더 자신과 다른 피부색을 가진 학생들을 목표로 삼았다. 게다가 더 걱정되는 점은 야쿠프가 그 아이들에게 사용하는 언어였다. 야쿠프가 한 흑인 남자아이에게 원숭이라고 불러 한바탕 몸싸움이 벌어졌다. 그 남자아이가 야쿠프를 주먹으로 쳤다. 하지만 야쿠프는 전혀 뉘우치거나 부끄러워하지 않았다. 학부모에게 직접 말해야 할 상황에 이르렀다.

교사들은 항상 학부모들이 우리를 지지해주기를 바란

다. 결국 우리는 아이가 학교를 순탄하게 다니도록 돕고자 하는 것이다. 그렇지만 가끔은 어떤 학부모가 오히려 문제의 핵심인 경우도 있다. 그러나 그들을 교육하기 위해 우리가 할 수 있는 일은 별로 없다. 야쿠프의 부모는 이에 딱 들어맞는 사례였다. 많은 학부모가 그렇듯이, 그들은 온갖 듣기 좋은 말을 늘어놓았다. 집에서 아이의 태도에 관해 대화한다고 했다. 우리가 일반적인 공동체 학교라고 말할 때도 고개를 끄덕이며 수긍했다. 하지만 그들은 문제가 무엇인지 정확히 알지 못하는 게 분명했다. 야쿠프의 태도는 조금도 나아지지 않았다.

지난 몇 년 동안 교직원들은 신나치 극단주의를 적발하는 방법을 교육받았다. 우리는 학교 주변의 벽과 버스 정류장에서 스프레이로 그려진 나치의 갈고리십자가 표시를 점점 더 많이 목격했다. 심지어 학생들의 공책에 낙서로 그려진 경우도 있었다. 우리는 갑자기 머리를 삭발하는 학생을 주시하라고 교육받았다. 그 아이가 자기 자신과 학교 안 다른 아이들에게 위협이 되는 것만이 문제가 아니라 학교 바깥에서 나치 추종자 무리에게 모집될 위험도 있었다. 자기 종족을 찾고자 열성이고 사랑받기를 간절히 바라는 야쿠프 같은 남자아이들은 극우 극단주의자들에게 심리적으로 조종당할 위험이 컸다.

게다가 요즘에는 십 대들을 위한 안전한 공간이 점점 줄어들고 있다. 한때 십 대들에게 도움이 됐던 커뮤니티 센터와 프로젝트들은 더 이상 존재하지 않는다. 십 대들은 헬스 클럽에 가기에 너무 어리거나 돈이 충분하지 않다. 그래서 자기들에게 안전하지 않은 길거리나 공터를 배회하며 시간을 보낸다. 패거리에게 보호받을 수 있다는 유혹은 매력적으로 느껴질 수 있다. 특히 남자아이들은 이런 유혹에 가장 취약하다. 앞서 말한 '프리벤트'에 보고된 사례에서 남성은 87퍼센트를 차지한다. 남자아이들은 이런 패거리들이 가지고 있는 듯 보이는 자유, 즉 돈, 오토바이, 휴대전화 같은 것에 쉽게 유혹당할 수 있다. 이들은 남자아이들에게 보호해주겠다거나 아이들이 받아들여지는 공간을 제공하겠다고 제안한다.

극단주의 단체들이 아이들을 심리적으로 길들이는 방법은 섬뜩하다. 게다가 만약 이런 일이 학교 바깥에서 벌어진다면 교사가 할 수 있는 일은 거의 없다. 그 대신 우리는 교문안에서 이런 현상이 뚜렷해지는 것을 알아차리도록 훈련받는다. 그리고 야쿠프에게 그런 일이 벌어졌다. 야쿠프가 소말리아 출신 남자아이와 싸움을 벌였을 때가 절정이었다. 야쿠프가 그 아이의 부모가 유인원 종족이라고 말해, 그 남자아이는 야쿠프에게 주먹을 날렸다. 두 아이의 학부모가 모두 학교에 불려왔고, 두 아이는 정학을 당했다. 하지만 야쿠프의 부모는 아들이 그렇게 심한 처벌을 받는 이유를 이해하지 못했다.

"얻어맞은 쪽은 야쿠프입니다." 야쿠프의 아버지는 아들이 그 남자아이를 도발하기 위해 내뱉은 말의 심각성을 이해하지 못한 채 우리를 설득하려 애썼다.

야쿠프는 몇 주 뒤 학교로 돌아왔다. 그러나 몇 달 뒤 또 다른 사건이 벌어졌다. 인종차별적 발언을 서슴지 않는 것이 문제였다. 야쿠프에게는 내면에 깊이 뿌리내린 신념이 있는데, 그 신념을 바깥으로 꺼내지 않도록 통제할 능력이 없어 보였다. 야쿠프는 그러한 신념을 너무 확신한 나머지 다른 아이들이 자신을 집단으로 공격할지 모른다고 무서워하지도 않았다. 자기가 자신을 어떠한 위험 속으로 빠뜨리고 있는지 알지 못했다. 학교 차원에서 우리는 누군가 심각하게 다칠 수도 있다고 판단해 야쿠프를 '프리벤트'에 보고했다. 결국 야쿠프는 대안학교로 전학했다. 우리 학교를 떠난 후 야쿠프에게 무슨 일이 있었는지는 알지 못한다. 야쿠프의 사례는 기밀에 부쳐졌기 때문이다. 오직 '프리벤트' 프로그램이 야쿠프에게 도움이 되었기만을 바랄 뿐이다.

오늘날 교사라는 직업은 점점 더 다양한 방향으로 담당 영역이 확장되고 있다. 학생들에게 자신이 맡은 과목을 가르치는 것만이 전부가 아니다. 체육 교사들은 학생들이 운동복으로 갈아입을 때 신체적 학대를 당한 흔적이 없는지 눈여겨보라고 훈련받는다. 평소에는 보이지 않던 멍이 있지 않은지, 피부에 보라색이나 파란색 자국이 있지 않은지, 갑작스럽게 몸무게가 줄어들지 않았는지 말이다. 이런 신호는 아이들이 집에서 감당할 수 없는 문제에 처해 있다는 뜻이다.

그렇지만 정부는 우리 아이들의 건강과 웰빙에 대해 알고 싶어 하지 않는다. 아이들이 매일매일 살아내야 하는 진짜 위기에 대해서도 알려고 하지 않는다. 그 대신 교육부 장관들은 시험 결과가 저조한 이유, 교사가 자신의 수행 능력을 향상하기 위해 할 수 있는 것들, 자원이나 예산이 잘못 사용되고 있는지 등에 대해서만 알고 싶어 한다. 그들은 현장에 있는 교사와 학생들이 하루하루 어떠한 일에 대처하고 있는지 하나도 모르는 것처럼 보인다. 또한 평가 위주의 행정 편의적인 대처 방식이 현실과 얼마나 동떨어져 있는지도 모르는 듯하다.

9장

게임과 소셜미디어의
대혼란에서

소셜미디어 때문에 요즘은 아이들의
실수가 평생 따라 다닌다. 교사들은
학생들 침실의 왓츠앱이나 페이스북에서
시작되어 학교생활 속으로 쏟아져
들어온 갈등들을 해결하는 일에 점점 더
업무의 주요 시간을 허비하고 있다.

엄마 눈에, 에이든 모하메드는 절대로 어떤 잘못된 행동을 할 리가 없는 아이였다. 그녀는 에이든을 홀로 키우고 있었다. 에이든은 착한 이슬람교도 남자아이였다. 그는 엄마의 아들이자 (아버지가 없는) 그 집안의 가장이었다. 모하메드 부인은 아들에 대해 비판을 들어본 적이 거의 없었다. 학부모 모임 시간에 나는 그녀에게 에이든이 더 열심히 공부할 필요가 있다고 부드럽게 말했다. 하지만 그녀는 아들을 비판하는 말을 한마디도 들으려고 하지 않았다. 에이든은 엄마 옆 의자에 앉아 히죽히죽 웃고 있었다. 내 생각에 그녀는 아들에게 해를 입히고 있었다.

나는 에이든이 7학년일 때 처음으로 그녀의 집에 전화를 걸어 영어 숙제가 잔뜩 밀려 있고 수업 시간에 집중하지 않아, 에이든이 학업에서 뒤처질까 봐 걱정된다고 말했다.

"모두 그 영어 선생님 잘못이에요. 그녀는 제 아들을 너무 무례하게 대해요." 모하메드 부인이 내게 말했다.

마침내 전화를 끊고 나자, 그녀가 아닌 에이든의 목소리가 귓가에서 윙윙거렸다. 그녀는 에이든이 학교에서 돌아와 전하는 말을 무조건 받아들이고 있었다. 나는 점차 그녀에게 전화를 걸기가 두려워졌다. 5년이라는 긴 시간 동안 우리는 너무나 자주 의견 다툼을 벌였다. 에이든이 싸움에 휘말리면 항상 다른 학생의 잘못이라고 돌렸다. 에이든이 숙제를 제출하지 않으면 교사를 탓했다. 그러는 한편으로 우리는 학교에서 매일 에이든과 대화를 나누고 설득해보려 애썼다.

그러다가 에이든이 11학년이던 어느 날 모든 것을 바꿔놓는 전화를 받았다. 전화를 받자 모하메드 부인의 목소리가 들려 나는 즉시 얼어붙었다. 그녀의 아들은 여전히 태도가 불량했다. 수업 시간에 집중하는 법이 거의 없었고, 모든 과목에서 기대에 미치지 못했다. 게다가 아직 처리하지 않은 숙제가 산더미처럼 쌓여 있었다. 그런데 이번에는 수화기 너머로 들리는 그녀의 목소리가 다른 때와 달리 고분고분했다.

"선생님의 도움이 필요해요." 그녀가 말했다.

다음 날 모하메드 부인이 학교를 방문했다. 그녀는 내 사무실에 자리를 잡았다. 예전보다 더 연약해 보였다. 그녀는 무릎 위로 양손을 꽉 잡고 있었다.

"무엇을 도와드릴까요?" 내가 그녀에게 물었다.

"제 아들이 게임에 중독됐어요." 그녀가 말했다.

나는 잠시 그녀를 빤히 쳐다봤다. 수많은 학부모가 똑같은 말을 할 수 있을 터였다. 마음속으로 나는 그녀의 두려움을 없애줄 준비가 되어 있었다. 아들에게서 그것을 뺏으면 간단히 해결될 일 아닌가?

"에이든은 매일 학교에서 돌아와 아무것도 먹지 않고 바로 2층으로 올라가선 방문을 잠근 채 게임을 해요." 그녀가 말했다.

"하지만 숙제를 해야 할 텐데요. 왜 자기 방에 가는 걸 내버려두시죠?" 내가 말했다.

그녀가 아바야(이슬람 여성들이 입는 망토 형태의 의상_옮긴이)로 손을 감싸며 눈물을 흘리기 시작했다.

"제가 플레이스테이션을 뺏으려고 하면 에이든은 저를 공격해요. 그걸 돌려줄 때까지 마구 때려요. 어떻게 해야 할지 모르겠어요. 선생님의 도움이 필요해요. 제 아들은 게임 중독에 빠졌어요." 그녀가 말했다.

나는 잠시 할 말을 잃은 채 가만히 앉아 있었다. 이 사람은 지난 5년 동안 나와 수십 번 다툰 학부모였다. 내가 학교에서 아들을 통제할 수 있게 도와달라고 요청할 때마다 그녀는 냉정하게 거절했다. 하지만 지금 내게 도움을 구하고 있다.

이 여성은 태어난 뒤 죽 보호해온 사랑하는 아들을 두려워하며 살고 있었다. 그렇지만 나는 그녀가 절대 경찰이 개입하는 것을 원치 않으리라는 사실을 본능적으로 알았다. 그녀가 내게 온 이유는 그게 아니었다. 그녀는 단지 내가 자기 이야기를 들어주고 지원해주기를 바랐다.

"에이든은 게임 중독에 빠졌어요. 제가 플레이스테이션을 뺏으면 마치 헤로인을 뺏기는 마약 중독자처럼 굴어요." 그녀가 반복해서 말했다

"지역 보건의GP와 상담하셔야 할 것 같아요. 만약 에이든이 그렇게 행동한다면, 부인의 말씀대로 진짜 중독에 빠진 거예요." 내가 그녀에게 말했다.

하지만 그녀는 의사와 상담할 상태가 아니었다. 그래서 내가 직접 처리하기로 마음먹었다. 나는 교실에 있는 에이든을 찾으러 갔다. 에이든을 데려오자 에이든의 엄마는 겁에 질린 표정이었다. 의자에 앉은 에이든은 엄마가 자기 앞에서 안절부절못하는 모습을 보며 당혹스러워했다. 나는 에이든에게 엄마가 한 말을 그대로 들려주었다. 이야기를 듣고 나자 에이든은 수치스럽다는 표정으로 엄마를 쳐다봤다. 에이든이 느껴야 할 마땅한 수치심이었다.

"에이든, 게임기에서 벗어날 수가 없니?" 내가 에이든에게 물었다.

"전 중독되지 않았어요, 선생님." 에이든이 주장했다.

"정말?" 나는 에이든의 엄마를 다시 쳐다보며 말했다. "그렇다면 말해봐. 학교에서 집에 가면 무슨 일들을 하니?"

에이든은 자기 엄마가 한 말을 반복했다. 자기 방에서 플레이스테이션으로 게임을 한다고 했다.

"게임을 얼마나 오랫동안 하니? 그리고 엄마가 게임기를 끄라고 할 때 어떻게 반응하니?" 내가 에이든에게 물었다.

"제가 끄고 싶을 때 꺼요." 에이든이 갑자기 더 반항적인 태도로 말했다.

그 순간 나는 에이든의 엄마가 경험하는 폭력적 반항의 일부를 보았다. 학교에서 우리는 아이들에게 밤새 게임을 하도록 허용했을 때 어떠한 결과가 생기는지 자주 목격한다. 이런 아이들은 피로에 찌든 얼굴로 수업에 집중하려 안간힘을 쓴다. 혹은 또래 친구들에게 점점 짜증을 더 많이 낸다. 이들은 주변을 신경 쓰지 않은 채 하루를 보내고, 두뇌 속 보상 체계를 자극하는 것이 없으면 임무를 완수하지 못한다. 또 게임을 한 시간 더 하기 위해 숙제를 희생한다. 이 한 시간이 두 시간이 되고, 세 시간, 네 시간이 된다. 그동안 게임기가 어린아이의 두뇌 발달에 미치는 영향에 많은 염려가 제기되어왔다. 인간의 두뇌는 25세 때까지 완전히 성숙하지 않는다.

캘리포니아 주립대학교의 연구에 따르면 '포트나이트

Fortnite'와 같은 중독성 비디오게임은 어린아이들의 두뇌에 약물 남용이나 알코올 중독과 유사한 영향을 미칠 수 있다. MRI 스캔 결과는 두뇌의 충동적인 부분(소뇌에 있는 편도체 시스템)이 게임이나 소셜미디어를 하며 많은 시간을 보내는 사람들에게서 더 예민해질 뿐만 아니라 크기가 더 작아진다는 사실을 보여주었다. 이런 아이들은 발달 중인 두뇌를 도파민 분출로 넘치게 하고 있다. 수업이 이들의 주의를 끌지 못하는 것도 무리가 아니다. 게임과 비교하면 수업은 지루한 데다 속도까지 느리다. 이들은 더 큰 자극에 익숙해져 있다. 13~15세에 비디오게임을 과도하게 하면 나중에 약물을 남용할 우려가 더 커질 수도 있다. 하지만 부모들은 자녀가 밖에 나가 노는 것보다 2층 자기 방에서 게임기를 가지고 노는 것이 더 안전하다고 느낀다.

"네 인생을 가지고 뭘 하는 거니, 에이든? 넌 엄마를 폭행하고 있어. 네게 생명을 주고 가정을 만들어준 여성에게 말이야. 넌 자신을 부끄러워해야 해." 내 가슴 깊은 곳에서 목소리가 치솟았다.

그러자 에이든이 울음을 터뜨렸다. 양손으로 얼굴을 감싼 채 손바닥에 대고 코를 훌쩍이고, 셔츠 소매로 연신 눈물을 훔쳤다. 하지만 끝장을 보려면 아직 남았다.

"너는 올해 GCSE 시험을 치러야만 해. 매일 게임을 하며 밤을 새우는데 어떻게 시험을 치를 수 있겠니?" 내가 말했다.

아무런 대답이 없었다.

내가 말을 이었다. "엄마는 지금 당장 집에 가서 네 방에서 플레이스테이션을 꺼내 자동차 트렁크에 넣을 거야. 넌 매주 일요일 세 시간만 게임을 할 수 있어. 일주일에 한 번, 세 시간이야. 만약 이 결정을 따르지 않으면 네 GCSE 시험을 취소할 거야. 내 말 알겠니?" 내가 협박했다. 그것이 불가능하다는 사실을 에이든이 알 필요는 없었다.

에이든이 얼굴을 들어 올리더니 작은 목소리로 말했다. "네, 선생님."

어떤 이유에서인지, 때때로 학생들은 부모 말보다 교사의 말을 더 잘 듣는다. 이 두 사람을 위한 내 계획은 성공한 게 틀림없었다. 모하메드 부인에게서 더는 불평을 듣지 않은 데다가 에이든의 성적이 상당히 좋아졌기 때문이다. 비록 놓친 모든 공부를 따라잡을 만큼 충분히 좋아지지는 않았지만 말이다. 아마 나와 만나고 나서 에이든의 엄마는 아들에게 맞설 힘을 얻었을 것이다. 부디 그랬기를 희망한다.

내가 학부모에게 자기 자녀를 규율하는 법을 직접 보인 것은 이번만이 아니다. 많은 부모가 자녀의 양육 책임을 포기한 채 전자기기에 아이의 돌봄을 떠넘긴다. 심지어 어떤 부모는 이것이 잘하는 일이라고 확신한다.

루카스는 어떠한 숙제도 절대 제출하지 않는다는 면에서 에이든과 비슷했다. 학부모 모임 시간에 루카스의 엄마를 옆으로 불러 이 문제에 대해 말했다.

"전 당신의 아들을 좋아해요. 훌륭한 아이죠. 그런데 루카스가 숙제를 전혀 하지 않아요." 내가 말했다.

"글쎄요, 그 아이에게는 시간이 없답니다. 많은 시간을 게임에 쏟거든요. 현재 아이의 유튜브 채널 구독자가 4만 명이나 돼요. 사람들은 아이가 마인크래프트 게임에서 만든 디자인을 보고 감탄을 금치 못하죠. 심지어 이걸로 돈도 벌기 시작했어요." 그녀가 말했다.

루카스가 그녀 옆에 서서 고개를 끄덕였다.

"전 학교를 졸업하면 프로게이머가 될 거예요, 선생님." 루카스가 말했다.

루카스 옆에서 엄마가 다시 고개를 끄덕였다.

"정말 괜찮으세요? 전 괜찮지 않거든요." 내가 그녀에게 물었다.

"하지만 루카스는 게임을 특출나게 잘한답니다. 게임은 루카스의 미래예요." 그녀가 말했다.

나는 듣고 있는 말을 믿을 수가 없었다.

"하지만 몇 년 뒤 루카스는 시험을 치러야만 해요. 공부를 전혀 하지 않는데 어떻게 시험을 치를 수 있겠어요?" 내가 말했다.

그들을 설득할 방법이 없었다. 루카스의 엄마는 자기 아들이 게임 세계에 뛰어들었다고 생각했다. 루카스의 커리어는 이미 결정되었고, 그러니 학교는 중요하지 않았다.

나는 아이들이 학교 복도에서 방과 후에 무엇을 하며 놀지 계획을 세우는 소리를 듣곤 한다. 아이들은 야단법석을 떨며 학교 수업이 끝나고 한 시간 뒤 온라인에서 누구누구와 만날지 계획을 짠다. 자기 자녀가 집 밖에서 노는 것에 두려움을 느끼는 학부모가 많다. 그러면서 아이가 자기 방에 있으면 더 안전할 거라고 느낀다. 하지만 아이가 2층 자기 방에서 무엇을 하는지 학부모가 진짜 알고 있을까? 누구와 대화를 나누는지는?

오늘날의 십 대가 되고 싶은 사람이 누가 있을까? 내 중등학교 생활은 내가 오늘날 목격하는 모습과 매우 달랐다. 나는 소셜미디어의 영향을 받으며 자라는 두 딸(현재 열두 살, 열살이다)이 걱정된다.

나는 소셜미디어가 아이들의 학교생활에 얼마나 많은 영향을 미치는지 수업 시간에 직접 목격한다. 학생들의 스마트폰 사용에 대해 어떻게 느끼는지 전 세계 교사들에게 한번 물어보라. 아마 그들은 눈을 굴리면서 한숨을 쉰 다음 하늘을 쳐다볼 것이다. 왜냐하면 우리는 모두 스마트폰이 학생들에게 미치는 영향에 대해 몹시 화가 나 있기 때문이다.

내가 학교 다닐 때는 이런 걱정거리가 전혀 없었다. 그때 우리는 우리만의 작은 우주에서 스타가 아니었다. 우리는 인스타그램, 페이스북, 스냅챗, 혹은 틱톡에 프로필을 만들지도 않았다. 이것들이 존재하지 않았기 때문이다. 유명 인사는 우리가 매주 어머니, 아버지와 나란히 앉아 함께 즐기던 쇼 〈톱 오브 더 팝스Top of the Pops〉에서나 보는 사람들이었다. 스타들은 우리 침실 벽을 뒤덮은 포스터에나 존재했다. 브로스, 듀란 듀란, 그리고 우리 집에서는 조지 마이클이었다. 그가 그리스 출신이기 때문이었다. 우리는 시트콤 〈더 프레시 프린스 오브 벨 에어The Fresh Prince of Bel Air〉의 주인공이나 드라마 〈이스트엔더스EastEnders〉에 나오는 누군가가 되기를 열망했다.

나는 스포츠를 좋아해, 내가 다니던 여자중학교에 있는 모든 팀에 가입했다. 나는 스스로 채찍질했고, 땀을 뻘뻘 흘리면서 축구공을 드리블하며 경기장을 누볐다. 외양이 어떻게 보일지 전혀 개의치 않은 채, 상대 팀을 이기는 일에만 집중했다. 얼굴을 더 예쁘게 만들기 위해 사진을 조작할 필요도 없었다. 유튜브에서 메이크업 강좌를 보며 몇 시간씩 보내지도 않았다. 요즘 아이들과 같은 방식으로 자기 외모에 관해 격정하지 않았다. 엉덩이가 너무 작거나 가슴이 충분히 크지 않다고 일깨우는 킴 카다시안도 없었다. 또한 멋져 보이게 만들어주는 온갖 물건을 살 돈이 없다고 낙담하지도 않았다. 하지만 요즘 아이들은 '완벽함'이라는 개념에 항상 노출되어 있다.

우리에게는 개인 전화가 없었다. 그 대신 집 전화를 온 가족이 공유했다. 만약 운이 좋다면 2층 침실까지 닿을 수 있도록 전화 연장선이 있었다. 우리의 정신은 소셜미디어 인플루언서들에게 장악되지 않았다. 이들은 우리에게 더 자신감을 심어주겠다면서 정작 다른 모든 사람과 똑같아 보이게 만드는 방법을 알려준다. 그리고 '팔로워'나 '좋아요'가 매우 많지 않기 때문에 자신이 가치 없는 사람이라고 느끼게 만든다. 예전에는 '완벽함'이라는 하나의 개념이 존재하지 않았다. 완벽한 존재가 될 수 있는 수천 가지 방법이 존재했다.

우리는 손톱에 아크릴을 붙이지 않았고, 입술에 필러를 넣지도 않았다. 우리는 남자 친구를 얻기(혹은 지키기) 위해 포르노 스타처럼 행동해야 한다고 생각하지도 않았다. 건강을 유지하기 위해 운동했지, 식스팩을 얻기 위해 운동하지 않았다. 게다가 요즘처럼 학교에서 공부를 잘해야 한다는 압박도 없었다. 들어야 하는 과목 수는 같았지만, 시험 분량은 요즘의 3분의 1밖에 안 됐다.

나는 부모님이 나에 대해 걱정할 필요가 없었던 방식으

로 내 딸들에 대해 걱정한다. 매주 학부모들에게 아이들이 전자기기와 보내는 시간을 추적 관찰해야 한다고 말한다. 하지만 정작 나 자신도 자녀 교육에서 항상 그렇게 하지 못하고 있음을 잘 안다. 나는 딸아이들에게 규칙을 정해주었다. 밤 7시 전에 아이패드를 사용하면 안 되고, 밤 9시가 되면 모든 전자기기를 꺼야 한다. 하지만 때때로 나는 내 스마트폰을 가지고 일하느라 바빠서 밤 10시가 되어야 겨우 아이들에게 잠자리에 들라고 말하곤 한다. 자녀에게 비디오게임을 허용한다고 학부모를 비판하거나, 그들에게 얼마나 자주 스마트폰을 들여다보는지 물을 때, 가끔 나 자신이 위선자처럼 느껴진다. 우리가 가족 시간을 즐기기로 정해놓은 시간에 얼마나 자주 남편이 스마트폰을 다른 곳에 두라고 일깨우는지 생각하면 말이다.

　　모든 부모에게는 해야 할 일이 있고, 모두 기진맥진한 채로 집에 돌아온다. 게다가 요리도 하고 청소도 해야 한다. 그리고 모두가 수월한 삶을 원한다. 하지만 우리가 아이들과 함께 앉아 시간을 보내는 대신 전자기기를 건네며 아이에게 만족감을 선사할 때, 그 전자기기가 아이들의 두뇌에 무슨 짓을 벌이고 있을지 생각하면 아찔하다. 나는 아이들이 플레이스테이션을 사달라고 하는 날이 올까 봐 두렵다. 게임이 마약보다 더 중독성 강하다는 사실을 알기 때문이다.

십 대였을 때 나는 어머니 스마트폰의 뒷면이 아닌, 어머니의 얼굴을 봤다. 나는 어머니의 관심을 받았기 때문에 내가 사랑받고 있고 안전하고 자신감 넘친다고 느꼈다. 어머니의 관심을 두고 전자기기와 경쟁할 필요가 없었다.

어렸을 적 나는 자전거를 타고 종일 싸돌아다니다가 배가 고프거나 무릎이 까져야만 집에 돌아왔다. 아이들이 바깥에서 신선한 공기를 쐬는 것보다 자기 침실에 있는 것이 더 안전하다면, 우리는 아이를 어떻게 키워야 할까?

어린 시절은 잊어버려라. 오늘날 누가 부모 노릇을 하고 싶겠는가.

라히바 바티는 10학년 때 우리 학교에 혜성처럼 나타났다. 라히바는 거침없는 열다섯 살 여자아이였다. 어떤 일도, 어떤 누구도 전혀 두려워하지 않는 것처럼 보였다. 게다가 자기 태도를 뒷받침해주는 거친 입을 가지고 있었다. 라히바는 '관리 전학managed move'이라고 불리는 절차에 따라 우리 학교로 전학을 왔다. 이 말은 이전 학교에서 심각한 문제가 있었다는 뜻이다. 그렇지만 깨끗한 경력으로 새 출발할 기회를 주기 위해, 우리는 매우 기본적인 사실을 제외하고 라히바에 관해 많은 사실을 듣지 못했다.

라히바는 머리카락을 전부 끌어올려 머리 꼭대기에 동

그렇게 말고, 사이사이 젤을 발라 머리카락 한 가닥도 흐트러지지 않게 했다. 라히바는 학교 로고가 하나도 없는 검은색 니트 점퍼와 치마를 입었다. 그리고 교문을 통과할 때만 넥타이를 맸다. 라히바는 남자아이들과 어울리는 것을 더 좋아했고 같은 학년에서 누가 우두머리 수컷인지 금세 간파해 그들에게 쭈뼛쭈뼛 다가갔다. 라히바가 추파를 던진 남자아이들의 여자 친구들은 머리끝까지 화가 났다. 하지만 라히바는 전혀 개의치 않는 듯했다. 그렇게 해서 이전 학교에서와 마찬가지로 매우 빠르게 앨퍼턴 공립학교에도 적이 생겼다.

라히바는 등교 첫날부터 곤경에 처했다. 아이들에게 섞여들려 노력하지 않았다. 오히려 아이들 사이에서 두드러지는 것을 목표로 삼았다. 어떠한 두려움도 없었고, 그 무엇도 라히바가 입은 갑옷을 부술 수 없을 것 같았다. 그랬기 때문에 어느 날 오후, 모든 수업이 끝나고 한참 지났을 때 라히바가 교실 밖에서 서성거리는 모습을 발견하고 깜짝 놀랐다.

나는 문밖으로 머리를 내밀었다.

"늦게까지 있구나, 라히바. 내게 하고 싶은 말이 있니?" 내가 물었다.

라히바는 몸을 돌린 다음 나를 위아래로 살폈다.

"아뇨, 제가 왜 선생님과 얘기하고 싶겠어요?" 라히바가 어깨를 으쓱했다.

나는 아무런 반응도 하지 않고 돌아와 채점 작업을 계속했다. 하지만 10분 뒤 라히바가 출입구에 나타났다. 라히바는 시선을 떨군 채 젤 매니큐어 바른 손톱을 씹고 있었다.

"아무 문제 없는 게 확실하니?" 내가 물었다.

라히바는 아무 말도 하지 않았다. 하지만 자리를 떠나지도 않았다.

"라히바, 뭔가 곤경에 처한 거니?"

라히바는 아무 말 없이 고개를 끄덕였다. 거침없는 여자아이가 이렇게 불안해하는 모습을 보이는 일은 흔치 않았다. 뭔가 심각하게 잘못된 게 분명했다. 나는 라히바를 안으로 불러들여 의자에 앉으라고 했다.

"무슨 일인지 말해줄 수 있니?" 내가 물었다.

일단 이야기를 시작하자 라히바는 어떤 것도 감추지 않았다. 라히바는 이전 학교에서 있었던 일의 전모를 이야기했다. 집이 싫었고, 아버지가 엄마에게 함부로 말하는 게 싫었고, 엄마가 아버지에게 맞서지 못하는 것도 싫었다. 그래서 최대한 집에서 시간을 적게 보냈다. 그러다 보니 길거리에서 질 나쁜 무리와 어울리게 됐다.

한 그룹의 남자아이들이 돌아가며 라히바에게 성적인 행위를 요구했다. 라히바는 갈 곳도 없었고, 자기 자신에 대한 존중감도 거의 없었다. 그렇다면 그들이 자기에게 무슨 짓을 하든 무슨 상관인가? 적어도 라히바는 그렇게 느꼈다. 하지만 한 남자아이가 라히바에게 알리지 않은 채 동영상을 촬영해 라히바의 성적 행위를 담은 영상이 학교 전체에 돌았다. 라히바는 과거에서 탈출하기 위해 전학을 갈 수밖에 없었다. 특히 그 남자아이의 여자 친구에게는 패거리가 있었는데, 모두 라히바를 손보고 싶어 안달이었다.

"제가 여기 다닌다는 사실을 알아낸 패거리가 지금 교문 밖에서 기다리고 있어요. 걔들이 저를 죽일 거예요, 선생님." 라히바가 설명했다.

온갖 엄포와 허세 뒤에 숨겨진, 겁에 질린 취약한 라히바의 본모습을 처음으로 보았다.

나는 워키토키로 보안팀에 연락했다. 그들에게 밖에 나가서 라히바를 기다리는 패거리가 보이는지 슬쩍 확인해달라고 부탁했다. 다른 학교 여자아이 패거리 꽤 여러 명이 버스 정류장 옆에서 기다리고 있다는 연락이 왔다. 나는 경찰에 연락해 그들을 이동시킬 수 있는지 알아봐달라고 말했다. 하지만 라히바가 학교에서 나갈 방법이 없었다. 내 사무실에서 기다리던 라히바는 내 책상을 불안정하게 이리저리 살피다가 딸아이들의 사진에 시선을 멈췄다.

시간이 하염없이 흘러갔다. 5시…… 6시…… 7시. 경비원은 교문을 잠그고 싶어 했다. 나는 라히바의 부모와 접촉해 라히바를 데려가게 하려고 애썼지만, 아버지는 일하러 나가고 엄마에게는 차가 없었다.

"어쩔 수 없이 내가 너를 집에 데려다줘야겠다." 내가 말했다.

나는 교장 선생님에게 전화를 걸어 허가를 받았다.

우리는 어둠 속에서 주차장을 가로질러 걸어갔다. 나는 이쪽저쪽을 두리번거렸다. 거의 라히바만큼 불안에 떨고 있었다. 차에 무사히 도착해 얼른 차 문을 잠갔다. 시동을 걸자 라히바는 아무도 창문을 통해 자신을 발견할 수 없도록 뒷자리에 몸을 파묻었다. 우리는 무사히 교문을 빠져나왔다.

그것이 안전을 위해 학생을 집까지 직접 데려다준 첫 사례는 아니었다. 매일같이 우리 학교 학생들은 인근 학교에 다니는 깡패 패거리의 협박에 시달리며 살아간다. 한번은 두건을 두른 성인 남자 패거리가 우리 학생 중 한 명을 찾으러 우리가 체육 시간에 사용하는 공원을 급습한 적도 있다. 다행히 교사들이 그들과 학생들 사이에 서서 아이들이 피해를 보지 않도록 막았다.

또 한번은 방과 후에 깡패 패거리의 습격이 있을 거라는 소문이 돌았다. 우리가 학생들이 안전하게 버스에 타는 모습을 지켜보는 동안 한 그룹의 십 대가 오토바이를 타고 나타났다. 그러더니 허리에 두른 쇠사슬을 풀기 시작했다. 내가 할 수 있는 것은 학생들을 버스에 몰아 넣은 뒤 경찰 사이렌 소리가 그들을 강제로 해산시킬 때까지 기다리는 수밖에 없었다. 때때로 나는 아이들이 집에 안전하게 도착하는 것을 확인하기 위해 학생들과 함께 버스를 타기도 한다. 라히바는 내가 매일 차로 지나다니는 공영주택 단지에 살고 있었다. 우리는 신형 혼다 시빅을 타고 그 거리로 들어갔다. 나는 이 집들과 거기에서 떠나지 않는 가난에 대해 잘 알았다. 우리가 차에서 내리자 한 무리의 어린 소년이 BMX 자전거를 탄 채 모여들었다. 아이들은 합금으로 된 검은색 스포일러를 보고 침을 삼켰다.

"이쪽이에요, 선생님." 라히바가 어깨를 뒤로 젖히고 가슴을 앞으로 내밀면서 말했다. 예전의 가짜 자신감이 다시 돌아온 라히바가 미궁 같은 거리를 통과해 자기 집 현관문까지 나를 안내했다. 라히바의 엄마가 현관문을 열어주었다. 체구가 작고 젊은 여성이었다. 머리에 히잡을 쓰고 최신 운동화를 신고 있었다. 그녀는 영어를 거의 할 줄 몰랐지만 나를 따뜻하게 맞아주었다. 그리고 딸이 안전하게 도착한 것에 깊이 안도했다. 그녀는 나를 말쑥하고 깨끗한 거실로 안내했다. 거실 바닥에는 페르시아산 카펫이 깔려 있고, 형형색색의 실로 새겨진 코란 경구 액자가 벽에 걸려 있었다. 라히바의 아버지는 콜택시 운전사로 일했다. 내가 방문했을 때는 돈을 벌기 위해

나가고 없었다.

라히바의 엄마는 작은 받침 위에 놓인 유리 찻잔과 과일, 비스킷 접시가 담긴 은색 쟁반을 들고 왔다. 그녀는 차를 따르면서 내게 앉으라고 권했다. 서툰 영어로 그녀는 딸을 얼마나 걱정하는지 설명했다. 안전하게 돌아온 라히바는 퉁명스럽게 딱딱대며 엄마의 걱정을 무시했다. 하지만 나는 엄마가 어떤 일을 겪어왔을지 알 수 있었다. 딸이 새출발하기를 얼마나 간절히 원할까. 떠나면서 나는 그녀의 손을 잡았다.

"걱정하지 마세요. 제가 아침에 라히바를 태워가고, 매일 밤 데려올게요." 내가 말했다.

"고맙습니다, 고맙습니다." 그녀가 말했다.

매일 아침 라히바는 내가 차를 댈 때 현관문 밖에 나와 있었다. 나는 학교까지 함께 왔다 갔다 하면서 라히바에 대해 더 잘 알게 됐다. 그래서 의도치 않게 끌려들어간 삶에서 빠져나오라고 설득했다. 인생에는 또 다른 길이 있다는 사실을 깨닫도록 도우려 애썼다.

"입 다물어야 할 때를 알아가는 게 중요해, 라히바. 항상 네 입이 너를 곤경에 빠뜨리잖아." 내가 말했다.

"저도 알아요, 선생님." 하지만 학교에서 집으로 돌아가는 동안 라히바는 매일 그날 다른 학생들과 벌인 시시한 언쟁과 단편적인 사건들에 대해 떠들어댔다.

라히바의 미래를 내가 결정할 수는 없었다. 어떤 면에서는 라히바가 결정할 수 있는 일도 아니었다. 나는 라히바에게 일주일 동안 택시 서비스를 제공했다. 하지만 그 일주일이 끝날 무렵 학교 측은 라히바를 이전 학교로 돌려보내기로 결정했다. 라히바가 일으키는 문제들 때문만이 아니었다. 다른 학교 학생들에게 반감을 사서 우리 학교 다른 학생들을 위험에 빠뜨렸기 때문이다. 매일 교문 밖에 패거리들이 기다리고 있다면 다른 학생들에게도 위험 요소가 될 수밖에 없었다.

라히바의 엄마는 라히바가 학교에 나오는 마지막 날 고마움을 표하기 위해 나를 방문했다. 그녀와 포옹하면서 나는 그녀의 상실감을 느낄 수 있었다. 그녀가 간절히 원한 라히바의 새 출발이 실현되지 못한 것에 대한 아쉬움이었다.

"최선을 다했어요." 그녀가 말했다. 하지만 나는 라히바와 나 중 누구를 가리키는지 확신할 수 없었다.

이후 라히바에 대해 한 번도 듣지 못했다. 라히바는 자기 삶의 방향을 바꾸는 데 성공했을까? 누가 알겠는가.

소셜미디어 때문에 요즘은 아이들의 실수가 평생 따라다닌다. 교사들은 학생들 침실의 왓츠앱이나 페이스북에서 시작되어 학교생활 속으로 쏟아져 들어온 갈등들을 해결하는 일에 점점 더 업무의 주요 시간을 허비하고 있다. 소셜미디어가 아이들에게 좋지 않다는 결론을 내리지 않기가 힘들다. 2017년에 영국의 대중건강을 위한 왕립학회와 청소년건강운동협회가 연합으로 실시한 조사에 따르면 소셜미디어는 14~24세 젊은이들에게 불만과 불안감을 증가시킨다. 차일드라인Childline(영국의 19세 이하 어린이 및 청소년을 위한 상담 서비스_옮긴이)은 사이버 폭력에 관련된 상담 전화가 87퍼센트 증가했다고 보고했다.

예전에는 작은 말다툼이 운동장에서 끝나고 다음 날이면 잊혔지만, 요즘에는 이런 말다툼이 아이들과 함께 집으로 가고, 아이들의 침실에까지 들어간다. 모두 소셜미디어 때문이다. 탈출할 방법이 없다. 굳이 통계를 들먹이지 않아도 소셜미디어가 요즘 아이들에게 나쁜 영향을 미치는 것은 자명하다. 나는 매일 교실 안에서 이런 현실을 목격한다. 라히바와 비슷한 사례에서부터 여자아이들이 온라인에서 안전하지 않은 이미지에 노출돼 자해를 저지르는 사례들에 이르기까지 말이다. 교사들은 이미 매일매일 대처해야 할 일이 차고 넘친다. 하지만 교사가 아니라면, 과연 누가 요즘 십 대들이 소셜미디어의 대혼란을 헤쳐나가도록 도울까? 과연 누가 이런 전자기기들의 위험성, 전자기기들이 일으킬 수 있는 피해, 그리고 그러한 문제에 대처하는 방법에 관해 설명해줄까?

대부분 아이는 자기 전자기기를 뺏기는 위험을 감수하는 대신, 이런 문제들을 숨기려고만 한다. 사회는 이 아이들

에게 거대한 짐을 떠넘기고 있다. 손으로 만질 수 없는 무언
가, 눈으로 볼 수 없는 무언가를 바로잡는 일은 불가능하게 느
껴진다. 하지만 소셜미디어의 영향에 대처하는 일은 교사에
게만 달려 있지 않다. 특히 교사들이 이미 매우 압도되어 있는
지금은 더욱 그러하다.

10장

다른 교사를
평가하는 일의 괴로움

그 어떤 대화도 동료에게 당신들이
실패하고 있고 당신들의 수업 수준이
훌륭하지 않다고 말하는 것만큼
힘들지는 않았다. 그런 대화는 정말이지
절대 하고 싶지 않았다.

많은 교사에게 교직은 단순한 직업이 아니라 하나의 소명이다. 정말 중요한 곳에 변화를 일으키고 싶은 바람, 다음 세대를 양성하는 일에 보탬이 되고 싶은 소망, 자신이 아이에게 불어넣은 가치와 기술들이 파급효과를 일으켜 사회 전체에 더 큰 변화를 가져오는 모습을 보고 싶은 기대를 가지고 있다. 하지만 교직이 모두에게 적합한 것은 아니다. 게다가 교직에 대한 일반적 인식과 현실 사이에는 현격한 차이가 있을 수 있다.

2009년 앨퍼턴 공립학교에 임용된 마틴 뉴턴은 막 자격을 취득하고 입문 과정을 이수 중인 신규 교사(Newly Qualified Teacher, NQT)였다. 그는 과학 과목을 가르쳤다. 자신이 가르치는 과목에 대한 그의 열정은 학생들을 감화시켰다. 학생들은 그를 사랑했다. 그의 수업을 오가는 아이들은 항상 웃음이 넘쳤고 에너지가 가득 차 있었다. 마틴은 뛰어난 교사가 될 터였다. 하지만 뭔가 허전했다. 한 그룹의 GCSE 과정 학생들이 그게 무엇인지 알려주었다. 어느 날 점심시간에 아이들이 운동장에 있는 내게 다가왔다. 그중 가장 키가 크고 가장 용감한 아이가 말했다. "선생님, 의논드릴 게 있어요."

"무슨 문제라도 있니?" 내가 물었다.

"네, 뉴턴 선생님 때문이에요……. 저희는 뉴턴 선생님을 좋아해요. 정말 좋은 선생님이잖아요? 하지만 아무것도 배우지 못하게 될까 봐 걱정돼요." 그 남자아이가 대답했다.

내 한쪽 눈썹이 치켜 올라갔다. 학생들이 코트 안에서 불편한 듯 몸을 비틀었다. 아이들이 내게 와서 이 사실을 말하기까지 얼마나 용기가 필요했을지 보지 않아도 훤했다. 그리고 이 아이들은 자신들이 정말 좋아하는 선생님을 배신하고 있다고 느끼는 게 분명해 보였다.

"무슨 뜻인지 조금 더 자세히 말해줄 수 있겠니?" 내가 물었다.

처음에는 머뭇거리던 아이들이 자발적으로 하나둘 털어놓기 시작했다.

"수업이 혼란 그 자체예요." 한 남자아이가 말했다.

"우리가 무엇을 배워야 하는지 확신이 들지 않아요." 또 다른 아이가 말했다.

"이것 좀 보세요. 전 필기를 전혀 하지 못했어요. 지난주에 배운 게 아무것도 없어요." 세 번째 아이가 가방에서 과학 교과서를 꺼내며 말했다.

나는 그 아이에게서 과학 교과서를 받아 들고, 한 장씩 살펴보았다. 아이 말이 맞았다. 필기가 잘되어 있는 페이지가 거의 없었다. 하지만 이 아이들은 몇 달 뒤 GCSE 시험을 치러야 했다. 아이들이 교과서에 적어놓은 이상한 메모 내용은 결론 없이 흐지부지했다. 과학 수업을 듣는 11학년 학생 교과서는 이러면 안 되는 것이었다.

"알겠어, 말해줘서 정말 고맙다." 내가 아이들을 안심시키며 말했다.

아이들은 안도한 것처럼 보였다.

"하지만 뉴턴 선생님에게 저희가 무슨 말을 했다고 말씀하시면 안 돼요. 아시겠죠? 저희가 얘기한 걸 선생님이 모르시면 좋겠어요." 가장 키 큰 아이가 재빨리 말했다.

"물론이지, 절대 비밀로 할게." 내가 장담했다.

마틴 뉴턴은 NQT였기 때문에 내가 그의 GCSE 시험 대비 수업을 참관하러 가겠다고 알려도 이상할 것이 없었다. 나는 학생들이 우려를 제기했다고 절대 말하지 않을 것이다. 그 사실을 알면 아이들에게도 뉴턴 선생님에게도 도움이 되지 않을 터였다. 그래서 시간표를 확인한 뒤 마틴 선생님에게 내가 그날 학생들 사이에 끼여 수업에 참여하겠다고 알렸다.

나는 열린 마음으로 수업을 들으러 갔다. 학생들이 제대로 배우지 못하고 있다며 우려를 제기하고, 다른 교직원들이 문제를 발견하지 못한 경우가 거의 드물다는 사실을 잘 알고 있었지만 말이다. 수업을 참관할 때 항상 알게 되는 사실은 그 수업이 잘 흘러가고 있는지 판단하는 가장 좋은 방법은 교사의 말을 귀 기울여 들어보는 것이 아니라 학생들을 보는 것이다. 만약 학생들이 고개를 숙이고 수업에 집중한다면 대개 좋은 신호다. 하지만 내가 이 수업에 들어갔을 때 학생들은 노트를 펼치고 펜을 든 채 앉아 있었지만, 노트에 정확히 무엇을 적어야 하는지 몰라 혼란스러워하는 것처럼 보였다.

내가 맞닥뜨린 장면은 혼란 그 자체였다. 남자아이들이 묘사한 것과 정확히 똑같았다. 뉴턴 선생님은 세 개의 실험을 동시에 진행했다. 나는 그가 세 가지 실험을 황급히 왔다 갔다 하는 동안 자리에 앉아 지켜보았다. 그는 한쪽 구석에서 폐를 해부하고, 또 다른 구석에서 분젠식 버너를 이용해 다양한 금속 이온들을 보여주고, 교실 뒤편에서 화분 하나와 물과 밝은 빛을 이용해 광합성 작용을 설명하려 하고 있었다. 나는 그가 이쪽저쪽으로 황급히 뛰어다닐 때마다 아이들이 눈으로 선생님을 뒤쫓는 모습을 지켜봤다. 그가 교실을 뛰어다니는 동안 아이들은 그의 모습을 놓치지 않으려 고개를 휙휙 저었다. 아이들은 차분하게 수업을 듣는다기보다 테니스 게임을 관람하는 것처럼 보였다.

"항상 이런 식이니?" 내가 옆에 앉은 여자아이에게 속삭였다.

"항상 이래요. 뉴턴 선생님은 정상이 아니에요." 여자아이가 조용히 대답했다.

나는 그 여자아이에게 노트를 한번 봐도 되겠느냐고 물었다. 남자아이들의 노트와 똑같았다. 하지만 남자아이들이 적지 않은 내용이 잘 적혀 있었다. 나는 그 부분을 가리키며 수업 시간에 배운 거냐고 물었다.

"그럴 리가요, 선생님. 집에 가서 뉴턴 선생님이 그날 뭘 가르치려고 했는지 일일이 찾아봐요. 수업 시간에는 전혀 이해할 수 없거든요." 여자아이가 말했다.

좋은 신호가 아니었다.

나는 몸을 돌려 교실 전체를 둘러보았다. 뉴턴 선생님의 열정을 탓할 수는 없었다. 그는 심지어 어떤 주제를 강조하기 위해 의자 위로 뛰어 올라갔다가 내려와서 아이들에게 벤젠식 버너를 보러 오라고 손짓했다. 아이들은 그가 활기차게 말하는 동안 빙 둘러서서 그 모습을 지켜보았다. 나는 믿을 수가 없었다. 뉴턴 선생님도 학생 중 그 누구도 보호 고글을 쓰고 있지 않았다. 그는 아이들의 주의를 끌었고 아이들은 그가 보여주는 것에 흥미를 느끼는 것처럼 보였지만, 그의 수업은 건강과 안전 면에서 악몽에 가까웠다. 더는 참을 수 없어 뉴턴 선생님에게 조심스럽게 다가가서 말했다. "유감스럽지만, 이 수업을 중단시켜야 할 것 같습니다. 교실 밖에서 잠깐 얘기 좀 할 수 있을까요?"

그는 벤젠식 버너를 끈 다음 내 뒤를 따라 교실 밖으로 나왔다. 그리고 학생들은 자기 자리로 돌아갔다. 나는 발을 출입문 안쪽에 고정해 우리 뒤에서 문이 닫히지 않도록 했다.

교실 밖 복도에서 그는 허둥거리면서 미안해했다.

"정말 죄송합니다……." 그가 입을 열었다.

"괜찮습니다. 그런데 제가 왜 수업을 중단시켜야만 했는지 아시나요?" 내가 낮은 목소리로 말했다.

그는 나를 응시했다. 아마 정확히 어디서부터 시작해야 할지 모르는 것 같았다.

나는 잘못된 행동들을 하나하나 짚기 시작했다. "학생들은 고글을 쓰고 있지 않았어요. 선생님은 의자에 뛰어 올라가셨죠. 세 개의 서로 다른 실험이 진행되고 있었고요……."

그가 손으로 얼굴을 훔쳤다.

"아이들이 배웠으면 하는 게 정확히 무엇인가요?"

"음, 저는…… 음……."

"아이고, 완전히 미친 수업이었어요." 내가 이렇게 말하고 나서 우리 둘은 깔깔대며 웃었다.

　　나는 다음 날 오전에 내 사무실에서 면담을 하자고 약속을 정했다. 둘 다 웃으면서 자리를 떴지만, 나는 그 수업을 보고 큰 걱정에 빠졌다.

　　아이를 낳은 여성들에게 삶은 불가능한 선택이 끊임없이 이어지는 것처럼 느껴진다. 평생 일해온 직장에서 똑같은 강도로 일하는 동시에 자녀의 욕구도 일일이 충족시켜줘야 하기 때문이다. 나는 아이를 낳은 뒤 내 우선순위가 다른 식으로 바뀔 수도 있다는 선입견을 떨쳐버리기 위해 예전보다 두 배 더 열심히 일했다. 예전과 똑같은 사람이라는 사실을 스스로 증명하기 위해서였다. 알람을 더 이른 시간에 맞춰놓았고, 아기가 그날 하루를 잘 보내도록 준비해주고, 학교 교문에서 학생들을 예전과 똑같이 통솔했다. 운 좋게도 내게는 뛰어난 재택 보모가 있었다. 근처에 사는 부모님은 필요할 때마다 주저 없이 도와주셨다. 그렇지만 내 삶의 두 부분이 충돌하는 날들이 전혀 없었던 것은 아니다. 학기 중 방학에 소피아를 학교에 데려가기도 했다. 소피아를 업고 놀리거나 유모차 안에 태워 흔들면서 학생들의 작품 활동 모습을 지켜보았다.

　　첫째 아이가 태어나고 15개월이 지나 둘째 딸 안나 마리아가 태어났다. 이번에는 아이를 낳기 1주일 전까지 학교에서 일했다. 내게 필요한 수준 이상으로 학교에서의 1분 1초도 놓치고 싶지 않았기 때문이다. 나는 새 생명을 세상에 데려오는 동시에 1학년에 입학할 때부터 봐온 사랑하는 학생들이 GCSE 시험을 준비하는 과정을 지켜보았다.

두 번째 출산 휴가를 끝내고 학교에 돌아오자 더 많은 개편안이 기다리고 있었다. 그리고 흐름의 변화가 생기면서 SLT 안에 새로운 기회들이 생겨났다. 나는 '학업 성취도부장'이라는 새로운 역할에 지원했다. 이 역할은 7~9학년(중1~중3)에 해당하는 모든 학생의 학업 성취와 건강, 행복을 책임져야 하는 자리였다. 책임져야 할 학생이 약 700명에 달했다. 그때까지 내가 맡았던 역할 중 가장 도전적이었다.

마침 교장 선생인 매기 라피의 꿈이 실현되고, 교육기준청이 우리 학교에 '뛰어남outstanding' 등급을 매긴 시기였다. 우리는 모든 직원을 위해 만찬을 열고, 교문 밖에 이 사실을 축하하는 현수막을 내걸었다. 매기의 리더십은 무너져가던 학교를 다시 일으켰고, 공동체 전체의 정신을 고양했다. 자기 아이가 자치구에서 가장 후진 학교에 다닌다고 부끄러워하던 학부모들은 이제 아이를 우리에게 맡긴 것을 자랑스러워했다. 학생들은 넥타이를 더 반듯하게 매고, 셔츠를 단정하게 하의에 집어넣어 입었다. 성취감은 전염성이 있었다. 우리 학교는 빛나는 등대가 되어 우뚝 섰고, 모든 사람에게 자신이 꿈

꿨던 존재가 되려고 노력하는 데 너무 늦은 때란 결코 없다는 영감을 주었다.

3년 뒤 또 다른 개편안이 나왔다. 늘 그렇듯 매기는 교사진에게 새로운 힘을 불어넣고 싶어 했다. 나는 직무 능력 개발위원장으로 위촉되었다. 이번에는 학생들이 아니라 교사들의 멘토가 되어야 했다. 이 역할은 내게 일어날 수 있는 가장 좋은 일이었다. 다른 학교와 협력해 우리 학교 교육 방법의 문제에 대한 해결책을 찾을 수 있기 때문이었다. 만약 연극부에 문제가 있다면 다른 학교에 도움의 손길을 구해 더 나은 방향으로 변화시킬 수 있고, 반대로 우리가 도움을 줄 수도 있었다. 나는 모든 NQT의 책임을 맡고 있었다. 심지어 숙련된 교사들이 매너리즘에 빠졌을 때 경력을 다시 손보도록 도왔다.

유일한 희생은 교실에서 보내는 시간이 줄어든 것이었다. 내게 가장 중요한 아이들과 시간을 더 적게 보낼 수밖에 없었다. 내 수업 시수는 40퍼센트로 줄어들었다. 하지만 학교에서 승진한 일은 내가 학생들의 삶에 더 많은 영향을 미칠 수 있다는 것을 의미했다. 그러므로 그런 대가를 치를 만했다.

매기 라피는 우리 학교가 협동조합 아카데미cooperative academy가 되도록 이끌었다. 이것은 지방 정부로부터 예산을 받는 것이 아니라, 중앙 정부로부터 직접 예산을 지원받는 것을 의미했다. 그렇게 되면 학교 운영 방식에서 학교와 이사회에 훨씬 더 많은 권한이 주어졌다. 하지만 매기가 학교를 떠나고 3년 뒤 교육기준청 심사에서 우리 학교는 '개선이 필요함 requires improvement' 등급으로 하락했다. 우리는 모두 힘을 합쳐 매우 열심히 일했기 때문에 그 이유를 납득할 수 없었다.

새로운 교장 제러드 매케나는 최고 자리에 이르기까지 힘든 과정에 다시 도전해야 한다고 확신했다. 아직 직무 능력 개발 업무를 담당하고 있던 나는 학교에 변화를 일으키기 위해 할 수 있는 일을 모색했다. 우선 '직무 능력 개발을 위한 월요일'이라는 프로그램을 1주일에 한 시간씩 시행했다. 이 시간에 참여하는 모든 교사를 위해 '개인 맞춤 직무 능력 개발 패키지'를 설계했다. 이 프로그램을 통해 교사들은 자기 기술을 연마하고, 더 많은 직무 과정을 이수했으며, '프리벤트 Prevent' 같은 전문 기관으로부터 상담을 받고, 평가 기관의 워크숍에 참여했다. 또한 다양한 유형의 교육 방식을 실험하고 행동 연구 프로젝트를 시행했다. 이 과정에서 우리는 여러 교육 전략, 아이디어, 이론을 학생들에게 전반적으로 시험해 어떤 방식이 우리 학교에 가장 잘 맞는지 알아낼 수 있었다.

직무능력개발 위원장으로 일하면서 나에게는 공식적인 퇴근 시간이 없었다. 수면 시간만이 경계선이 되어, 걱정에 빠진 교사들이나 별도로 멘토링이 필요한 교사들의 이메일 혹은 전화에 밤늦도록 응대하지 않게 도와주었다. 나는 당연하다는 듯이 그들에게 내 휴대전화 번호를 주면서 근무 시간 외 언제라도, 심지어 주말에도 전화를 걸어도 된다고 말했다. 그러고는 갓난아기와 걸음마 단계인 두 딸을 무릎에 앉히고 어르면서, 교사들에게 커리어에 새로운 힘을 불어넣을 별도의 트레이닝 과정을 찾도록 하겠다거나 그들이 수업 준비를 더 잘할 수 있도록 돕겠다고 약속했다.

교사들은 우리가 학생뿐만 아니라 교사에게도 투자하고 있다고 느꼈을 것이다. 그 결과, 학교 전체적으로 교육 방식이 더 일관성을 띠고, 학생들은 각각의 교실에서 똑같은 접근 방식을 접한다고 자신하게 되었다. 이는 학생들이 해야 하는 모든 활동이 학습과 연관되어 있다는 의미였다.

나는 학교 전체가 얼마나 열심히 노력했는지 외부의 검증을 받고 싶어, 교원양성협회에서 주는 '직무 능력 개발 품질 보증 마크Professional Development Quality Mark'를 받기 위해 지원했다. 학교 전체가 들인 모든 노력이 그들의 결정 체계에 들어맞고, 교사들의 직무 능력뿐만 아니라 교직원들의 직무 능력 또한 향상되었다는 사실을 입증하기 위해 노력했다.

우리가 교원양성협회에서 받은 첫 번째 상은 금상이었다. 하지만 1년 뒤에는 더 등급이 높은 플래티넘상을 받았다. 영국에서 10개 이하 학교만 받은 상이었다. 우리와 함께 일하기 위해 지원한 교사들은 이 표준 마크를 보고 우리 학교가 학생뿐만 아니라 교직원에게도 투자한다고 확신했을 것이다. 이 사실은 내게도 변화를 일으켰다.

2년이 지난 2016년에 실시된 교육기준청 심사에서는 리더십과 경영 능력이 뛰어나다outstanding는 평가와 함께 '좋음good' 등급을 받았다. 따라서 우리는 과거의 영광을 되찾기 위해 노력하는 길에 서 있었다.

뉴턴 선생님의 과학 수업은 수업일 마지막 시간에 배정되어 있었다. 나는 곧바로 SLT의 나머지 팀원들과 회의를 했나. 내가 회의실에 들어서자마자 그들은 내 얼굴을 보고 뭔가 매우 잘못되었다는 사실을 알아차렸다.

"저는 방금 평생 본 수업 중 가장 기이한 수업을 보고 왔습니다." 나는 몇몇 SLT 교사에게 차분하게 말했다. 그들 중 한 명은 과학 과목 부서에서 일하고 있었기 때문에, 아까 본 그 학년의 커리큘럼이 무엇인지, 그리고 그러한 방식이 적절한지 확인해볼 수 있었다. 하지만 나는 내가 목격한 수업이 정상이 아니라는 사실을 이미 알고 있었다.

동료들은 훌륭했다. 회의 중 많은 시간 우리는 뉴턴 선생님에게 어떤 식으로 말할지, 어떤 식으로 문제를 제기할지, 그리고 가장 좋은 해결책은 무엇인지 철저히 분석했다. 심지어 내가 자신감을 느낄 수 있도록 역할극까지 연습했다.

다음 날 사무실에 앉아 있는데, 뉴턴 선생님의 노크 소리가 들렸다. 뉴턴 선생님의 얼굴에는 이미 불편한 기색이 역력했다. 분명 간밤에 곰곰이 되돌아보는 시간을 가졌을 것이고, 자신이 질책받으리라 예상했을 것이다.

"들어오세요, 마틴 선생님. 여기 앉으세요." 나는 일어서서 다가간 뒤 마틴 선생님 뒤에서 문을 닫으며 말했다.

그는 내가 자리에 앉기도 전에 이야기를 시작했다.

"정말 죄송해요, 안드리아 선생님. 제가 뭘 잘못했는지 알아요." 그러고선 그 수업 전반에 대해 장황하게 설명하기 시작했다. 그가 어떤 방식으로 수업을 준비했는지 듣는 것만으로도 머리가 어지러웠다.

"제가 무엇을 할 수 있는지 알려드리고 싶었어요."

"하지만 중요한 건 제가 아니에요, 선생님도 아니고요. 중요한 건 학생들이죠." 내가 말했다.

그가 한숨을 쉬며 고개를 끄덕였다.

"마틴 선생님, 선생님의 에너지나 열정을 비난하는 게 아니에요. 하지만 학생들이 제대로 배우지 못할까 봐 걱정돼요. 선생님은 시속 150킬로미터로 수업하는 걸 멈추고, 시속 3킬로미터로 속도를 줄여야 해요." 내가 말했다.

그는 자기 무릎을 내려다봤다.

"선생님을 도울 만한 아이디어가 몇 개 있어요."

마틴 선생님은 내 이야기를 주의 깊게 들었다. 그는 계획 세우기에 공을 들일 필요가 있었다. 나는 그를 또 다른 과학 교사인 바시르 선생님과 짝지어줄 생각이었다. 바시르 선생님은 수업 계획을 세우는 데 뛰어나고 매우 훌륭한 교사였다.

"선생님의 과학 지식은 나무랄 데가 없어요. 다만 수업 계획과 관련해 그 지식을 바르게 이해하고 사용할 필요가 있어요." 내가 말했다.

마틴 선생님이 자리를 뜰 때쯤, 나는 우리 두 사람 모두 훨씬 더 긍정적으로 느끼고 있다고 생각했다.

마틴 선생님과 바시르 선생님은 몇 개월에 걸쳐 내가 시행한 지원 방안 목표를 달성하기 위해 열심히 노력했다. 나는 이 일을 두 사람에게 완전히 맡겼다. 내가 세부 사항까지 통제하는 것보다 바시르 선생님이 충분한 시간을 들여 마틴 선생님에게 더 나은 업무 수행 방식을 알려주고, 마틴 선생님이 목표를 직접 달성하는 것이 더 나으리라 생각했다. 마틴 선생님은 이 기간에 SLT의 다른 팀원들에게 감찰을 받았고, 바시르 선생님은 내게 상황이 어떻게 진행되고 있는지 계속 알려주었다.

"마틴 선생님은 저와 만날 때 매우 훌륭해요. 모든 것을 세세히 계획하고, 빨리 일을 진행하고 싶어 하고, 제가 말한 모든 의견과 제안을 받아들이죠. 하지만 수업에 들어가면 완전히 딴판이에요. 학생들 앞에만 서면 우리가 의논한 것과 완전히 정반대로 실행해요." 바시르 선생님이 말했다.

나는 다시 수업을 참관하겠다고 바시르 선생님에게 말했다. 이번에는 바시르 선생님과 함께 참관하기로 했다. 나는 2개월 동안 바시르 선생님과 열심히 노력했기 때문에 어느 정도 진전이 있을 거라고 기대했다.

며칠 뒤, 우리가 교실 뒤에 앉아 있는데 학생들이 줄지어 교실로 들어왔다. 나는 바시르 선생님에게 그날 수업의 주제가 무엇이냐고 물었다.

"광합성입니다." 그가 말했다.

하지만 수업이 시작되자 수업 내용이 전혀 딴판으로 흘러갔다. 마틴 선생님은 학생들에게 '힘과 운동'에 관해 가르치는 것처럼 보였고, 심지어 그마저 명확하지 않았다.

수업이 끝난 뒤 나는 머리가 아픈 채로 교실을 떠났다. 양손으로 머리를 붙들고 내 사무실에 앉아 있었다. 마틴 선생님과 매우 어려운 대화를 나눠야 한다는 사실이 머리에 맴돌았다. 내가 하는 말이 그의 교직 커리어가 끝날 수도 있다는 사실을 의미할지 모른다는 것도 잘 알았다. 하지만 그렇게 해야만 했다. 학생들을 위해서 말이다.

그동안 일하면서 나는 학교 환경 안에서 불편한 대화를 나눈 적이 많았다. 그중 일부는 학생들과 나눈 대화였고, 그보다 더 불편한 것은 학부모와 나눈 대화였다. 하지만 그 어떤 대화도 동료에게 당신들이 실패하고 있고 당신들의 수업 수준이 훌륭하지 않다고 말하는 것만큼 힘들지는 않았다. 그런 대화는 정말이지 절대 하고 싶지 않았다. 그렇지만 나에게 기준의 척도는 항상 내 딸들이었다. 나는 이 교사에게 내 딸들이 수업받기를 원하는지 스스로 묻곤 했다. 그리고 만약 대답이 "아니오"라면 반드시 그 대화를 해야만 했다.

나는 사무실로 찾아온 마틴을 자리에 앉혔다.

"이런 말을 하게 되어 정말 유감이에요, 마틴 선생님. 하지만 선생님이 계속 이런 식으로 수업을 진행한다면, 저는 NQT 과정을 통과시킬 수 없어요. 선생님은 우리가 기대했던 것만큼 충분한 발전을 보이지 못했어요."

그 순간 그는 양복 안으로 움츠러드는 것 같았다.

"이제 선생님이 다음 단계를 고려해야 할 때라고 생각해요." 내가 말했다.

나는 세계 각지 다른 나라에서는 교사들이 일단 전문가로 자격을 얻고 나면 자기 재량에 따라 업무를 하도록 허용된다는 사실을 알고 있었다. 어떤 면에서는 그들의 자율권과 의사결정 과정, 그에 따르는 존경이 부러웠다. 하지만 영국에서는 교사들이 그와 같이 전적으로 신뢰받지 못한다. GCSE 과정 학생들의 성적과 관련된 모든 결정은 교사나 학교가 아니라 외부 감독 기관이 평가한다. 하지만 한편으로 교사들이 일단 학교에 임용되고 나서도 전문적인 교직 커리어를 쌓는 내내 외부 기관의 평가를 받아야 한다는 사실은 우리가 교육의 질을 높이기 위해 계속 노력해야 한다는 의미이기도 하다. 마틴 선생님과 같은 교사는 누군가에게 대답해야 한다. 그러지 않으면 피해가 고스란히 학생들에게 전가된다. 교육대학을 졸업하고 학교에 배치된 모든 NQT는 세 번의 학기를 통과해야만 전문 자격을 인정받는다. 만약 세 학기를 통과하는 데 실패하고 지원 방안 계획 대상이 되면, 그 사실이 기록에 남아 교직 생활 내내 따라다닌다.

그래서 어떤 교사가 통과하지 못할 것 같으면 그 사실을 알려 자신의 선택을 재평가하거나 공인 자격을 획득하기 전에 임시 교사로 경험을 쌓도록 하는 것이 더 합리적일 때가 많다. 이는 교사들이 교원 교육을 모두 이수한 뒤 정말 교실에서 수업할 준비가 되어 있는지 확인할 수 있는 좋은 방법이다. 왜냐하면 모든 학교 환경은 교사 자격 인증 석사 학위를 받은 졸업생이 상상하는 것과 매우 다른 경우가 많기 때문이다.

많은 사람이 교직 생활 첫해에 교직에서 완전히 도중하차하는 일은 그리 유별나지 않다. 교육부 통계에 따르면, 2017년에 교사로 일하기 시작한 NQT 중 그다음 해 교직에 몸담지 않은 비율은 15.3퍼센트에 이른다. 이는 신규 임용 교사 7명 중 1명이 첫해에 교직을 그만둔다는 의미다. 국가재정연구소가 밝힌 수치에 따르면, 약 9000만 파운드의 교사 훈련 비용이 손실된 것으로 추정된다. 이런 현상에는 많은 이유가 있다. 그들이 근무했던 특정한 학교가 그들에게 적합하지 않았을 수도 있고, 그들이 교사로 임용된 후 자신이 원래 기대했던 지원을 받지 못했을 수도 있다. 또는 그들이 학교 환경에 적응할 준비가 되어 있지 않았을 수도 있다.

나는 마틴 선생님과 이런 대화를 나눠야만 했다. 그는 자신에게 경험이 더 필요하다는 사실을 받아들였다.

"조언에 깊이 감사드립니다." 그가 말했다.

"선생님이 신념을 잃지 않았으면 해요. 선생님은 카리스마 있고 과학에 대해 열정적이에요. 학생들은 선생님을 무척 좋아하고, 선생님은 학생들을 위해 재미있는 학습 방식을 시도하죠. 다만, 커리큘럼의 규칙을 따르지 않아서 문제인 거예요." 내가 설명했다.

그다음 날 마틴 선생님은 사직서를 제출했다. 교사를 잃는 것은 항상 마음 아픈 일이지만, 우리는 학생들을 우선으로 생각해야만 했다.

그로부터 몇 년 뒤 마틴에게서 연락이 왔다. 그는 내가 제안한 대로 임시 교사로 경험을 더 쌓은 다음 학교로 돌아가 NQT를 통과했다. 현재 그는 남부 런던에 있는 한 학교에서 과학 교사로 일하고 있다. 그곳에서 그는 내가 기대한 대로 잠재력을 꽃피워 훌륭한 교사가 되었다.

교사와 교직원을 합해 220명이 넘는 앨퍼턴 공립학교와 같은 대형 학교에서는 위와 같은 불편한 대화를 피할 수 없다. 어떤 교사는 학생들을 잘 가르치는 데 필요한 업무 실행 능력과 경험을 개선하기 위해 제안받는 것뿐이라는 사실을 받아들여, 대화가 수월하게 진행되기도 한다.

나 역시 이런 비판을 받은 적이 있어, 이럴 때 어떤 느낌인지 잘 안다. 교사로 일한 두 번째 해에 교육기준청에서 특정 과목 감사를 진행했는데, 외부 감독관이 내 미술 수업에 들어와서 참관했다. 얼마나 유능한가와 상관없이, 모든 교사는 누군가 참관하면 매우 불편할 수밖에 없다. 나는 많은 시간을 할애해 수업을 구성하고, 모든 것을 완벽하게 준비했는지 확인하고 또 확인했다. 내 교실에 들어온 감독관은 턱수염을 길게 기르고 긴 머리를 뒤로 넘겨 쪽 찐 뒤 묶은 남성이었다. 내게는 완전히 예술가처럼 보였다. 수업이 끝난 뒤 그는 수업이 정말 즐거웠다고 말했다.

"하지만 선생님이 말씀하실 때 날카롭게 소리 지른다는 사실을 알고 있나요?" 그가 물었다.

"오, 아뇨. 금시초문인데요." 내가 대답했다.

"정말 그래요." 그는 자신이 쓴 메모를 확인하며 말을 이었다. "특히 흥분했을 때 그러세요. 어떨 때는 말이 너무 빨라서 어떤 학생은 선생님의 말을 완벽하게 이해하지 못할 수도 있어요."

그는 긍정적인 측면도 많이 말했지만, 당연히 그 말들은 귀에 들어오지 않았다. 사람은 비판에만 집중하기 마련이니까. 또한 그는 내가 나눠주는 인쇄물이 가장 질 좋은 상태가 아니라고 언급했다. 그날 이후 줄곧(12년 전 일이다), 나는 내 인쇄물 자료 한 장 한 장에 투명 포장막을 입히고 있다.

비판을 받으면 기분이 상한다. 열다섯 살 학생이든 쉰 살 어른이든 마찬가지다. 그리고 어떤 교사들은 비판에 학생들보다 더 형편없게 대처한다. 그래서 나는 NQT들과 대화를 나눌 때 언어 사용에 무척 신경 쓴다. "이런 혹은 저런 일을 하는 방식에 대해 한번 생각해보는 게 어때요?"라는 식으로 제안하거나, "왜 저 아이가 저렇게 행동한다고 생각하세요?"라고 물어본다. 나는 그들 스스로 문제를 풀도록 도와주려 애쓴다. 하지만 모든 일이 항상 계획대로 진행되는 것은 아니다.

데빈더 상아가 우리 학교에 처음 온 날, 나는 그녀를 학생으로 착각했다. 대학을 막 졸업한 그녀는 긴 부츠에 깡마른 다리를 자랑하는 짧은 검은색 치마를 입고, 멋지고 두꺼운 뿔테 안경을 쓰고 있었다. 내가 그런 옷을 입은 이유를 물어보려는 찰나, 그녀가 먼저 새로 임용된 수학 교사 중 한 명이라며 매우 자신 있게 자신을 소개했다.

"오, 환영해요." 나는 그녀의 외양을 보고 놀란 표정을 감추려 애쓰면서 그녀와 악수를 하며 말했다.

상아 선생님은 NQT로서 첫 번째 학기를 통과했다. 아슬아슬하게 가까스로 통과했지만 말이다. 하지만 두 번째 학기가 시작되자 한계를 보이기 시작했다. 어느 날 그녀의 교실을 지나가다가 창문 안을 들여다봤는데, 학생들이 완전히 대혼란 상태에 빠져 있었다. 몇몇 남자아이는 의자에서 일어나 교실을 어슬렁거리고, 어떤 여자아이들은 책상에서 뒤쪽으로 몸을 돌린 채 뒷자리 아이와 수다를 떨고 있었다. 소음과 혼란 투성이였지만, 상아 선생님은 교단에 서서 학생들에게 등을 돌린 채 칠판에 뭔가 적고 있었다. 무슨 일이 일어나고 있는지 전혀 의식하지 못하는 것 같았다.

나는 교실 문을 열고 안으로 들어갔다. 남자아이들은 재빨리 다시 자기 의자에 앉았다.

"안녕하세요, 선생님. 오늘 학생들은 무엇을 배우고 있나요?" 내가 물었다.

"이제 막 칠판에 오늘 수업 목표를 적고 있었어요." 그녀가 말했다.

나는 몸을 숙여 가장 가까이 있는 학생의 교과서를 들여다봤다. 그 아이의 책에는 아무것도 적혀 있지 않았다.

"오늘 무엇을 배우고 있니, 존?" 내가 물었다.

"음, 어……." 존은 제대로 대답하지 못했다.

"오, 이런! 존, 방금 살펴봤잖니." 상아 선생님이 말했다.

하지만 학생들이 뭔지 모르고 있다면, 상아 선생님이 명확하게 설명하지 않았을 게 분명해 보였다.

그다음 주에 나는 그녀의 수업을 참관했다. 교실 뒤편에 앉아 학생들이 도착하고, 수다를 떨고, 의자에서 일어섰다 앉았다 들썩거리는 광경을 지켜봤다. 상아 선생님은 교실 앞쪽에 앉아 있다가 자기 책상 위에 다리를 꼬고 앉은 채 출석을 부르고, 수업 초반 15분 동안 어젯밤 TV에서 방영된 드라마 〈이스트엔더스EastEnders〉에 관해 학생들과 이야기를 나눴다.

그날 오후 나는 사무실에서 그녀에게 학생들을 위해 최고의 학습 환경을 조성하고 있지 않다고 말했다.

"수업 시작 전에는 학생들을 교실 밖에 조용히 줄 세우는 게 좋아요. 그런 다음 학생들이 교실로 들어올 때 교사의 말을 듣지 않는 학생들의 이름을 칠판에 적기 시작하세요." 내가 설명하는 동안 그녀의 시선은 사무실 곳곳을 천천히 훑었다.

"저는 학생들을 엄격하게 규율하는 걸 좋아하지 않아요."

나는 그녀의 자신감에 깜짝 놀라, 말을 정확하게 들은 건지 확신할 수 없다는 표정으로 그녀를 응시했다.

"저는 아이들이 자신을 더 잘 표현했으면 좋겠어요. 아이들은 각자 개별적인 존재이고 자기 모습 그대로 존재할 권리가 있어요." 그녀가 시비조로 말했다.

나는 전에도 다른 교사들에게서 이런 관점에 대해 들은 적이 있었다. 어떤 교사들은 학생들과 친구가 됨으로써 학생들의 최고 능력을 끌어낼 수 있다고 생각했다. 전문가가 됨으로써가 아니라.

"문제는 선생님 수업 학생들이 제대로 배우지 못하고 있다는 거예요. 수업하는 방식은 교사마다 다를 수 있어요. 저도 모든 교사가 똑같은 방식으로 수업하기를 기대하지 않고요. 수업 방식이 어처구니없을 수도, 거칠 수도, 흥미진진할 수도, 실험적일 수도 있죠. 하지만 수업에 들어간다면, 최소한 무엇을 공부하고 있는지 이해할 수는 있어야 해요. 그런데 선생님 수업에서 학생들은 집중하지 못하고 있었어요. 완전히 주의가 산만했다고요." 내가 말했다.

"그건 제 수업 스타일이 아니에요." 그녀가 말했다.

나는 다른 뭔가, 더 명확한 뭔가를 시도할 필요가 있다고 생각했다.

"선생님이 학교 정책을 준수하기를 바랍니다. 만약 그러지 않으면, 선생님은 공식 절차를 준수하지 않는 셈이고, 학생들의 학습 과정에 일관성이 사라질 겁니다." 내가 말했다.

그녀는 마지못해 동의한 뒤 사무실을 떠났다. 하지만 나는 그녀에게 제대로 이해시켰는지 확신이 서지 않았다. 사소한 일까지 통제하고 싶지 않아, 그녀가 멘토 선생님과 대화를 나누고, 두 사람이 알아서 해결하도록 내버려두었다.

그런데 몇 주 뒤 그녀의 수업을 듣는 학생 몇 명이 찾아와서, 내가 그 교실에 들어왔다 나가는 모습을 봤다면서 의논할 게 있다고 했다.

"우리는 수업에서 아무것도 배우지 못하고 있어요, 선생님." 학생들이 말했다.

그들은 성실한 학생들이었고, 자기들이 수업받는 방식에 대해 걱정하고 있었다. 게다가 또 다른 문제도 있었다.

"그 선생님의 옷 입는 방식에 매우 불편함을 느껴요." 남자아이 중 하나가 말했다.

이것은 더 대처하기 어려운 문제였다. 학교 안에서 입기 적절한 옷의 기준에 대한 이해가 필요했다. 학생들은 자기보다 나이 많은 형제자매가 부적절한 옷을 입는 것에는 익숙할지 모른다. 하지만 그들의 교사라면 이야기가 달라진다.

나는 다시 수업을 참관했다. 하지만 상황이 전혀 나아지지 않았다. 사실은 더 나빠졌다. 상아 선생님은 학급에 대한 통제력을 완전히 상실했다. 그녀의 자유방임주의적 접근법 때문에 학생들은 이 수업을 '대충 때우는 수업'으로 여겼다. 아이들은 '일관성consistency'에 대응한다. 그것은 모든 교사가 똑같은 정책을 도입하는지 그러지 않는지 알 수 있게 도와준다. 똑같은 방식의 규율과 똑같은 방식의 성적 채점 등에서 말이다. 만약 모든 교사가 이 방법을 사용한다면 다른 교사들 또한 도움을 받을 것이다. 학생들이 자신들에게 기대되는 것이 무엇인지 정확히 알고 있으므로, 교사는 학습과 수업에 오롯이 집중할 수 있다.

하지만 이 학생들은 상아 선생님에 대한 존경심을 잃어버렸다. 나는 그녀에게도 변화가 생겼음을 감지했다. 정신이 더는 그곳에 있지 않았다. 그녀는 자신만의 교실에서 뒷걸음치고 있었다. 게다가 수업을 즐기지 않는 것처럼 보였다. 출근 문제도 있었다. 출근 기록을 확인해보니, 그녀는 특정한 수업이 있는 날 규칙적으로 결근했다.

"우리는 선생님이 그 수업이 있는 날마다 결근한다는 사실을 발견했어요." 내가 그녀에게 말했다.

"더는 못 참겠어요. 전 가르치는 일이 싫어요. 이것과는 다를 거라고 생각했어요. 교생 훈련을 받을 땐 이렇지 않았어요. 제가 뭘 하든 중요하지 않아요. 학생들은 그저 제 말을 들으려 하지 않아요." 그녀가 감정을 주체하지 못하며 말했다.

"제가 제안한 것들을 시도해봤나요?" 내가 그녀에게 물었다.

"네. 하지만 아무 방식도 효과가 없었어요. 아이들은 제게 아무런 관심도 없었어요. 전 교사가 될 생각이 없어요. 이 분야를 떠날까 고민하고 있어요." 그녀가 말했다.

안타까웠지만, 그녀는 옳은 결정을 내리고 있었다. 우리 학교가 그녀에게 적합하지 않았을 수도 있다. 그녀는 그녀에게 꼭 맞는 학교, 이를테면 사립학교나 특수학교에서 더 편안함을 느낄 수도 있을 것이다. 빈민 지역에 있는 대형 공립학교는 그녀에게 맞지 않았다. 나중에 들은 바에 따르면, 상아 선생님은 런던 시내에서 회계직으로 일하고 있었다.

나의 많은 불면의 밤은 학생이 아니라 동료와 어려운 대화를 나눠야만 하는 전날 생겨났다. 수업은 하나의 예술 형태라고 볼 수도 있다. 모든 사람이 수업을 할 수 있는 것은 아니다. 매우 개인적인 일이고, 거의 무대와 같은 곳에서 오로지 혼자 자신의 개성과 기술을 사용해 다수의 아이가 자신이 가르치는 과목을 사랑하도록 설득해야 하므로, 어떠한 비판도 심한 인신공격으로 느껴질 수 있다. 나는 교사들이 그런 비판을 받아들이지 못하는 모습을 많이 봐왔다. 그들이 내 앞에서 평정을 잃는 모습도 봤고, 자기 자신을 되돌아보는 대신 학생들을 비난하는 모습도 봤다.

수년간 자기 과목에서 기량을 제대로 발휘하지 못한 어떤 교사는 심지어 내가 그를 괴롭히고 있다고 비난하면서 교원노동조합에 우리의 상호작용을 모니터해달라고 요청했다. 다행히 나는 그의 수업 수준을 향상하기 위해 많은 도움과 지원을 제공했고, 모두 문서로 기록해두었다. 하지만 그 일은 우리 두 사람 모두에게 매우 괴로운 경험이었다. 교사가 자기 학생들을 책임지고 동시에 전문적 수준을 높게 유지하는 일은 이 직업의 매우 필수적인 부분이다. 교실 안에서 불량 행동을 하는 학생이 늘어나면 학생들의 성적은 내려간다. 이는 매우 단순한 1차 방정식이다. 어떤 교사가 자기 교실을 통제하에 두려고 애쓰며 열심히 가르치는데 옆 교실에서 동료 교사가 학생들을 제대로 규율하지 못해 소란스럽다면, 이는 정당하지 않다. 또한 내게 이 문제는 항상 똑같은 기준으로 귀결된다. 만약 어떤 수업이 내 자녀들에게 충분히 훌륭하지 않다면, 그 수업은 다른 누구에게도 충분히 훌륭하지 않을 것이다.

　　하지만 내가 동료들과 나눈 그 모든 불편한 대화들에 대해 기념할 일도 많았다. 교직 생활을 시작한 지 얼마 안 된 젊은 교사들에게는 별도의 지원이 필요했고, 그들은 나중에 다른 학교에서 훌륭한 학년부장이 되었다. 특히 기억에 남는 한 동료가 있다. 자신의 과목에 대해 열정이 끓어 넘치는 수학 교사였는데, 학생들을 가르치다가 신나면 말이 너무 빨라져 학생들이 그녀의 말을 한마디도 이해하지 못했다. 나는 그녀에게 온화하게 그 사실을 알려주었다. 예전에 내게 조언해준 교육기준청 감독관처럼 말이다. 그녀는 어떻게 하면 자신이 의사소통 기술을 향상할 수 있을지 물었다. 그래서 학생들에게 설명할 때 의도적으로 속도를 늦추는 방법을 알려주었다. 그리고 말한 내용을 학생들에게 확인해서 학생들이 전부 이해하고 있는지 확실히 하라고 했다. 그리고 학생들에게 그 내용을 반복해서 말하게 함으로써 완전히 이해했는지 확인하라고 했다. 그 방법은 효과가 있었다. 나중에 그녀는 우리 학교 중간 관리자 중 한 명으로 승진했고, 나는 그녀가 무척 자랑스러웠다.

11장

모든 아이는 꿈을 성취할
잠재력이 있다

"여러분이 어떤 환경에 처해 있든
여러분이 어떤 어려움을 겪고 있든
절대 잊지 말기 바랍니다. 여러분이
무엇을 꿈꾸든 여러분에게는 그 꿈을
성취할 잠재력이 있습니다.
그리고 그것은 아무도 빼앗을 수 없는
여러분의 권리입니다."

교사가 하는 일은 항상 학생과 관련된 것이다. 그래서 간혹 동료 교사들을 간과하는 자신에게 죄책감을 느낄 때도 있다. 우리는 아이들을 가르치는 일과 그에 뒤따르는 온갖 책임에 집중하느라 동료 교사의 성취를 축하하는 일에 제대로 신경 쓰지 못한다. 그래서 2017년에 옛 동료 중 한 명이 연락해서 '세계 교사상Gobal Teacher Prize' 후보자로 나를 추천했다고 말했을 때 깜짝 놀랐다. 나는 그 상에 대해 한 번도 들어본 적이 없었다. 그가 그 상에 대해 언급했을 때조차 관련 정보를 찾아보지 않았다. 어떤 성과도 얻지 못하리라 확신했기 때문이다. 그런데 몇 주일 뒤 그가 다시 연락해서, 주최 측으로부터 무슨 연락을 받았느냐고 물었다.

"전혀요." 내가 대답했다.

내 앞에는 더 긴급한 일이 놓여 있었다. 15년을 함께 보낸 존과 마침내 결혼하기로 했다. 나는 청첩장 디자인부터 그리스에 사는 가족들 초청까지, 하나하나 준비할 일이 많았다. 그런데 결혼식 전날 이메일이 하나 도착했다. 그날 자정까지 후보자 추천에 답해야 한다는 경고 내용이었다. 알고 보니 주최 측에서 이전에 보낸 이메일이 모조리 스팸메일함에 들어가 있었다.

결혼식 전날 밤, 나는 바늘과 실로 존의 예복 바지 길이를 줄이면서 이메일에 답장을 썼다. 그들은 특별히 두 가지 기준에 부합하는 교사를 찾고 있었다. 업무를 뛰어나게 잘하는 교사, 그리고 동료 교사들을 지원하고 축하하는 교사였다. 매우 일반적인 질문들이어서, 시간이 별로 없던 내게는 다행스러웠다. 질문 내용은 다음과 같았다. '당시 가르침이 학생들의 성과 측면에서 훌륭한 결과를 낳은 사례들을 제시해주십시오. 교실 안과 밖에서 학생들을 위해 혁신적이고 효과적인 교육 방식을 추진하는 일에 대해 어떻게 생각하고 접근하고 있는지 말씀해주십시오. 가르치는 일을 개선하기 위해 어떻게 이바지했는지 알려주십시오.'

나는 각 질문에 두 단락씩 재빨리 적었다. 그때 한 가지 질문이 시선을 사로잡았다. '만약 당신이 수상한다면 단기적으로, 그리고 향후 10년에 걸쳐 상금을 어떻게 사용할 계획입

니까?'

그제야 이 상에 관해 찾아보았다. 수상자는 100만 달러의 상금을 받는다고 되어 있었다. 머릿속이 하얘졌다.

하지만 질문에 답하는 일은 의외로 쉬웠다.

교사로 일하는 동안 나는 학교에서 예산이 매년 어떻게 긴축되는지 지켜봤다. 이 사실은 구체적인 숫자에 의해 뒷받침된다. 여섯 개 조합의 연합체인 '스쿨 커츠School Cuts'가 2019년에 분석한 결과에 따르면 80퍼센트의 학교가 2015년에 비해 2020년에 실질적으로 학생당 재정 지원을 더 적게 받을 것으로 예측되었다. 이런 예산 쥐어짜기는 주로 예술 과목에 영향을 끼친다. 2018년도 BBC 조사는 10곳 중 9곳의 중등학교가 최소한 한 가지 창의적 예술 과목에서 수업 시간, 스태프, 혹은 시설을 축소했다고 밝혔다. 대학입학시험EBacc 필수 과목을 우선시해야만 하기 때문이다.

교육정책연구원에서 실시한 연구는 GCSE 교육 과정에서 최소한 한 가지 예술 과목을 이수하는 학생들의 비율이 감소했다고 밝혔다. 2016년도에 이 비율은 53.5퍼센트에 도달했는데, 이 수치는 최근 10년 동안 가장 낮다. 하지만 창의적 예술 분야는 영국 경제에서 가장 빠르게 성장하는 섹터 중 하나로, 2017년도에는 1000만 파운드 이상을 창출했다. 만약 자기 기술을 학교에서 연마할 수 없다면, 미래의 예술가들이 어떻게 생길까? 또한 이 연구에 따르면 창조경제에 속한 직업 중 87퍼센트가 자동화될 위험이 아예 없거나 매우 낮지만, 다른 직업들은 40퍼센트가 이런 위험에 처해 있다(하산 바키시 Hasan Bakhshi 등, 《창의력 대 로봇: 창조경제와 고용의 미래Creativity vs Robots: The creative economy and the future of employment》, Nesta, 2015). 그렇다면 왜 우리는 로봇에게 뺏길지도 모르는 직업을 위해 아이들을 훈련시키는 대신, 더 나은 직장을 위해 아이들을 준비시키지 않는 것일까?

학교에서 승진한 뒤 나는 힘든 결정을 내려야 하는 여러 회의에 참석했다. 매년 같았다. 우리는 이만큼 가지고 있고 이만큼 필요하다. 그렇다면 무엇을 제거해야 할까?

학교들은 항상 재정난에 시달리고 있다. 그래서 예술 과목은 필수 과목과 비교해 나머지 과목으로 여겨질 때가 많다. 학교들은 영어, 수학, 과학과 같은 핵심 과목의 시험 결과에 따라 평가되고, 결국 재정 지원을 받는다. 그래서 지원 자금 할당 문제에서 이런 과목을 우선시할 수밖에 없다. 최근 학교 커리큘럼의 중심이 더 폭넓어지고 균형 잡혀야 한다는 움직임이 있기는 하지만, 이런 움직임은 교육기준청의 학교에 대한 기대와 상충한다. 그래서 다수의 학교는 여전히 대학입학 시험을 중시할 수밖에 없다. 그래서 회의에 참석할 때 우리는 수학여행(사람들이 어른이 되고 오랜 시간이 지난 뒤에도 기억하는 학교생활의 바로 그 나날들)이 정말 필요한지 그렇지 않은지 결정해야만 한다. 수학여행이 커리큘럼에 기반한 학습 과정에 어떤 도움도 되지 않는다는 이유에서다. 학생들의 행복이 학업적 성취도 향상을 위해 희생되는 것이다. 그리고 가장 큰 피해를 입는 것은 빈곤 지역에 사는 학생들이다.

친구들은 자기 아이를 사립학교에 보내고, 매년 수백 파운드에 이르는 돈을 아이의 과외 활동에 사용하고 있었다. 이런 과외 활동은 중산층 아이들이 더 쉽게 접근할 수 있다. 바이올린 레슨, 드럼 레슨, 방과 후 미술 동아리, 댄스, 하키, 라켓 동아리, 가라테 등 목록은 끝없이 이어진다. 그렇지만 왜 모든 아이가 이런 경험을 할 수 없는 것일까? 왜 모든 아이가 아트 갤러리 방문객이 훌륭한 작품을 두고 나누는 토론을 우연히 들을 기회를 가질 수 없는 것일까? 혹은 왜 글로브 극장(1599년 런던에 세워진, 셰익스피어 극의 초연 극장_옮긴이)에 앉아 셰익스피어의 연극을 감상할 수 없는 것일까?

과거에는 학교 차원에서 학생들을 위해 음악 수업에 보조금을 지원할 수 있었다. 하지만 현재는 예산 제한 때문에 그렇게 할 수 없고, 많은 학부모는 자기 아이가 악기를 배우도록 돈을 낼 형편이 되지 않는다. 앨퍼턴 공립학교와 같은 곳에, 숨겨진 재능을 발견할 기회를 얻지 못한 미래의 위대한 피아니스트나 작곡가가 얼마나 많겠는가? 가진 자와 가지지 못한 자 사이에는 거대한 격차가 존재한다. 나는 경영 회의에 참석하면서, 그리고 학생들과 상호작용하면서 이런 문제들을 직접 목격한다. 2018년 '크리에이트 런던 앤드 아트 이머전시 Create London and Arts Emergency'에서 발표한 연구에 따르면 출판계에서 일하는 노동 계급 출신은 12.6퍼센트에 불과하다. 영화, TV, 라디오 분야에서 일하는 노동 계급 출신은 12퍼센트이고, 행위 예술과 비주얼 아트 분야에서는 18.2퍼센트다. 예술계는 중산층에 의해 지배된다. 중산층 아이들만 이 산업에 접근할 여유가 있기 때문이다.

하지만 나는 아이들이 예술 과목에 접근할 때 어떤 긍정적인 영향이 생기는지 자주 목격했다. 이 책 앞부분에서 말한 것처럼, 나는 캔버스에 그림을 그리는 행위가 주는 힘 덕분에 침묵이나 트라우마에서 해방되는 아이들을 직접 봤다. 가장 불리한 배경 출신 아이들이 대학에서 예술을 전공하고 위대한 예술가로 성장하는 것을 봐왔다. 무료로 운영되는 학교 동아리가 기술 습득 기회를 제공했기 때문이다. 또한 학습 장애로 특수교육이 필요한 아이들이 말로 표현할 수 없는 방식으로 그림에서 자기 자신을 표현하는 모습을 목격했다. 나는 그들의 자존감이 어떻게 높아지는지, 그들이 어떻게 미술실에서 소속감을 찾는지 봤다.

또한 재능 있는 7학년 학생이 11학년 학생과 나란히 앉아 서로 수준이 다름에도 미술 실력이 뛰어나다는 이유로 의사소통하는 모습도 목격했다. 두 학생 사이에서 동지애가 느껴졌다. 자신감과 의사소통 기술이 향상하는 모습을 봤다. 학생들이 다른 학과목에서도 적극적으로 노력하는 모습을 봤다. 아이들이 더 행복해하는 모습도 봤다. 우리 학교 같은 대형 학교에서는, 모든 아이에게 집이 자신이 정말 사랑하는 것을 찾을 때까지 유령으로 존재한다. 그리고 그것을 발견하면 다른 아이들과 자신을 연결한다.

이 아이들 중 일부는 아크릴 물감을 사용하거나 스크린 프린팅을 해보거나 모자이크를 만들어보거나 동판화 혹은 사진 촬영 기술을 배운 적이 없다. 이들 중 많은 아이는 심지어 집에 펜과 종이조차 가지고 있지 않다. 하지만 나는 많은 아이가 내가 운영하는 미술 수업에서 재능을 활짝 꽃피우는 모습을 봤다. 그런 이유로 내 꿈은 항상 이런 배경 출신 아이들에게 더 많은 수업을 제공하고, 더 많은 미술 기술을 갖춰주고, 이들이 작품 한 점을 완성하도록 더 많은 시간을 허용하고, 내가 가르치는 학생뿐만 아니라 내가 사는 자치구의 모든 학생을 위한 '예술의 중심지'를 여는 것이었다. 나는 이런 내용을 적어 이메일로 보냈다.

그러고 나서 모두 잊고 결혼식을 올렸다.

거의 2개월이 지난 뒤, 바키 재단에서 내가 50명의 후보자 명단에 올랐다는 이메일을 보내왔다. 그제야 관련 웹사이트를 제대로 살펴봤다. 거기에 있는 내용을 믿을 수가 없었다. 그해 총 137개국에서 3만 5000명이 넘는 교사가 이 상에 지원했다. 바키 재단은 모든 이에 대한 양질의 교육이 매우 중요하다고 믿고 있었다. 거기에는 이렇게 적혀 있었다. "그동안 전 세계를 대상으로 이 시상식을 진행하면서, 우리는 훌륭한 교사들이 학생들의 삶과 공동체를 얼마나 더 좋은 쪽으로 변혁할 수 있는지 목격했습니다. (…) 우리는 교사들의 역할이 전 세계 미래에 대단히 중요하다고 믿습니다."

'세계 교사상'은 자기 분야에 뛰어난 공헌을 한 특별한 교사에게 매년 수여된다. 나는 역대 수상자 일부를 클릭했다. 자신이 가르치는 학생들을 입양한 이누이트 공동체의 교사, 폭력에 노출된 아이들을 돕는 팔레스타인 교사도 있었다. 이런 놀라운 교사들에 관한 소개를 읽고 나자 내가 수상할 가능성이 전혀 없다는 확신이 들었다. 런던에 있는 공립학교의 평범한 미술 교사가? 어림도 없었다. 그런 쟁쟁한 교사 중에서 50명 안에 들었다는 것만으로도 엄청난 영광이었다.

그 주 앨퍼턴 공립학교는 흥분에 휩싸였다. 제러드 매케나 교장 선생님은 학교 조회 시간에 나에 대한 소식을 전했고, 브렌트구 지역 신문에서 찾아와 인터뷰를 했다. 신문이

발행되는 날 어머니는 공공 도서관에 가서 구할 수 있는 만큼의 신문을 모두 받아와 교회에서 사람들에게 나눠주었다.

나는 10인의 최종 후보자 명단에 오르리라고 꿈도 꾸지 않았지만, 어머니는 계속 이렇게 말했다. "아노데라Anodera, 안드리아." 이는 앞으로 더 많은 일이 일어날 거라는 의미다.

그리고 2개월이 지난 2018년 2월, 바키 재단에서 그 주 금요일 오후 4시에 스카이프 화상 통화를 하자는 연락이 왔다. 8학년 학부모 모임이 오후 4시 30분에 시작될 예정이어서 타이밍이 완벽했다. 하지만 스카이프를 한 번도 사용해보지 않아 스마트폰에 프로그램을 깐 뒤 확인 차원에서, 여러 친구에게 오후 3시 30분과 3시 45분에 내 스카이프 링크가 멀쩡하게 작동하는지 시험해달라고 부탁했다. 오후 4시 정각에 화상 전화가 걸려왔다. 재단 이사장과 나누는 비공식적인 담소였다. 나는 그에게 최종 50명에 들어 매우 영광이고 행복하다고 말했다.

"다음 주에 10인의 최종 후보를 발표할 예정입니다." 그가 말했다.

"우와, 잘 진행되길 바랍니다."

"선생님이 거기 올라 있습니다."

바로 그 순간 나는 괴성을 질렀다. 그 바람에 스마트폰을 떨어뜨렸다. 스마트폰을 다시 집어 들자 화면 속 사람이 모두 거꾸로 보였다.

"이런, 이런, 맙소사." 나는 그들의 모습이 다시 바른 방향으로 나타나도록 애쓰면서 말했다.

4일 뒤 공식 발표가 날 때까지 이 소식을 혼자만 알고 있으라는 요청을 받았다. 수상자는 다음 달 두바이에서 열리는 시상식에서 발표될 거라고 했다. 얼른 통화를 마치고 학부모 모임에 가야 했다. 학부모 모임 자리에서도 얼굴에 웃음이 피어오르는 것을 숨길 수가 없었다. 그리고 얼마 전까지 경고 목록에 올라 있던 학생들은 갑자기 호의적인 평가를 받았다.

공식 발표 날, 나는 맨체스터 호텔 객실에 앉아 있었다. 다음 날 아침 정보 프로그램 〈BBC 브렉퍼스트Breakfast〉에 출연하기 위해서였다. 나는 자정까지 깨어 있다가 언급 금지 조치가 풀리자마자 세계 교사상 웹사이트에 올라온 최종 후보자들의 이야기를 읽었다. 그들의 이야기는 모두 경이로웠다. 콜롬비아 교사는 십 대 임신 수치를 0퍼센트까지 줄였다. 남아프리카 공화국 활동가는 100여 개 학교와 협력해 문해력을 향상시켰다. 호주 교장 선생님은 직접 유튜브 채널을 개설해 모든 아이에게 수학을 가르쳤다. 벨기에 교사는 66개국 250개 학교를 조직해 기후 연구 프로젝트에 참여시켰다. 나는 목이 멘 채 그들의 이야기를 하나도 빠짐없이 자세히 읽었다. 나는 그들과 비교가 안 됐다. 그들 모두 '너무나 특별했다'.

어떻게 내가 들어간 거지? 한편 나는 두바이에서 열리는 시상식에서 그들을 직접 만난다는 생각에 무척 흥분되었다. 마침내 잠자리에 누웠지만, 까무룩 잠들 때까지 같은 질문이 머릿속에서 계속 맴돌았다. 왜 나지?

다음 날 아침 내 삶은 완전히 바뀌었다. 감당하지 못할 정도로 인터뷰 요청이 쏟아졌다. 영국뿐만 아니라 전 세계에서 요청이 들어왔다. 심지어 그리스와 키프로스 TV 방송국들은 우리 학교까지 와서 영상을 촬영했다. 시상식을 위해 두바이에 갈 예정이라고 말하자, 어머니는 내 남편 존에게 어머니와 아버지가 나와 함께 시상식에 갈 거라고 선포했다.

"자네는 여기에 남아 아이들을 돌보게." 어머니가 존에게 말했다.

다행히 남편은 그리스인 장모의 괴롭힘에 익숙했다.

나는 내 이야기의 다문화적 요소가 전 세계 언론의 이목을 끌었다고 생각한다. 그토록 광범위한 문화권 학생들과 만나는 학교는 거의 없었다. 하지만 점점 더 많은 국가에서 이민자가 유입되는 상황에서, 나는 이 문제에 성공적으로 대처한 대표적 인물로 호명되었다. 내게 이런 일은 평범한 일상이었다. 하지만 인터뷰 진행자들은 내가 학생들 그리고 학부모들과 인사를 나누기 위해 그렇게 많은 언어를 애써 몇 마디씩 배운 것이 놀랍다고 생각했다. 또한 내가 여러 가정과 만나며 그들이 어떻게 살아가는지 이해하려 노력했다는 점, 다양한 문화권 학생들이 우리에게 적응해야 한다고 생각하지 않고 오히려 우리가 그들에게서 매우 많은 것을 배울 수 있다고 생각한 점 등을 높이 샀다. 아울러 나는 미술 과목을 위해 투쟁하고 있었다. 미술은 좀처럼 제대로 인정받지 못하는 과목이지만, 모든 사람이 일상생활의 일부로서 즐기는 과목이기도 하다.

어머니는 스크랩북을 만들어 내가 나눈 인터뷰를 빠짐없이 모아 그 안에 풀로 붙였다. 그리스에 사는 어떤 사람은 한 도로에 내 이름을 붙이고 그것을 사진으로 찍어 보내줬다. 물론 그 사진도 어머니의 스크랩북으로 직행했다. 우리 학교 학생들은 내가 텔레비전에 출연하는 것을 보기 좋아했다. 나는 하루아침에 아이들 사이에서 유명 인사가 되었다.

교장 선생님 또한 지원을 아끼지 않았다. 매일같이 저녁에 집으로 전화를 걸어 그날 인터뷰가 어떻게 진행되었는지 확인했고, 언론인이나 정치인과 대화를 나누는 방법에 대해 조언해주었다. 그는 그 당시 내게 최고의 멘토였다. 그는 항상 내게 어떤 지원이 필요한지 물었고, 나머지 교직원들은 똘똘 뭉쳐 내 수업과 학교 업무를 대신 맡아주었다. 최종 후보에 오른 것은 내게 매우 근사한 일이었지만, 한편으로 학생들을 포함해 모든 사람에게 큰 지장을 줄 수 있었다. 나는 이 일이 그들의 결과에 영향을 미치지 않기만을 바랐다. 결국 우리 학교는 프리랜서 선임 교사를 단기 고용해 학교에 와서 내가 하는 여러 역할을 지원하게 했다. 학교로선 엄청난 재정적 지원이었다.

2주 동안 언론의 관심이 끊이지 않았다. 관심이 시들해질 무렵 시상식에 참석하기 위해 두바이로 떠났다. 그저 단순히 시상식만 열리는 것이 아니었다. '글로벌 교육·기술 포럼 Global Education & Skills Forum'이 동시에 개최될 예정이었다. 이 포럼은 전 세계적인 대규모 회의로, 세계 각국 교육부 장관들이 빠짐없이 참석한다. 그뿐 아니라 교육 전문가들과 교사들도 참석한다.

나는 예전에 교생 실습을 했던 중산층 학교가 생각났다. 그리고 십수 년 전 어떻게 해서 내가 앨퍼턴 공립학교에 머무르겠다고 결심했는지 생각해봤다. 그다음 며칠 동안, 나는 강연을 하고 토론회에 패널로 참석하기로 되어 있었다. 하지만 이 사람들이 내게 듣고 싶은 말이 무엇인지 도무지 알 수 없었다. 이들은 모두 각자 자기 분야에서 최고 전문가다. 내가 이들에게 무엇을 가르칠 수 있단 말인가?

첫 번째 토론에 예술가인 마이클 크레이그 마틴과 함께 출연했다.

"이런 세상에, 학생들에게 당신에 관해 가르치는데요." 나는 두 손으로 얼굴을 감싸며 말했다.

나는 내게 영감을 준 미술 작품을 소개하고 그 이유를 들려달라는 요청을 받았다. 그래서 100명이 넘는 청중이 듣고 있는 그 공간에서 피카소의 〈우는 여인Weeping Woman〉이 내게 어떤 의미가 있는지 들려주었다.

잠시 나는 콜더 선생님의 교실로 순간이동했다. 빨간 제라늄이 심어진 화분이 교실 창턱에 줄줄이 놓여 있었다. 벽에는 포스터가 한 장 붙어 있었는데, 가장자리는 찢어지고 안으로 약간 말린 채 파란색 점토들로 벽에 고정되어 있었다.

"저는 이 그림이 맘에 들지 않았습니다." 그림이 프로젝션 스크린에 나타나자 내가 청중에게 말했다. "어렸을 적에 이 그림을 보면 겁을 먹곤 했죠. 이 여성의 초록색 얼굴을 보면《오즈의 마법사》에 나오는 사악한 마녀가 떠올랐거든요. 저는 선생님이 왜 이 그림을 교실에 붙여놓았는지 이해할 수 없었어요. 하지만 중등학교에 입학한 뒤 하나의 미술 작품을 잘 관찰하고 그 작품에 관해 글을 써오라는 숙제를 받았습니다. 그래서 〈우는 여인〉을 선택했죠. 그제야 이 작품이 얼마나 강력한지 깨달았습니다. 피카소는 이 여성의 눈물 속에서 움직임을 포착하려고 애썼어요. 감정을 담아내려고 한 거죠. 언어로는 정확히 포착하기 힘든 어떤 것을 붓 하나로 한 면에 표현했어요. 이후 저는 이 그림을 사랑하게 되었습니다. 이제 저는 아이들에게 큐비즘에 관해 가르치고, 학생들이 이런 작품들을 생생하게 느끼도록 돕습니다. 또한 작품의 의미를 설명하고 학생들이 작품과 연결감을 느끼도록 돕지요."

나는 말을 멈추고 청중이 내 말을 잘 듣기를 바라며 주위를 둘러봤다. 그런 다음 알렉스에 관한 이야기를 하기 시작했다. 난독증과 장애가 매우 심해 열두 살이 되도록 읽지도 쓰지도 못한 남자아이 말이다. 모든 교사가 알렉스를 가르치기 두려워했다.

"하지만 저는 알렉스에게 큐비즘에 관해 가르쳤고, 제가 피카소의 〈우는 여인〉을 보여주자 뭔가가 연결되었어요."

프로젝션 스크린에 내가 가져온 알렉스의 큐비즘 그림이 나타났다. 사람들이 일제히 탄성을 내뱉었다. 미처 알렉스가 그렸다고 말하기 전이었다. 나는 청중에게 알렉스가 이 그림을 그렸고, 교실에서 그림에 대해 인정받은 덕분에 알렉스의 학교생활이 완전히 달라졌다고 말했다.

"이것이 미술의 힘입니다." 내가 자리에 앉자 청중이 자리에서 일어나 환호의 박수를 보냈다. 나는 약간 어리둥절한 채 주위를 둘러보았다. 사람들의 환호가 나를 위한 것인지, 아니면 쇼의 진짜 스타인 알렉스를 위한 것인지 확실하지 않았다.

하지만 최소한 이제 이들이 무슨 얘기를 듣고 싶어 하는 지는 알 수 있었다. 이들은 학생에 관해 듣고 싶어 했고, 나와 같은 교사들이 일상적으로 맞닥뜨리는 진솔한 이야기를 가감 없이 듣고 싶어 했다. 그다음 날에는 수업을 해야 했다. 두바이에서 보낸 전체 시간을 통틀어 가장 편안한 시간이었다. 나는 요청한 미술 재료들이 제때 도착하지 않을까 봐 여행 가방에 재료들을 직접 가져왔다. 꽃 테이프와 철사, 그리고 풍선을 준비했다. 그걸 보니 내가 교사 연수 과정 초기와 그때 항상 가지고 다니던 연필, 자, 지우개가 들어 있던 가방이 떠올랐다.

이집트의 교육부 장관을 비롯해 전 세계에서 온 전문가들이 수업에 참여했다. 우리 사이에 공용어가 없어, 나는 미술 재료들을 이용해 꽃 만드는 방법을 직접 시범 보이며 가르쳐주었다. 무언가 만들 때 어른들의 얼굴에는 천진난만한 표정이 떠오른다. 아이들에게서 볼 수 있는 표정과 똑같았다. 자기 손으로 뭔가 만드는 일보다 더 흥미진진한 일은 없다. 나이가 몇 살이든 상관없이 말이다.

시상식 며칠 전 저녁 식사 자리에서 최종 후보에 선정된 동료 교사들을 만났다. 금세 그들과 끈끈해졌다. 결국 우리는 최종 10인에 드는 것이 어떠한 느낌인지 아는 사람들 아닌가. 그들 각자의 이야기는 매우 놀라웠다. 나는 그들 사이에 포함된 것만으로도 깊은 영광이라고 느꼈다. 우리는 함께 강연하고 서로 토론회 패널로 활약했다. 시상식 당일 밤이 되자, 그들 중 누가 수상자로 호명되어도 조금의 차이 없이 한없이 기쁠 것 같았다.

머리 손질과 메이크업을 받고 나니 기분이 좋았다. 나는 그런 완벽한 치장에 익숙하지 않았다. 수많은 관중 속 어딘가에, 브렌트 크로스 쇼핑센터에서 산 드레스를 입은 어머니와 아버지가 앉아 있으리라 생각했다. 최종 후보자들의 10분짜리 동영상이 앉은 순서대로 상영되었다. 이토록 먼 곳에서 앨퍼턴 공립학교 학생들의 모습을 보니 눈물이 차올랐다. 마침내 수상자가 호명되면 무대 위로 올라오라는 소개가 나왔다. 시상식은 호화롭고 정성이 가득했다. 우리는 레이싱 드라이버인 루이스 해밀턴이 트로피를 가지고 거리를 운전해와서 콘퍼런스 스튜디오 안까지 직접 들어오는 모습을 스크린으로 봤다. 남아프리카 공화국 출신 코미디언 트레버 노아가 무대에 나와 수상자를 발표했다.

하지만 우리가 앉아 있는 곳에서는 그의 목소리가 잘 들리지 않았다. 그래서 그가 내 이름을 발표한 뒤 몇 초 동안 나는 수상자인지 전혀 몰랐다. 최종 후보자 중 한 명인 에디가 나를 향해 돌아서 팔을 크게 벌려 힘껏 껴안았다. "당신이에요, 안드리아. 당신이 수상자예요." 그가 말했다. 그가 무슨 말을 하고 있는지 이해하느라 잠시 시간이 걸렸다. 상황을 파악하고 나서, 나는 최종 후보자를 한 명 한 명 껴안았다. 마치 그들이라는 안전망에서 아직 떠날 준비가 덜 된 사람처럼 말이다.

관중의 열기가 점점 뜨거워졌다. 시상대를 향해 걸어갈 때 환호 소리와 박수 소리에 모든 신경이 마비되는 듯했다. 나는 심호흡을 하려고 애쓰면서 그 순간을 즐기라고 나 자신에게 되뇌었다. 울지 않으리라 단단히 마음먹었다. 나는 강렬하고, 강하고, 견고한 연설을 하고 싶었다. 트로피를 받은 뒤 연단 위로 올라가 수많은 관중을 바라보았다.

'학교 조회를 하고 있다고 생각해.' 나는 이렇게 생각하며 입을 열려고 했다. 다만 4000명의 관중이 있을 뿐이었다.

나는 숨을 깊이 들이마셨다. "저는 런던 브렌트구에 있는 앨퍼턴 공립학교의 동료 교사들과 훌륭한 학생들과 함께 이 영광을 나누고 싶습니다……." 나는 이 사실이 믿기지 않는다는 듯이 잠시 말을 멈췄다. "런던이지요!"

관중에게서 환호성이 터져 나왔다.

"또한 최종 후보자들과 함께 이 영광을 나누고 싶습니다. 놀라운 분들이지요. 그리고 전 세계 각지에서 일하는 모든 교사 분들과 영광을 나누고 싶습니다. 왜냐하면 오늘 밤은 단지 한 사람을 축하하는 자리가 아니기 때문입니다. 모든 교사를 축하하고 아이들의 미래를 만들어가는 과정에서 그들이 얼마나 중요한 역할을 하는지 인정하는 자리이기 때문입니다."

나는 어머니와 아버지를 관중 속에서 찾으면서 그분들에게도 감사 인사를 했다. 남편, 딸아이들, 그곳에 함께한 제러드 교장 선생님, 그리고 친구들에게 감사를 표했다.

"제가 교사로 일하고 있는 런던 브렌트구 공동체는 아름다울 정도로 매우 다채롭습니다. 전 세계에서 다양한 문화가 가장 많이 뒤섞여 있는 공동체라고 해도 과언이 아닙니다. 이 지역 거주자의 거의 절반이 영국이 아닌 곳에서 태어났고, 우리 학교 학생들은 100가지가 넘는 언어를 사용합니다. 많은 학생에게 영어는 집에서 사용하는 주된 언어가 아닙니다. 또한 안타깝게도 우리 공동체의 많은 학생은 힘겨운 환경에서 살아가고 있습니다. 학생들은 힘든 삶을 삽니다. 좁고 혼잡한 집에 살고 있어, 공부할 수 있는 평화롭고 고요한 장소를 찾기가 어렵습니다. 어떤 학생은 부모님이 직장에서 근무하는 동안 다른 가족을 간병하거나 어린 동생들을 돌보느라 방과 후 활동에 참여하지 못합니다.

놀라운 점은 가정에 어떤 문젯거리가 있든, 무엇이 자기 삶에서 결핍되어 있거나 무엇이 자신에게 고통을 야기하고 있든, 우리 학교가 아이들의 것이라는 점입니다. 만약 우리 학교가 새벽 6시에 문을 연다면 아이들은 새벽 5시에 교문

밖에서 줄 지어 기다릴 것입니다. 아이들은 이토록 경이롭습니다. 그러므로 우리가 교사로서 할 수 있는 가장 중요한 일은 우리 학교가 '안전한 피난처safe havens'가 되도록 보장하는 것입니다."

청중석은 고요했다. 나는 말을 이었다. "또한 안정적인 가정생활을 하지만 우리 학교에 다니기로 선택한 학생들도 있습니다. 우리 학교가 다양성을 중시하고 학생들이 서로를 수용하고 인정하는 진짜 시민으로 양성하기 때문입니다. 그러므로 전 세계 모든 학생에게 말하고 싶습니다. 여러분이 어떤 환경에 처해 있든, 여러분이 어떤 어려움을 겪고 있든 절대 잊지 말기 바랍니다. 여러분이 무엇을 꿈꾸든 여러분에게는 그 꿈을 성취할 잠재력이 있습니다. 그리고 그것은 아무도 빼앗을 수 없는 여러분의 권리입니다."

관중이 갈채를 보냈다.

"어렸을 때부터 제 꿈은 미술 교사가 되는 것이었습니다. 그리고 '자랑스럽게도' 현재 미술 교사로 일하고 있습니다. 미술 과목은 커리큘럼에 들어가기 위해 그리고 예산을 확보하기 위해 늘 싸워야만 합니다. 게다가 예산이 가장 먼저 삭감되는 과목일 때가 많습니다. 이는 매우 잘못된 일입니다." 나는 잠시 말을 멈췄다. "박수를 쳐도 됩니다."

청중이 큰 소리로 웃었다.

"미술 과목은 학생들에게 창의적으로 사고하는 방법을 가르칩니다. 그리고 이는 학생들이 학교를 졸업한 뒤 일할 때 매우 중요한 역할을 합니다. 또한 미술 과목은 역경을 극복하는 힘을 기르고, 인내는 결실을 낳는다는 사실을 가르칩니다. 제 학생들에게 미술 과목은 일종의 보호 구역입니다. 안전하게 자기 자신을 표현하고 자기 정체성과 연결할 수 있는 곳입니다. 미술 과목에 더 많은 시간을 쏟고 다른 과목들의 성적 역시 더 좋아지는 경우를 많이 봅니다. 제 학생들이 그 증거입니다. 그들은 잘 자라고 있습니다. 미술 과목을 포괄하는 커리큘럼이 어떤 결과를 낳았는지 잘 보시기 바랍니다. 저는 전 세계에서 오신 경이로운 교사들과 만나며 생애 가장 놀라운 며칠을 보냈습니다."

나는 동료 최종 후보자들을 향해 몸을 돌리고 트로피를 들어 올렸다.

"이 수상의 기쁨을 여러분 그리고 각자 자리에 있는 모든 교사와 함께 나누고 싶습니다. 이 상은 우리 모두를 위한 상입니다."

12장

'세계 교사상'이 실현해준 꿈
- 아티스트 인 레지던스

예술가들은 학생들이 자기자신과
자신의 교육에 관해 느끼는 방식을
발전시키면서 많은 것을 깨달았고, 이를
자기 작품에 투영했다. 가장 중요한
것은, 진짜 예술가와 작업함으로써
아이들이 자기 커리어 선택에 관해 더
폭넓게 생각하기 시작했다는 점이다.

'세계 교사상'을 받은 후 며칠간은 회오리바람이 몰아치는 것처럼 정신없이 지나갔다. 여기서 그 상황을 정확히 묘사하기란 불가능할 것이다. 화려한 순간들이 이어졌다. 파티, 유명 인사와의 인터뷰, 호화로운 저녁 식사. 부모님이 영국으로 돌아간 후 세계 각지의 언론 매체들과 인터뷰가 끊임없이 이어졌다. TV에도 출연했다. 내가 오랫동안 존경해온 교육계 개척자들과 만나는 믿기 힘든 순간들도 있었다.

하지만 이 모든 일보다 내 마음에 깊숙이 새겨진 최고의 순간은 히스로 공항에서 사람들이 나를 기다리고 있던 순간이었다. 나는 야간 항공편으로 영국에 도착한 후 곧바로 다우닝가로 가서 총리를 만날 예정이라고 들었다. 그래서 제안받은 대로 기내 휴대 가방에 갈아입을 옷을 꾸렸다. 비행기에서 내리자마자 공항 화장실에서 재빨리 옷을 갈아입을 생각이었다. 그런데 세관을 통과해 공항 안에 들어서자마자 환호성이 들렸다. 사람들 무리도 보였다. 손목시계를 봤다. 아직 새벽 6시밖에 되지 않은 시간이었다. 나는 그들이 누구를 기다리고 있는지 궁금해하며 약간 당황했다. 바로 그 순간 남편 존과, 두 딸 소피아와 안나의 얼굴이 눈에 들어왔다. 나는 모든 짐을 내팽개친 채 그들의 품으로 뛰어들었다.

하지만 그게 전부가 아니었다. 도착 게이트 앞에 모여 있던 커다란 무리의 사람들에게서 박수와 환호성이 터져 나왔다. 거기에는 어머니, 아버지, 남동생과 언니, 조카들, 친구들, 교장 선생님, 동료 교사들, 지역 의회 의원, 우리 지역 하원 의원인 배리 가디너, 그리고 나를 향해 미술 작품을 흔드는 약 100명의 학생이 있었다.

"선생님! 선생님! 선생님이 해내셨어요!" 학생들이 환호성을 질렀다.

나는 양손으로 얼굴을 감싸고 와락 울음을 터뜨렸다. 이렇게 많은 사람이 단지 나 하나를 위해 거기 있다는 사실이 믿기지 않았다.

"정말 자랑스러워요, 선생님!" 많은 학생이 눈물을 글썽였다.

교장 선생님은 시상식이 열린 날 밤에 특별히 학교를 개

방해 생방송으로 시상식을 중계했고, 내가 수상자로 호명되자 박수 소리와 환호성으로 홀 전체가 터져 나갈 뻔했다고 말했다.

"아이들은 선생님의 귀국 환영회를 놓칠 수 없었어요." 한 동료 교사가 말했다.

군중 사이에서 어머니가 내 얼굴이 프린트된 티셔츠를 입고 앞으로 걸어 나왔다. 어머니의 손에는 올리브잎으로 만든 화환이 들려 있었다. 어머니는 손을 위로 뻗어 내 머리에 화환을 씌워주었다. 나는 나의 뿌리로 돌아와 너무 행복했다. 견고한 영국의 영토와 사랑하는 이 모든 사람에게로.

그들과 함께 머물면서 축하하고 싶은 마음이 굴뚝 같았지만, 바키 재단 사람들이 내 소매를 조심스레 잡아끄는 게 느껴졌다. 총리가 기다리고 있음을 상기시키는 신호였다. 그래서 아쉽지만 작별 인사를 하고 가능한 한 많은 사람과 하이 파이브를 한 후 웨스트민스터로 향했다.

다우닝가에서 나눈 대화(이 책 맨 앞에서 간략하게 소개)는 내 심장에 불을 붙였다. 그 후 며칠 동안 나는 그 대화에 관해 머릿속으로 곱씹고 또 곱씹었다. 그러자 분노가 치밀었다. 예산을 줄인다든지 필수 경비에서 미술 과목을 배제한다든지 하는 방식으로 정부가 학교들을 얼마나 낙담시켰는지 오랫동안 지켜봤다. 하지만 그들은 지금 내가 신규 교사 모집 홍보 업무와 관련해 돕기를 원했다. 그들의 제안에 화가 치밀면서, 한편으로 불안했다. 너무 심한 말을 많이 한 것은 아닌지 걱정됐다. 또한 바키 재단은 내가 그들의 제안을 공손하게 받아들이고 총리와 교육부 장관이 원하는 대로 홍보대사가 되기를 바라는지도 모른다는 생각이 들었다. 하지만 나는 그럴 수가 없었다. 그 순간, 브렌트구의 평범한 미술 교사인 내게는 모든 것이 '진정성'의 문제로 귀결되었다. 그러나 이런 걱정은 비카스 이사장에게서 한 통의 전화를 받고 모두 사라졌다.

"비카스 이사장님, 사과드리고 싶어요." 내가 먼저 말을 꺼냈다.

"뭘요?" 그가 말했다.

나는 그에게 내가 무엇을 걱정하고 있는지 토로했다. 내가 닉 기브 교육부 장관의 제안을 받아들였어야 하는 것 아닌지, 정부에 대한 실망의 말들을 쏟아내지 말았어야 하는 것 아닌지 걱정된다고 했다.

"말도 안 돼요, 선생님은 매우 훌륭했어요." 비카스 이사장이 말했다.

그는 다우닝가에서 있었던 일을 분석하기 위해 전화한 것이 아니었다. 함께 논의할 더 중요한 것이 있었다. 두바이에서 수상 직후 저녁 식사를 하면서 그는 내게 상금을 어디에 쓸 계획이냐고 물었다. 나는 몇 년 동안 마음에 품어온 대략적인 아이디어를 말했다. 나는 런던의 빈민 지역 학교들을 위해 '예술 허브arts hub'를 만들겠다는 꿈을 꿔왔다. 아이들이 현실의 진짜 예술가들을 만나고, 그들에게 직접 수업을 들을 수 있는 그런 곳 말이다.

"어떻게 하면 그 꿈을 현실화할 수 있을지 논의해봅시다." 그가 말했다.

일주일 뒤 나는 바키 재단 런던 본부에서 그를 다시 만났다. 그는 내게 자기 팀원들을 소개해주었다. 내가 정확히 어떤 기관을 세우고 싶은지 고민하는 일을 돕고 내 꿈이 현실로 이루어지도록 함께해줄 사람들이라고 했다.

"어디서부터 시작해야 할지 모르겠어요." 내가 말했다.

"우리가 도와드릴게요. 선생님이 생각하기에 선생님과 선생님의 학생들에게 거대한 변화를 일으킬 수 있는 한 가지 일이 있다면 그게 무엇인가요?" 비카스 이사장이 말했다.

나는 잠시 생각했다.

"어렸을 적 제 미술 선생님은 예술가 친구들을 학교로 초대했어요. 그러고는 우리에게 그들의 작품활동에 관해 들려주게 했죠. 저는 그 활동에서 매우 큰 영감을 받았어요. 언젠가는 미술계에서 일자리를 얻을 수 있겠다는 자신감과 믿음이 생겼죠. 더 성취하고 싶다고, 더 경쟁력을 높이고 싶다고 원하게 되었어요. 그 활동은 제게 길을 제시해주었고, 저는 거기에 집중할 수 있었어요. 이와 똑같은 모습을 제 학생들에게서 본답니다. 우리가 친구들이나 예술가들을 초대해 학생들에게 그들의 작품을 보여주면, 학생들은 자신에게 중요한 질문을 던질 겁니다. '그 일은 어떤가요?' '고객 중 유명한 사람이 있나요?' '돈은 얼마나 버나요?' 이런 질문들 말이죠."

테이블을 둘러싼 모두가 일제히 웃음을 터뜨렸다.

"저는 그와 같은 일을 하는 단체를 세우고 싶어요. 무료로 학교가 예술가를 교실로 초대하게 도와주고, 그를 통해 학생들에게 자신도 예술가가 될 수 있다는 꿈을 꾸게 만드는 그런 비영리 자선단체요. 어쩌면 '아티스트 인 레지던스artists-in-residence'와 비슷할 거예요."

"좋은 이름이네요. AiR 말이에요." 비카스 이사장이 말했다.

우리의 회의는 몇 주, 그리고 몇 달에 걸쳐 진행되었다. 우리는 신중하고 간명하게 계획을 취합하고, 예산과 인적 자원, 자선단체의 사명문을 꾸리고 만들었다. 그 사이사이 내 삶은 세계 곳곳에서 들어오는 신문과 방송 인터뷰 요청으로 가득 찼다. 그뿐 아니라 나는 영감을 주는 강의를 해달라는 요청을 받기 시작했다. 영국뿐만 아니라 칠레, 아르헨티나, 남아프리카 공화국, 미국과 같이 먼 나라에서도 요청이 날아들었다. 유럽의 나라들은 말할 필요도 없었다.

게다가 교육계는 물론 예술계에서도 요청이 쏟아졌다. 갑자기 나는 그들을 위해 투쟁하는 사람이 되어 있었다. 재정적으로 그리고 문화적으로 투자가 부족하다고 소리를 높이는 누군가가 되어 있었다. 나는 왕립미술원의 여름 특별전과 같은 놀라운 행사에 초대되거나 서펜타인 갤러리의 관장과 만났다. 관장은 내가 예술가들 그리고 미술계 주요 홍보대사들과 직접 만날 수 있게 소개해주었고, 그들은 내가 자선단체에 대해 이야기하자 도움을 아끼지 않겠다고 약속했다. 또한 나는 세계경제포럼으로부터 다보스에서 열리는 콘퍼런스에 문화 리더로 참석해달라는 초대도 받았다.

학교에 있는 내 우편함은 늘 꽉 차 터지기 일보 직전이었지만, 모든 초대장이나 축하 편지에 일일이 답장을 보내기는 어려웠다. 하지만 어느 날 오후 사무실에 앉아 있는데 책상 위 서류 더미에서 손으로 쓴 두 개의 미개봉 봉투가 눈에 띄었다. 그중 하나를 보니 봉투가 매우 우아했다. 워터마크 표시가 된 두꺼운 종이에 세련된 서체로 내 이름과 주소가 적혀 있었다. 다른 하나는 파란색 작은 봉투였는데, 볼펜으로 쓴 가늘고 긴 서체의 글씨가 적혀 있었다. 글씨가 적혀 있었다. 나는 이 봉투를 먼저 열어보았다.

그 편지는 "네가 나를 기억할지 모르겠지만"으로 시작했다. "나는 네가 아홉 살 때 너를 가르쳤단다. 나는 콜더 선생님과 친하게 지냈지. 콜더 선생님은 현재 고향인 뉴질랜드로 돌아가 살고 계셔. 하지만 나는 편지로나마 우리가 너를 얼마나 자랑스러워하는지 말해주고 싶단다."

편지에는 에녹 선생님의 서명이 들어 있었다. 물론 나는 선생님을 기억했다. 에녹 선생님은 내가 라운더스팀에 이브라힘을 처음으로 뽑았을 때 친절한 행동을 했다며 칭찬해주셨던 분이다. 어떻게 내가 잊을 수 있겠는가. 나는 30년 넘게 만나지 못한 선생님이 귀중한 시간을 들여 내게 편지를 쓰신 것에 깊은 감동을 받았다. 바로 이것이 교사와 학생 간 관계의 힘이다.

나는 조심스럽게 두 번째 편지를 펼쳤다. 빅토리아 앨버트 박물관의 시상식에 참석해달라는 초대장을 보자 숨이 턱 막혔다. 더욱 놀라운 것은 그들이 내게 초청 연사를 맡아달라고 부탁한 사실이었다.

이러한 모든 요청과 초대가 황홀하기는 했지만, 나는 여전히 수업에서 학생들을 가르치려 애쓰고 학교의 SLT 일원으로서 내 의무를 다하려 애쓰고 있었다. 하지만 점점 더 이 모두를 감당하기 힘들어졌다. 나는 언제나 내게 지원을 아끼지 않는 제러드 교장 선생님에게 의논하러 갔다. 그는 내게 시간제로 일해도 좋다고 허가했을 뿐만 아니라, 학교 용지에 있는 한 건물을 빌려 자선단체를 세우고 운영해도 좋다고 말했다.

나는 물밀듯이 밀려드는 인터뷰 요청에 매우 압도되었다. 학교 측에서는 사람을 고용해 소셜미디어를 관리하고 내 스케줄을 정리하는 일을 맡겼다. 나는 이런 일들이 학교와 학생들에게 얼마나 지장을 주는지 잘 알고 있었다. 하지만 많은 귀중한 순간들 역시 존재했다. 내가 '세계 교사상'을 수상한 이후 케이트 미들턴 왕세자비가 우리 학교를 방문해 식스폼(영국의 중등교육에 해당하는 교육 과정_옮긴이) 학생들의 미술작품을 둘러보며 함께 시간을 보냈다. 대학교에서 미술사를 전공한 그녀는 학생들이 완성하고 있는 모든 작품을 깊이 있게 감상했다. 또한 그녀는 정신 건강에도 관심이 지대했다. 나는 그녀에게 미술 과목이 학생들의 건강과 행복을 얼마나 증진하는지, 미술 과목이 어떻게 누군가를 트라우마에서 벗어나게 돕거나 침묵하던 아이가 말하게 도울 수 있는지 설명했다.

그녀가 학교를 떠날 때 나는 그녀의 손에 직물 작품을 하나 쥐여주었다. 옥양목에 수를 놓은 매우 단순한 작품이었지만, 내가 오랫동안 보물처럼 여겨온 것이었다. 반 고흐의 〈별이 빛나는 밤에〉에서 영감을 받은 아름답고 색채가 풍부한 작품이었다. 나는 거기에서 바로 손을 떼지 못하고 조금 더 붙잡고 있으면서 왕세자비에게 그 작품과 관련된 이야기를 들려주었다. 그 작품은 정신질환 때문에 매우 힘겹게 고생하던

한 학생이 만든 것이었다.

"이 작품이 선생님에게 어떤 의미가 있을지 이해되네요." 그녀가 말했다.

"하지만 우리와 힘을 모아 그 아이는 결국 문제를 극복했답니다." 내가 자신 있게 말했고, 그녀는 작별 인사를 했다.

비영리 자선단체 '아티스트 인 레지던스'는 2018년 6월 출범했다. 그 전 몇 달 동안 나는 많은 저녁 식사에 참석했고, 방송인이자 작가인 멜빈 브래그 경이나 예술가인 마크 월링거, 역사학자인 사이먼 샤마 등과 같은 훌륭하고 영향력 있는 명사들을 소개받았다. 그들 모두 '아티스트 인 레지던스'의 출범을 축하하기 위해 참석했다.

나는 일을 진척시키면서 많은 것을 배웠다. 배우면서 동시에 일하는 것처럼 느껴졌지만 말이다. 마치 비행기를 만들면서 동시에 그것을 운항하는 느낌이었다. 내가 예상한 것만큼 수월하지만은 않았다. 하지만 내게는 이 일을 해낼 에너지가 있고 바키 재단의 지원도 있어, 무엇이라도 성취할 수 있을 것 같았다.

나는 학교에서 나를 위해 단기 채용했던 소셜미디어 매니저를 정식으로 고용하고 '아티스트 인 레지던스'의 하루하루 운영을 돕게 했다. 또한 이사회를 조직하는 동시에 행정 업무에 관한 모든 것을 배우고 새로운 기부처를 찾고 학교들과 협력할 의향이 있는 예술가들을 모집했다. 내 계획은 이제 더 윤곽이 뚜렷해졌다. 미술가, 음악가, 작가, 다양한 창작자들을 그들이 필요한 학교에 투입하는 것이다. 그들은 어려움을 겪고 있다고 학교에서 판단한 학급과 협력할 것이다. 전체적인 목표는 학생들의 학교생활에 새로운 힘을 불어넣는 것이다. 그들에게 영감을 주고 그들이 스스로 자랑스러워할 수 있는 작품을 만들도록 도우면서 말이다.

나의 목표는 작게 시작하는 것이었다. 그렇지만 런던 빈민 지역에 있는 학교들뿐만 아니라 런던 전 지역 학교들까지 포함할 계획이었다. 첫해에는 예술가들을 학교에 보내는 일에 집중할 것이고, 일단 그 일이 일정한 궤도에 오르면 영국 전 지역으로 확장할 계획이었다. 대상 학교를 선택하는 데는 한 가지 기준이 있었다. 재학생 중 최소한 20퍼센트가 무상급식을 해야 했다. 이를 통해 우리는 그 학교가 빈곤 지역에 있고, 그곳 학생들이 우리의 도움이 가장 필요하다는 사실을 확인할 수 있었다. 최종 임무는 교육 과정에서 예술 과목의 인지도를 높이는 것이었다.

'아티스트 인 레지던스'를 출범한 이후 수많은 기부금과 제안이 밀려들었다. 유명한 연극 감독 마이클 애튼버러가 '아티스트 인 레지던스'의 예술가 일원으로 등록했고, 배우 조앤 콜린스의 아들이자 훌륭한 예술가인 알렉산더 늘리도 동참했다.

그러고 나서 다소 색다른 곳으로부터 지원 제안이 들어왔다. 정부의 디지털/문화/미디어/스포츠부 장관인 맷 핸콕의 사무실에서 내게 접촉해왔다. 그들은 우리 단체가 하는 일과 비슷한 일을 하려고 한다면서, 용도가 지정된 예산이 있다고 했다. 그러고는 그 예산을 내가 받은 상금에 보태고 싶다고 했다. 또 다른 70만 파운드가 생기는 것이었다. 나는 그들의 말을 믿을 수가 없었다. 이 제안을 받자 교사로서 일해온 그간의 시간이 한꺼번에 머릿속에 몰아쳤다.

재정 지원보다 마침내 인정받았다는 사실이 더 반가웠다. 정부가 교육 과정에서 예술의 중요성을 인식한 것이다. 아마도 나의 '세계 교사상' 수상이 그들을 확신시킨 것 같았다. 영국 아이들은 예술 교육에서 더 많은 기회를 누릴 자격이 있고, 아이들의 예술 교육에 투자해야만 미래 미술가, 건축가, 작가, 댄서, 배우, 패션디자이너를 양성할 수 있다는 사실 말이다. 나의 메시지가 마침내 그들에게 도달한 것이다. 나는 그들에게 즉시 연락해서 제안에 감사를 표했다. 그리고 그렇게 하는 데 도움이 된다면 무슨 일이든 기꺼이 하겠다고 말했다.

그런데 이후 아무런 소식이 없었다. 테리사 메이 총리는 내각을 개각했고 맷 핸콕은 다른 곳으로 자리를 옮겼다. 그와 함께 나의 기회도 사라져버렸다. 몇 주, 몇 달이 지났지만 더 이상 진전이 없었고, 어떠한 연락조차 없었다. 마치 그런 제안이 존재한 적이 있었나 싶을 정도였다.

실망감을 숨기기 힘들었다. 하지만 내게는 해야 할 일이 많았다. 우리는 새로운 학년도로 진입했다. 우리 단체에 공식적인 첫 번째 학년도였다. 런던의 여러 학교에서 우리가 진행하는 프로젝트에 관심을 보이기 시작했다. 그들은 갖가지 문제를 가지고 우리를 찾아왔다. 낮은 출석률이나 등교를 거부하는 학생들 문제, 특수교육이 필요한 학생들이 진전을 보이지 않는 문제 등이었다. 어떤 학교는 이민자 가정의 아이들이 고민의 핵심이었다.

나는 이 학교들을 예술가들과 짝짓느라 정신없었다. 그러는 동시에 직접 예술가들 오디션도 봐야 했다. 우리는 예술가들의 뜨거운 호응에 압도될 지경이었다. 하지만 모든 예술가가 학생들과 함께 작업해본 경험이 있거나 학생들의 제1언어를 아는 것은 아니었다.

6개월이 지난 후 구명밧줄이 내려왔다. 교육부에서 이메일이 하나 도착했는데, 디지털/문화/미디어/스포츠부가 시작했던 대화를 다시 꺼냈다. 그때 그 예산을 교육부에서 할당하도록 배정되어 예전 그 일을 다시 추진하기로 했다는 내용이었다. 나는 온몸에 전율을 느꼈다. 내가 '세계 교사상'을 수상한 지 거의 1년이 지난 후였다. 나의 삶은 예전과 완전히 달라져 있었다. 몇 달 동안은 매달 외국에서 서너 개의 강연을 해야 했다. 그래서 교실보다 공항에서 더 많은 시간을 보내는 것처럼 느껴졌다. 하지만 나는 이 시간을 이용해 교육부가 예산을 집행하기 위해 요구하는 '시행계획'을 구체화하는 일에 착수했다.

그들은 팩트, 숫자, 우리 단체의 완벽한 사업 전망이 필요하다고 했다. 우리는 런던에 있는 학교들을 도우며 소규모로 시작했다. 하지만 영국 전역으로 확장하기 위해 우리 사업 모형을 알고 싶어 하는 것은 너무나 당연했다. 그런 도약을 할 준비가 완전히 되어 있지는 않았지만, 그들이 우리의 예산에 자금을 지원한다면 나는 전력을 다할 작정이었다. 이는 몇 주 동안 관련 업무를 해야 한다는 걸 의미했다. 그것은 내가 다른 보조금 사업들에 지원할 수 있는 시간이었다. 그렇지만 나는 이 일이 몇 주를 투자할 가치가 있다고 확신했다. 그리고 정부가 예술 교육에 투자할 준비가 되어 있다는 사실이 모든 것을 바꿔놓을 수 있다고 확신했다.

2개월이 지난 뒤, 나는 그들이 요구한 모든 자료를 제출했다. 우리 계획은 탄탄했고, 우리의 사업 모형은 정확했다. 의심의 여지가 없었다. 정부의 지원만 있다면 학교들이 예술 과목을 커리큘럼 과정상 쓸데없는 과목이라고 생각하게 강요하는 교육계의 관행을 마침내 완전히 뒤집을 수 있었다. 나를 통해, 모든 예술 교사―모든 드라마 교사, 혹은 디자인과 테크놀로지 교사, 혹은 댄스 교사들―의 목소리가 세상에 들리는 것처럼 느껴졌다.

우리는 차분히 기다렸다. 몇 주일이 지난 뒤 교육부의 한 공무원이 프로젝트에 관해 논의하기 위해 학교로 찾아왔다. 나는 그 회의 때문에 매우 흥분해 있었다. 영국 곳곳에 있는 학생들의 삶을 변화시킬지도 모르는 나의 꿈이 드디어 실현된다니 믿어지지 않았다.

우리는 내 사무실에서 마주 앉았다. 그가 목을 가다듬었다.

"안드리아 선생님, 유감이지만 교육부는 선생님의 단체에 어떠한 자금도 지원할 수 없게 되었습니다." 그가 말을 꺼냈다.

나는 믿을 수 없다는 표정으로 그를 쳐다봤다. 하지만 애초에 '내게' 이 제안을 한 것은 바로 그들 아닌가.

"저희 변호인단에 자문한 결과 우리가 이런 프로젝트에 투자한다면, 다른 예술 단체들과 공개 입찰을 해야 한답니다. 하지만 만약 선생님이 저희가 공모전을 준비하는 걸 도와주신다면……."

얼마나 순진해 빠졌던가. 교육부가 우리를 지원해줄 것이고, 그들이 '아티스트 인 레지던스'가 하고 있는 일의 중요성을 인식했다고 추정하다니 말이다. 그들이 먼저 내게 제안했고, 그 일로 몇 주일의 시간을 빼앗겼는데, 이제야 변호인단에 자문해 아예 진행할 수 없다고 결정했다니, 어이가 없었다.

어떤 면에서 이 사례는 미술 교사로서 내 커리어를 전형적으로 보여주었다. 정부가 우리를 도와주리라 신뢰할 수 있는 경우는 지금까지 단 한 번도 없었다. 아무것도 변하지 않았다.

공무원은 자리를 떴고, 나는 다시 추스르고 힘을 내는 데 시간이 조금 걸렸다. 하지만 일단 내 심장에 다시 불이 붙은 이상, 학생들에게 예술을 전달하겠다는 결심이 확고한 이상, 정부의 도움이 있든 없든 나를 막을 수 있는 것은 아무것도 없었다. 나는 실망을 떨쳐내고 '아티스트 인 레지던스'에 완전히 집중했다. 그 무렵 학교에 배치한 예술가들이 학생들과 하는 모든 작업에서 효과가 나타나기 시작했다.

마이클 애튼버러는 전 세계 가장 유명한 극장들과 작업을 했다. 다른 역할들 중에서도 그는 알메이다 극장과 햄프스태드 극장에서 예술 감독으로 일했고, 영 빅 극장과 웨스트 요크셔 극장에서 조감독으로 일했으며, 수년간 로열 셰익스피어 컴퍼니 극장에서 전임 감독이자 제작 책임자로 일했다. 또한 그는 유명한 애튼버러 가문 출신이다. 자격을 논한다면 그보다 더 높은 자격을 갖춘 사람은 찾기 힘들 것이다. 그가 2019년에 런던 동부의 한 중등학교에서 GCSE 학생 그룹과 함께 작업하게 되었다.

그 학교의 연극 과목 교사들이 '아티스트 인 레지던스'에 연락을 취한 이유는 자신들이 가르치는 과목에서 진전이 있기를 간절히 원했기 때문이다. 그들에게는 두 학급의 GCSE 연극 과목 학생들이 있었는데, 이 학생들은 셰익스피어를 이해하기 힘들어했다. 그리고 이는 그들의 성적에 그대로 나타났다. 그 과목은 우리의 기준으로 볼 때 그 학교의 '학교 발전 계획'에서 가장 개선이 필요한 과목 중 하나였다.

그 학교는 우리의 다른 기준에도 걸맞았다. 그 학교가 있는 혼지 지역은 무상급식을 하는 학생의 비율이 높고 많은 인종이 혼합되어 있었다. 어떤 면에서 보면 〈로미오와 줄리엣〉이 이 학생들에게 와닿지 않는 것도 무리는 아니었다. 아이들은 이 희곡이 낡디낡고 자기들 삶과 동떨어져 있다고 느꼈을 것이다. 하지만 누군가 셰익스피어를 이 아이들 앞에 데려올 수 있다면, 그 사람은 마이클 애튼버러밖에 없었다.

마이클은 이 학교를 세 번에 걸쳐 방문했고, 학생들과 교사들 모두 그를 사랑했다. 학생들과 진행한 첫 번째 세션에서 마이클은 학생들에게 두 시간 동안 〈로미오와 줄리엣〉을 온전히 감상하게 했다. 그는 학생들과 대화를 나누면서 자기 뒤에 슬라이드를 쏘아 보여주었다. 그가 연출한 〈로미오와 줄리엣〉 연극 작품에 나오는 유명한 장면들이었다. 그리고 그 사진들은 작품의 캐릭터들에 생명력을 불어넣기 시작했다. 학생들은 몇 분 지나지 않아 그에게 완전히 매료되었다. 그 작품을 연출한 사람이, 교실 벽 위로 투사된 사진들의 모든 디테일 하나하나를 책임졌던 바로 그 사람이, 일부러 시간을 내어 그들의 학교를 방문해서 직접 대화하고 있었다.

그는 특정한 슬라이드에서 잠시 멈춘 후 학생들에게 모든 측면을 깊이 음미하게 했다.

"왜 그녀는 손을 저렇게 하고 있을까? 이게 무엇을 의미할까? 왜 그녀는 하늘을 올려다보고 있을까? 그녀는 무슨 생각을 하고 있을까?" 마이클이 학생들에게 물었다.

팔이 일제히 공중으로 솟아올랐다. 한때 책상 뒤에 앉아 차례로 돌아가면서 정확하게 발음하기 힘든 대사들을 가까스로 읽던 아이들이 이제 그 이야기 뒤에 숨은 의미, 캐릭터들의 생각과 감정, 자신이 생각하는 주제와 아이디어에 관해 의견을 말하기 위해 필사적이었다.

GCSE 학생들과의 두 번째 세션에서 마이클은 학생들에게 자신이 진짜 배우라고 상상하면서 직접 연기하게 했다. 그리고 매우 많은 유명 배우를 지도한 것과 똑같은 방식으로 아이들을 지도했다.

"목소리톤이 맞니?" 그가 한 장면을 잠깐 멈춘 후에 말했다. "이 장면에서 네가 어떤 감정을 느낄지 잘 생각해봐. 깊이 생각해보렴."

그가 학생들과 진행한 마지막 세션은 연극 전체를 리허설하는 것이었다. 이미 학생들은 모든 대사의 의미와 그에 담긴 감정을 충분히 조사했다. 학생들은 이전에 한 번도 해보지 못한 방식으로 자신이 공부하는 과목과 연결되었다. 결과는 대성공이었다. 이후 그 학교의 영어 과목 부서에서 이메일이 쇄도했다. 영어 교사들은 마이클이 자신들의 학생들도 도와줄 수 있는지 알려달라고 난리였다.

믿을 수 없는 점은 마이클이 학생들 스스로 셰익스피어를 완전히 새롭게 보도록 도왔을 뿐만 아니라, 교사들에게도 영향을 끼쳤다는 사실이다. 나는 학생들이 세션들에서 배울 수 있는 것들에 매우 집중한 나머지 이 세션들이 교사들에게 준 혜택에 대해서는 깨닫지 못했다.

프로젝트 초기에 마이클 애튼버러는 앨퍼턴 공립학교의 GCSE 학생들과 세션을 진행했다. 나는 말수가 없는 무슬림 여학생 옆에 앉아 있었다. 그때 그 여학생이 머리쓰개 아래에서 나를 쳐다보며 속삭였다. "선생님, 이 수업은 제가 들어본 수업 중 최고예요. 이제 셰익스피어를 진정으로 이해하게 됐어요."

더는 바랄 것이 없었다.

'아티스트 인 레지던스'를 운영한 첫 학년도에 우리는 런던의 다양한 학교에서 총 29개의 프로젝트를 진행했다. 그들학교 모두 우리 단체에 도와달라고 요청한 특정한 이유가 있었다. 어떤 학교들은 아프리카계 카리브해인 남학생들에게 초점을 맞췄다. 이 아이들은 초등학교에서는 성취도가 높았으나 어떤 이유에서인지 중등학교에 입학한 뒤에는 비슷한 진전을 보이지 못했다. 어떤 학교들은 영국인 백인 학생들의 성취도가 문제였다. 이들 역시 일단 중등학교에 입학하고 나면 공부에 어려움을 겪었다. 자신들이 가진 데이터를 분석해, 학교들은 향상이 필요한 영역을 알아냈고, 바로 그 영역들에서 우리 단체는 예술을 통해 그들을 도왔다.

조각가인 알리스테어 램버트는 런던 북부에 있는 학교에서 등교를 거부하는 학생들을 도와달라는 요청을 받았다. 15명의 9학년과 10학년 남학생으로 이루어진 이 특정한 그룹을 위해 학교는 모든 수단과 방법을 동원해 이들이 수업에 들어오고, 수업에 계속 남아 있게 하려고 애썼다. 하지만 무슨 이유에서인지 이 아이들은 학교 환경에 큰 감흥을 받지 못한 것 같았다. 학교에서는 예술가와의 세션을 통해 남학생들이 자랑스러워할 만한 무언가를 만들기를 원했다. 남학생들이 그것을 볼 때마다 학교에 대한 주인의식을 갖고, 자신이 공동체의 일원이라고 느끼게 할 무언가를.

알리스테어는 예술가일 뿐 아니라, 인권과 기후 변화를 위한 활동가였다. 그는 남학생들이 어떤 유형의 프로젝트를 하고 싶은지 직접 결정하는 것이 매우 중요하다고 생각했다. 아이들은 최근 과학 수업 시간에 어류의 뼈대에 관해 배우고 있었다. 그래서 아이들은 모형 조각을 만들기로 했다. 그들은 3일에 걸쳐 작업했다. 일단 쓰레기 수거통에서 오래된 가구의 조각들을 주워오고 합판 조각들을 재활용했다. 그런 다음 손에 톱과 드릴을 들고 자신들의 조각을 자르고 조립하기 시작했다. 이 남자아이들에게 알리스테어는 아버지와 같은 존재가 되어 함께 일했다. 그 프로젝트는 그들에게 학교에 있어야 할 이유를 주었고 동기를 부여하는 무언가를 주었다. 매우 오랫동안 그들은 학교가 자신들에게 거의 아무것도 기대하지 않는다고 느껴왔다.

조각이 완성되자 그것을 복도의 가장 잘 보이는 자리에 전시했다. 그리고 지금도 여전히 전시되어 있다. 남학생들은 매일 그 조각을 지나칠 때마다 자신들이 학교에 일정한 공헌을 했다고 느꼈다. 그 학교 교장 선생님은 내게 전화를 걸어 그 프로젝트가 남학생들에게 어떤 긍정적 영향을 끼쳤는지 자세히 설명했다. 그들의 출석률이 높아졌고, 그들은 더 행복한 학생이 되었다. 모두 알리스테어와 함께 보낸 시간 덕분이었다.

이런 프로젝트들은 학생들과 교사들에게만 혜택을 준 것이 아니라, 참여한 예술가들에게도 커다란 영감을 주었다. 수입의 원천이 됐음은 물론이다. 예술가들은 학생들이 자기 자신과 자신의 교육에 관해 느끼는 방식을 발전시키면서 많은 것을 깨달았고, 이를 자기 작품에 투영했다. 가장 중요한 것은, 진짜 예술가와 작업함으로써 아이들이 자기 커리어 선택에 관해 더 폭넓게 생각하기 시작했다는 점이다. 아이들은 예술계에서 일하는 것이 자신에게도 열려 있는 선택지 중 하나라고 생각하게 됐다. 작품활동으로 생계를 유지하는 예술가들을 직접 봤고, 언젠가 그 사람이 자기 자신이 될 수도 있을 터였다. 거듭 말하지만, 자신이 주변에서 볼 수 없는 존재가 되기란 힘든 법이다. 이는 내가 우리 프로젝트에 오직 백인 남성들만 학생을 가르치게 하지 않도록 항상 유의하는 이유이기도 하다.

아시아 출신 섬유예술가인 사라 피멘타는 런던 남동부에 있는 학교에서 5학년 학생들 그룹과 함께 작업했다. 이 학생들은 다음 단계인 6학년에 올라가는 일과 중등학교 입학 준비에 불안감을 느끼고 있었다. 이 학교 교장 선생님은 아이들이 그들의 여정에서 보살핌을 받고 있다고 느끼기를 바랐다. 또한 공부 분량이 늘어날 뿐만 아니라 그들에 대한 기대도 늘어난다는 사실을 깨닫기를 바랐다.

사라가 방문한 학교는 우리 학교와 마찬가지로 매우 다양한 문화가 뒤섞여 있었다. 그래서 학생들은 자신들과 비슷한 배경을 가진 누군가와 함께 작업한다는 사실에 매우 놀라워했다. 게다가 그들은 학교의 핵심 가치들을 기리는 아름다운 현수막을 만들고, 그것을 학교 1층 프런트에 걸 예정이었다. 사라는 학생들에게 학교의 핵심 가치에 들어 있는 말들이 자신에게 어떤 의미인지 깊이 생각해보라고 했다. 핵심 가치 중 하나는 '공동체community'였다. 아이들은 스크린 인쇄물에 나무를 그리기로 했다. 나무는 깊고 단단한 뿌리로 온갖 영양분을 흡수하고 그와 동시에 동물들과 곤충들에게 집을 제공해준다. 아이들은 나무를 이용한 비유가 학교를 잘 표현한다고 생각했다.

담임 교사들에 의해 약 30명의 학생이 신중하게 선정되었다. 자존감이나 자신감을 높일 필요가 있는 학생들이었다. 이 아이들은 스포츠팀에 한 번도 뽑히지 않거나, 목소리가 더 큰 학급 친구들 때문에 관심을 받지 못할 때가 많았다. 아이들은 여러 그룹으로 나뉘어 작은 동물과 곤충들을 그리고 나뭇가지들과 이파리들을 그렸다.

이 아이들이 매일 학교에 도착해서 자기가 직접 만든 현수막에서 환영 인사를 받을 때마다 얼마나 커다란 자부심을 느꼈을지 짐작이 간다. 이 학교 교장 선생님은 한 학부모가 몇 달 후 자신에게 와서 사라가 학교를 방문한 뒤 딸아이가 더 행복감을 느끼는 것 같다고 말했다고 전했다.

교사들 또한 자기 과목을 완전히 새로운 시각으로 봄으로써 많은 영감을 받았다. 수업 방식을 바꾼 교사들도 있었다. 이들은 예술가들이 사용한 방법과 기술들을 자기 수업 방식에 응용했다.

한번은 예술위원회에서 나온 공무원에게 학교를 구경시켜주던 중 9학년 미술 과목 수업에 들어갔다. 그전 해에 예술감독인 킨타 밀러가 우리 학교에 방문했었다. 물론 그녀는 교실에서 아이들을 가르치는 것보다 뮤직비디오를 스타일링하는 일에 더 익숙했다. 그녀는 우리 학교에서 10학년 학생들을 데리고 옷을 재활용하는 워크숍을 진행했다. 이를 통해 물건들의 용도를 어떤 식으로 바꿀 수 있고 다시 디자인할 수 있는지 보여주었다. 1년 후 9학년 교실에 들어갔을 때 교사가 똑같은 프로젝트를 진행하고 있었다.

"저는 킨타에게서 매우 큰 영감을 받았어요. 그래서 9학년 학생들과 그 프로젝트를 똑같이 해봐야겠다고 생각했죠." 그녀가 설명했다.

그녀의 타이밍은 기가 막힐 정도로 완벽했다. 예술위원회의 그 공무원은 예산 업무를 담당하고 있었기 때문이다. 다행히 나는 이 장면이 일부러 연출된 것이 아니라는 사실을 가까스로 그에게 이해시켰다. 하지만 이 선생님이 자기 분야에서 일하는 진짜 예술가에게 배운 무언가를 이용해 자기 커리큘럼을 바꿨다는 사실 자체만으로도 무척 기뻤다. '아티스트 인 레지던스'에 대한 나의 비전은 통합적이었다. 교사들이 프로젝트를 통해 아이디어를 얻고 그 아이디어를 자기 커리큘럼에 집어넣기를 바랐다. 그런데 이런 일이 자연스럽게 일어났다.

내가 처음 앨퍼턴 공립학교에 출근했을 때 우리에게는 네 명의 미술 교사와 두 그룹의 GCSE 미술 학생들뿐이었다. 이제는 교사가 일곱 명으로 늘었고 GCSE 미술 학생도 세 그룹으로 늘었다. 또한 두 그룹의 GCSE 섬유예술 학생들과 A레벨 학생들이 있다. 물론 더 많은 사례가 쌓여야 하겠지만, 일단 우리 학교의 사례는 중요한 걸 말해준다. 학생들에게 어떤 과목을 제시하고 그들에게 독창적이고 흥미로운 방식으로 배우고 가르칠 수 있는 수단을 제공한다면, 아이들은 그 과목에 관심을 보이는 것은 물론 그 과목을 뛰어나게 잘할 수 있다는 것이다.

'아티스트 인 레지던스'를 출범하고 거의 1년이 지난 후, 나는 이보다 더 좋을 수는 없다는 느낌을 받았다. 아이들과 예술가들 모두 눈부시게 성장하고 있었다. 그리고 놀라운 소식이 하나 더 나를 기다리고 있었다. 2019년 4월, 존과 두 딸, 그리고 아버지와 어머니는 나와 함께 버킹엄 궁전에서 열리는 매우 특별한 행사에 초청받았다. 나는 신년도 훈장 및 작위

수여 대상 명단(영국에서 매년 1월 1일 발표한다_옮긴이)에 '대영제
국훈장' 수여 대상자로 올랐고, 윌리엄 왕세자가 4월에 수여
식을 개최했다. 우리 가족은 집에서 출발하기 전 현관에 있는
전신 거울에 비친 모습을 꼼꼼하게 살폈다. 우리 모두 가장 멋
진 옷을 차려입었다. 나는 우리가 브렌트가를 떠나 버킹엄 궁
전으로 향한다는 사실이 믿어지지 않았다.

윌리엄 왕세자가 내 옷깃에 메달을 달아주었고, 우리는
앨퍼턴 공립학교에서 내가 하는 일, 학생들, 미술, 그리고 이
런저런 이야기를 나누었다. 윌리엄 왕세자는 자기 부인이 몇
달 전 우리 학교를 방문한 일이 매우 즐거웠다고 말했다고 전
했다.

"우리는 선생님이 선물해주신 직물 작품을 벽에 걸어놓
았답니다." 그가 말했다.

무엇이 더 자랑스러운지 확신할 수 없었다. 내가 실제로
버킹엄 궁전 안에 서 있다는 사실인지, 아니면 내 학생 중 한
명이 만든 예술 작품이 왕실에 걸려 있다는 사실인지. 나는 그
특정한 학생이 버텨야만 했던 온갖 고난에 대해 생각했다. 그
아이가 유일하게 한숨을 돌릴 수 있는 시간은 미술실에서 실
과 바늘을 가지고 보내는 시간이었다.

이것은 어떠한 일이라도 가능하다는 사실을 상기시키는
궁극적 사례였다.

미술실에서 시작된
기적 같은 이야기

독자 여러분께,

　　여러분들의 귀중한 시간을 앨퍼턴 공립학교의 과거 및 현재 학생들과 함께해주셔서 감사드립니다. 제가 수년에 걸쳐 그랬던 것처럼, 여러분이 아이들의 이야기에서 깊은 영감을 받기를 희망합니다. 우리가 했던 모든 노력, 우리가 성취한 승리, 그리고 변화시킬 수 없는 교육 시스템의 일부분에서 우리가 느꼈던 좌절감 등을 여러분이 알 수 있기를 바랍니다. 그와 더불어 앞으로 해야 할 일이 여전히 많다는 사실 또한 알아주셨으면 합니다. 그렇게 하기 위해서는 여러분의 도움이 절실히 필요합니다.

　　전 세계 사람들은 예술과 문화에 대해 커다란 관심을 가지고 있습니다. 우리 한 사람 한 사람 모두에게 예술과 문화는 일상생활의 일부이면서 우리가 하는 모든 일에 영향을 주기 때문입니다. 시리얼통을 어떻게 꾸밀지 고민하는 그래픽 디자이너, 흥미로운 광고를 의뢰하는 크리에이티브 디렉터, 우리가 좋아하는 작품을 위해 줄거리를 짜는 시나리오 작가, 우리 머릿속에 계속 맴도는 노래를 작곡하는 음악가…… 우리가 박물관이나 미술관에 가지 않는다고 하더라도, 창작 예술creative art은 우리의 존재 자체에 중심적 역할을 하며, 우리를 완전한 인간으로 만들어줍니다. 하지만 교육 분야에서는 예술에 대해 이와 같은 인식이 존재하지 않는 것이 현실입니다.

'세계 교사상'을 수상한 이후, 영감을 주는 강의를 해달라는 요청이 전 세계에서 쏟아졌습니다. 교원 단체, 교육부, 그리고 자신들의 직원이 더 창의력을 발휘하길 바라는 민간 기업에 이르기까지 다양한 곳에서 요청이 쇄도했습니다. 두바이에서 그랬던 것처럼, 처음에 저는 그들이 무엇을 이야기해달라는 건지 확신이 들지 않았습니다. 그중 일부는 자기 분야의 리더였습니다. 런던 브렌트구 출신의 평범한 미술 교사가 이런 전문가들에게 어떤 지식을 전할 수 있을까요? 하지만 강의를 거듭하면서 저는 매우 다양한 관점에서 교육에 관해 생각해볼 기회를 얻었습니다. 교육 콘퍼런스에 참석하고, 수업 방식에서 최신 발달 사항들을 이해하며, 비즈니스 세계가 우리 학생들에게 학교를 졸업한 뒤 무엇을 기대하는지 배웠습니다. 그리고 이 모든 지식을 다시 제 학생들에게 피드백하고 동료 교사들과 공유했습니다.

이 책에서 그랬던 것과 마찬가지로, 저는 제 학생들의 이야기로 청중에게 깊은 인상을 주었습니다. 오로지 아이들의 삶과 경험을 통해 저는 꼭 하고 싶던 이야기를 할 수 있었습니다. 그것은 미술이 우리가 매일 들이마시고 내뱉는 공기처럼 필수적인 교육이라는 것입니다. 미래의 창의적 인재를 키우려면 일단 그들에게 투자해야 합니다.

하버드 대학교에서 저는 대학원을 갓 졸업한 신규 교사들에게 제 학생 알렉스, 그리고 알렉스가 그린 입체파 그림에 관해 이야기했습니다. 또한 알바로에 대해 이야기했고, 어떻게 미술의 힘이 그 아이가 다시 말할 수 있게 도왔는지 이야기했습니다. 파티마에 관해서도 이야기했습니다. 시리아에서 탈출한 경험이 파티마가 제 미술실에서 그린 거칠면서도 아름다운 그림에 얼마큼 잘 포착되어 있는지 이야기했습니다.

저는 요즘 제가 가는 모든 곳에서 이들의 이야기를 합니다. 저와 같은 일반 교사에게든, 교장 선생님들에게든, CEO나 세계 리더들에게든 상관없이 말입니다. 세계 곳곳의 사람들은 항상 제 미술실에서 시작된 이들의 이야기에 깊은 영감을 받습니다. 제가 이야기할 때 청중이 얼마나 유대감을 느끼는지 잘 보입니다. 제가 느꼈던 좌절감에 대해 이야기하면서 수많은 청중이 고개를 끄덕이는 모습을 볼 수 있습니다.

강연을 더 많이 할수록 저는 모든 나라의 개별적 걱정과 우려를 더 잘 이해하게 되었습니다. 스칸디나비아 나라들은 여느 나라들보다 학교에서의 예술 교육에 지원을 많이 합니다. 스페인(이 나라의 교사들은 자비를 들여 전문성 개발에 힘쓰는 경우가 다른 나라보다 더 많습니다)에서는 다양한 문화가 공존하는 교실에서 어떻게 학생들을 가르쳐야 하는지 강연해달라는 요청을 가장 많이 합니다. 현재 이민자가 폭발적으로 증가하고 있기 때문입니다. 칠레의 여학생들은 교육의 평등, 그리고 또래 남학생들과 같은 수업을 받을 권리를 쟁취하기 위해 싸우고 있습니다. 여러분이 전 세계 어느 나라에서 이 책을 읽는지는 중요하지 않습니다. 중요한 점은 모든 나라가 반드시 더 많이 노력해야 한다는 사실입니다. 해야 할 일이 아직도 많습니다.

우리가 교훈을 얻을 수 있는 나라들도 있습니다. 스위스는 매주 수요일 오후에 학교문을 닫습니다. 가족과 시간을 보낼 수 있도록 하기 위해서입니다. 여기에는 교사도 포함됩니다. 저는 이 아이디어가 마음에 듭니다. 스위스 정부가 교사들에게 이렇게 말하는 것처럼 느껴집니다. "여러분의 자녀 또한 여러분이 가르치는 학생만큼 중요합니다." 하지만 저는 훨씬 더 힘든 환경에서 일하는 교사들로부터도 이야기를 듣습니다. 가령 멕시코의 교사들은 하루도 빼놓지 않고 날마다 마약 카르텔과 싸워야 합니다. 이런 이야기들은 긴 근무 시간과 박봉에 대한 불평불만을 새로운 시각에서 바라보게 합니다.

어느 곳에 가든 저는 항상 학교 공동체의 중요성을 강조합니다. 이들(교사, 교장, 행정 관리자 등)이 비록 저를 통해 이야기를 듣지만, 그 이야기와 경험은 21세기에 교사로 살아가는 사람들 모두의 것입니다. 제가 성취한 일 중 그 어느 것도 앨퍼턴 공립학교 동료 교사들의 지원이 없었다면 가능하지 않았을 것입니다.

아마 세상에는 자신을 가르친 선생님에게 감사 인사를 전하고 싶은 사람이 수백만, 아니 수십억 명 있을 것입니다. 어떤 선생님이 자신이 더 나은 사람이 되도록 고무했다고 말하지 않을 사람은 단 한 명도 없을 것입니다. 그 선생님이 어떤 방식으로 도왔든 상관없이 말입니다. 저는 운이 정말 좋은 사람입니다. 이런 감사 인사를 사람들로부터 직접 받을 수 있는 위치에 올라가도록 제 본업이 도와주었으니까요.

'세계 교사상'은 매년 단 한 명만 받지만, 바깥세상에는 변화를 만들어내기 위해 노력하는 교사들의 이야기가 수백만 개 존재합니다. 이들은 찬사를 받아야 마땅합니다. 그리고 저는 이들의 이야기를 기꺼이 듣고 싶습니다, 여러분이 제 이야기를 들어주었던 것처럼. 다음 세대를 길러내는 사람들이 매일같이 하는 노력을 정부가 가치 있게 여기지 않는 것처럼 보인다고 해서, 일반 시민들이 중요하게 생각하지 않는 것은 아닙니다. 우리는 교육에 관해 목소리를 높여야 합니다. 교육이 우리에게 얼마나 중요한지, 교육이 우리 삶을 어떻게 바꾸었는지, 교육이 우리 자녀, 조카, 손주들, 그리고 우리 친구들을 위해 무엇을 할 수 있는지 소리 높여 이야기해야 합니다.

교사로서 우리는 우리가 가진 막대한 책임을 항상 의식해야 합니다. 또한 학생들에게 말할 때 사용하는 언어도 의식해야 합니다. 우리는 모두 어떤 교사가 언젠가 한 말을 평생 가슴속에 품었던 경험이 있으니까요. 제 초등학교 선생님들은 제가 삶의 진로를 결정할 때 큰 영감을 주었습니다. 그분들의 배려와 헌신은 오늘날까지 제게 남아 있습니다. 그리고 저는 그런 것들이 교직 생활에도 녹아들기를 희망합니다. 대부분의 경우, 선생님들과 보낸 시간 중 기억에 남는 것은 친절한 행동, 좋아하는 과목 선생님이 해준 격려의 말 같은 것입니다. 아주 드문 경우, 사실보다 더 악의적으로 기억되는 말들도 있을 수 있습니다. 무엇을 성취할 수 있느냐에 대한 의심의 말이 우리 내면에 뜨거운 불을 지피기도 하고, 누군가 틀렸다는 사실을 증명하기 위한 목표가 되어주기도 합니다. 하지만 틀림없는 사실은 현장에서 일하는 교사들은 직무 기술서에 나온 것보다 훨씬 많은 일을 매일 하고 있다는 사실입니다.

강연할 때마다, 행사에 참여할 때마다 저는 제 이야기를 듣기 위해 모인 교사들에게 감사 인사를 전합니다. 교사가 자신이 한 일에 대해 제대로 감사받는 일은 흔하지 않습니다. 저는 운 좋게 '세계 교사상'을 수상해 많은 사람들에게 감사 인사를 받을 수 있었습니다. 상을 받은 후 저는 현재 학생들과 예전 학생들에게 수백 개의 메시지를 받았습니다. 수상을 축하하고 제가 그들의 삶에 어떤 영향을 끼쳤는지 얘기하는 메시지였습니다. 제가 던진 사소한 말일 수도 있고, 심각하게 개입한 일일 수도 있습니다. 하지만 학생들은 그것이 자신에게 남아 있고, 의식적이든 무의식적이든 제가 그들의 내면에 씨앗을 심었고 그 씨앗이 자신이 걸어가는 길을 안내해주었다고 했습니다. 그리고 그 씨앗이 점점 더 커졌다고 했습니다. 제가 오직 바라는 바는 더욱 많은 교사가 이런 편지를 받는 것입니다. 저는 이 책에서 영감을 받아 여러분이 자신의 삶을 바꿔준 선생님들께 손을 뻗기를 희망합니다.

저는 제 직업을 사랑합니다. 그리고 제 학생들을 사랑합니다. 새로운 곳을 방문하는 일이 아무리 흥미진진할지라도, 저는 항상 제 교실과 학생들이 그리웠습니다. 저는 제가 교사인 것이 자랑스럽습니다. 그리고 앨퍼턴 공립학교의 일원인 것이 자랑스럽습니다. 어디에 가든, 무엇을 하든, 교실에서 보낸 나날들은 '언제나' 저의 가장 커다란 성취일 것입니다.

안드리아

감사의 말

제가 제 이야기를 책으로 쓰리라고는 꿈에도 생각하지 못했습니다. 지난 몇 년 동안 저는 운 좋게도 많은 사람에게서 영감을 받고 지지를 받았습니다. 그들 모두에게 일일이 감사 인사를 하기는 불가능하겠지만 한번 시도해보겠습니다.

우선, 저는 앨퍼턴 공립학교의 놀라운 동료들과 학생들에게 감사 인사를 하고 싶습니다. 여러분 모두와 함께한 것은 크나큰 특권이었습니다. 그곳 담장 안에는 무언가 마법의 힘이 있는 게 분명합니다!

제가 앞만 보고 올바른 길로 나아갈 수 있게 도와준 특별한 에이전트 레이철 밀스에게도 감사를 전합니다. 이 모든 일을 시작할 수 있게 해준 헤더 밀스에게도 고맙다고 말하고 싶습니다. 블룸즈버리 출판사의 뛰어난 팀에 속한 알렉시스 커슈바움, 안

젤리크 트란 반 상, 재스민 호시, 로런 와이브로, 그렉 하이니만, 제니스타 테이트알렉산더, 조니 카워드에게도 뜨거운 감사를 표합니다. 여러분이 보여준 믿음과 인내에 감사합니다. 또 제 이야기를 세상과 공유할 수 있게 자신감을 심어준 것에 감사합니다.

비범한 대필작가 애나 휘턴이 없었다면 이 책은 존재하지 못했을 것입니다. 애나, 우리가 나눈 수다와 제게 내준 숙제를 정말로 사랑했어요. 서니 바키와 바키 재단의 경이로운 팀에게도 감사를 표합니다. 놀라운 상을 만들어 독자 여러분과 이 책에서 만날 수 있게 해주었지요. 여러분이 만든 유명한 상을 받도록 선택받은 극히 소수의 사람 중 한 명이 저라는 사실이 아직도 믿기지 않아 매일 같이 볼을 꼬집어본답니다.

제 모든 숙녀분, 조조, 안드레아, 니콜라, 브니타, 락스미, 인디, 캔디스, 맨더스, 여러분은 저의 진정한 선생님입니다. 풋시, 선샤인 맨, 소울시스터 V, 여러분 세 명이 없었다면 제가 지금 어디에 있을지 오직 신만이 아실 거예요.

어머니, 아버지, 메리와 크리스토퍼, 그리고 키프로스와 그리스에 있는 모든 친척 여러분, 당신들은 저의 전부입니다.

마지막으로 눈부시고 항상 인내심 강한 남편 존, 두 딸 소피아와 안나 마리아, 여러분은 제 영감과 성취의 근원입니다.

'아티스트 인 레지던스 Artists in Residence, AiR'
'아티스트 인 레지던스'는 학생들에게 현직 예술가, 디자이너, 문화단체와 만나고 협력할 기회를 제공하는 혁신적인 비영리단체다. AiR은 학생들에게 예술적 기술을 연마하고, 현직 예술가와 지속적인 관계를 형성하며, 예술 산업에서 커리어를 꿈꿀 기회를 제공한다. 또한 AiR은 더 균형 잡히고 창의적인 커리큘럼을 제공하고 예술 교육의 가치와 중요성을 보여줌으로써 학교와 교사를 돕는다. AiR에 소속된 예술가로는 마이클 애튼버러 경, 마크 월링거, 아르만도 알렘다르, 퍼틀 그라운드, 사라 피멘타 등이 있다.